汉英动宾搭配的共性与个性

——一项基于语料库的研究

王志军 著

内容提要

本书采用语料库与认知语言学理论相结合的方法，对汉英动宾搭配进行了对比和分析，对汉英动宾搭配的异同及其产生的原因进行了深入的探索。本书对于语言研究者、英语学习者和英语教师都有较高的参考价值。

图书在版编目(CIP)数据

汉英动宾搭配的共性与个性：一项基于语料库的研究/王志军著. —上海：上海交通大学出版社，2020

ISBN 978-7-313-22632-7

Ⅰ.①汉… Ⅱ.①王… Ⅲ.①汉语—动宾—研究②英语—动宾—研究
Ⅳ.①H146.3②H314.3

中国版本图书馆 CIP 数据核字(2019)第 277100 号

汉英动宾搭配的共性与个性：一项基于语料库的研究

HANYING DONGBIN DAPEI DE GONGXING YU GEXING: YI XIANG JIYU YULIAOKU DE YANJIU

著　　者：王志军
出版发行：上海交通大学出版社　　地　　址：上海市番禺路 951 号
邮政编码：200030　　电　　话：021-64071208
印　　制：江苏凤凰数码印务有限公司　　经　　销：全国新华书店
开　　本：787mm×1092mm　1/16　　印　　张：7.25
字　　数：147 千字
版　　次：2020 年 3 月第 1 版　　印　　次：2020 年 3 月第 1 次印刷
书　　号：ISBN 978-7-313-22632-7
定　　价：59.00 元

前　言

本书是国家社科基金一般项目《基于汉英平行语料库的汉英动宾搭配对比研究》(项目批准号：13BYY014)的部分成果。项目经历了五年的艰苦奋斗，从申请时的雄心勃勃与信心满满，到研究初期的迷茫与挣扎；从研究思路的逐渐厘清，到大量语料的收集与处理；从分析模式的逐渐明确，到分析层次的不断细化；从伴随研究发现而来的种种欣喜到结项评审的漫长等待，期间的酸甜苦辣、伴灯夜读和苦思冥想，都历历在目。

动宾搭配千变万化，给不同语言的动宾搭配对比研究带来相当大的困难。譬如，汉语的“擦”字除了与其基本意义相对应的语动词 rub 外，随着后面所搭配名词的变化，与“擦”相对应的动词都会发生相应的变化。根据《汉英词典》(1995)，与“擦”搭配形成的词组“擦火柴、擦桌子、擦地板、擦背、擦皮鞋、擦粉、擦肩而过”，译成英语分别是 strike a match, wipe the table, mop the floor, scrub one's back, polish shoes, powder one's face, brush past sb。英语动宾搭配中的动词都已不是与“擦”基本意义相对应的 rub 一词，并且在不同的词组中，英语所选用的动词都不相同。这种不对应性给中国学生掌握英语动宾搭配，尤其是其中动词的选用造成了极大的困难。我们的研究试图从此类现象出发去挖掘汉英动宾搭配的异同。

我们采取语料库与理论分析相结合的方法，一方面通过语料库提供的海量素材来观察汉英动宾搭配存在的差异；另一方面以认知语言学理论为指导，探索造成汉英动宾搭配不对等的深层原因，并寻找动宾搭配的普遍规律。

通过对一千多个汉语及物动词的动宾搭配及其相对应英语的对比，我们发现，汉语和英语都遵循同样的动宾搭配规律，即一个动词可以用来搭配不同性质的宾语或同一性质不同的宾语个体，其意义发生一定程度的变化。这是语言的经济原则所决定。每一种语言都会借助于已有的词汇来表达与之相关的新概念。但这种规律落实到每个动词的使用时，有时汉语动词和与其基本义相对应的英语动词会发生同步的变化，但在绝大多数情况下，汉语动词及其搭配的变化与被认为与之相对应的英语动词及其搭配的变化并不一致，所以我们看到，汉英动宾搭配在动词选择上差异是非常大的。通过概念结构的描写与词汇化过程的分析，我们可以非常清楚地认识到这些差异以及差异产生的原因。

这一研究对我们的语言研究和学习都有很大的启示和指导意义，比如，对于词典编撰中汉语动词的语义描写，对于语言研究中动词语义的分析，对于英语动宾搭配的理解和学习都有比较重要的参考价值。

研究汉英动宾搭配的异同对于我们来说是一个不小的挑战。所幸的是语料库给予了我们足够的素材，使我们可以对汉英动宾搭配的异同进行观察和梳理，而认知语言学的基本概念结构和词汇化理论给我们的分析提供了科学的框架和依据。基于语料提供的客观、丰富的素材以及语言理论的科学指导，我们对汉英动宾搭配的异同有了清晰的认识，也找到了其中隐藏的规律，为我们的语言学习提供了非常直接的、有现实意义的保障和指导。

该项目的完成得益于诸多前辈、同行和同事的指导与帮助，他们的答疑解惑使我豁然开朗，他们的中肯建议使我不断完善，他们的鼓励和支持使我孜孜不倦，不断进取；该项目还得到了不少学生的协助，他们帮我整理词条，耗费了不少的时间和精力。要感谢的人实在太多，在此不能一一致谢，深表歉意。当然还要特别感谢我的家人默默无闻的支持和陪伴！

最后，我要特别感谢上海交通大学出版社的大力支持，使研究成果能得以出版。期间，臧燕阳先生一直给予耐心细致的指导，在此表示感谢！

目　录

第1章 绪 论

1.1 本书拟解决的问题

对于中国学生来说，学习英语的困难之一是汉英两种语言在动宾(V+N)搭配上不存在一一对应关系，譬如，汉语的“擦”字除了与其基本义相对应的英语动词 rub 外，随着后面所搭配名词的变化，与“擦”相对应的英语动词都会发生相应的变化。根据《汉英词典》(1995)，与“擦”搭配形成的短语“擦火柴、擦桌子、擦地板、擦背、擦皮鞋、擦粉、擦肩而过”，译成英语分别是 strike a match, wipe the table, mop the floor, scrub one's back, polish shoes, powder one's face, brush past sb。英语动宾短语中的动词都不是与“擦”基本义相对应的 rub 一词，并且在不同的短语中，英语所选用的动词都不相同。这种不对应性给中国学生掌握英语动宾搭配，尤其是其中动词的选用造成了极大的困难。在英语的使用中，我们常常可以看到中国学生出现动宾搭配方面的错误，如 learn knowledge 等。在汉英翻译中出现搭配错误的情况也比比皆是，如唐义均(2012)的研究指出，我国政府文件中“摆脱贫困、贫穷”中的“摆脱”基本上都译为 shake off，但在英语的语料库中基本上没有这样的搭配，与 poverty 搭配的动词多为 climb/get/rise out of, eliminate/wipe out 等；其他很多情况下，根据“摆脱”搭配名词的不同，可译为 throw/cast off, free/liberate ... from, remove 等，而并非 shake off。那为什么汉语动宾短语中的动词与相对应英语动宾短语中的动词有如此大的出入？造成这种不对应现象的深层原因是什么？这种汉英动宾搭配不对应现象是否有规律可循？作为一个语言工作者，这些都是我们不能回避的问题。我们认为只有认清两种语言在表达同一概念时深层次的不同和原因，才能解释两种语言在动宾搭配上的差异，找到其中的某些规律，才能让中国学生真正有效地掌握英语动词的搭配及其用法。

1.2 文献回顾

词语搭配是现代语言学研究的重要课题，不同的流派都对词语搭配尤其是动宾搭配做过研究。这些研究从不同的视角关注动词对其后名词的选择以及两者之间的限制关系。譬如,以 Firth 为创始人的功能学派从语义韵的角度考察动宾之间的搭配限制,其研究表明 cause 之后所接名词具有贬义色彩,而 provide 后所接名词具有褒义色彩等(Stubbs 1995);而认知语言学则主要从论元角色理论分析动宾搭配的选择和限制,如 Fillmore & Atkins(1992)认为,动词对框架元素,特别是宾语的框架元素在句法上凸显情况不同,如 buy 的直接宾语是货物,spend 的直接宾语是金钱。汉语界也从不同的理论出发对动宾搭配关系进行过考察,如李葆嘉(2007: 373)主要从词汇语义的角度阐释了动词对论元的选择限制问题,认为"借助义证辨析,可以从语义上明确词语之间的搭配关系";而李斌(2011)借鉴了 Fillmore 的框架语义学理论,从认知事件框架的角度探讨动词和宾语之间的角色关系。目前我国外语界关于动宾搭配的研究主要停留在外语学习和使用中的搭配不当等问题上。鉴于动宾搭配的复杂性,似乎很难在两者的对比上找到切入点,所以关于汉英动宾搭配对比的研究不多。路丽梅(2009)试图对最常用汉语动词及其相对应英语动词的动宾搭配进行比对,但主要停留在两种语言中这些动词动宾搭配异同的描写上,并没有对两者异同产生的深层机理进行深入探讨。本书从汉语动词出发,以汉语动宾短语与其相对应英语之间动词的非一一对应关系作为切入点进行深入和系统的研究,作为汉英动宾搭配对比研究的尝试,并试图解决前面提出的问题。

1.3 本书的主要内容和研究意义

本书将通过汉英平行语料库,对汉语中所有能带名词作宾语动词的动宾短语以及其相对应英语进行提取;对两者在动宾搭配方面的差异进行归类;利用概念结构和词汇化等理论对相对应句子所表达事件的词汇化过程进行描写,以找到差异产生的真正原因;最后总结出汉英动宾搭配异同的相关规律。

本书主要有以下三个方面的意义:

(1) 语言学上的意义。动宾的组合规律一直是语言学界所关注的问题,亦是汉语语法研究的一个传统难题(李斌 2011;任鹰 2007;赵元任 1979)。通过汉英动宾搭配的对比,不但可以使我们深入了解和掌握英语动宾搭配的一些规律,更重要的是可以帮助我们认识汉语动宾搭配的规律,为描写和分析汉语动宾之间的语义关系做出贡献。

(2) 语言教学上的意义。搭配错误是我国英语学习者在写作和翻译中常见的错误之一。通过研究我们可以找出汉英动宾搭配中的一些深层次的异同。同时,我们可以对汉语中每个动词所搭配的宾语及其相对应的英语进行对比和分析,帮助学生了解其中的规律,从而让我国学生有效掌握地道的英语,减少搭配方面的错误。

(3) 机器翻译方面的意义。在汉英翻译中,同一个动词根据宾语的不同往往对应不同的译文,如"驾驶轮船(steer a ship)、驾驶汽车(drive a car)、驾驶飞机(fly a plane)"等。如果我们的研究能够找出两种语言在搭配上的差异及其中一些根本性的规律,就可以在机器翻译系统中体现这些差异，生成比较地道、自然和流利的译文。

1.4 本书的研究方法

本书采取语料库与认知语言学相结合的研究方法。

(1) 从汉英平行语料库如《汉英双语语料库》《爱词霸》句库，及相关语料如《汉英词典》中对含某个动词的句子及其英语译文进行提取、考察和描述其中英汉语相对应动宾短语中动词的非一一对应情况。比如，我们对汉语常用动词“擦”的动宾搭配和其相对应的英语进行比对后发现，两者在动词的选用上有很大的不对应性，如[擦]+[宾语]中的“擦”对应的英语动词根据后面所搭配名词的不同有 rub，clean，mop，scrub，wipe，polish，shine，dry，dust，oil 等。

(2) 用认知语言学中的相关理论，如 Talmy 的词汇化理论等对汉英相对应句子所表达事件的词汇化过程进行描写，考察它们在词汇化过程中动词选用的情况，从而了解它们在动词选用上产生非一一对应的深层次原因。比如，“用来擦手或脸的小毛巾”对应的英文为 a small towel used to dry the hands or face，我们考察这一事件的词汇化过程：

The tower used to [[rub the hands or small face] WITH-THE-PURPOSE-OF [dry the hands or face]]

可以发现，英语在词汇化过程中用事件的边缘性成分，即目的 dry 替代了事件的主要动作 rub，而汉语则保留了主动作，赋予了动词“擦”新的含义“擦干”。我们可以初步得出结论：汉英动宾搭配在同一概念的词汇化过程中对参与事件成分的选择是不一样的。

1.5 本书的研究重点和难点

本书的研究重点是对汉语主要动词的动宾短语与其相应的英语进行比对研究，通过词汇化过程的考查找到它们在动宾搭配过程中动词选用非一一对应现象的深层原因，并找出汉英动宾搭配异同的相关普遍性规律。

本书的难点主要包括对一千多个汉语动词的动宾搭配情况和其相应的英语进行比对研究，工程比较巨大。

1.6 本书的基本观点

本书的研究主要基于以下四个方面的认识：

(1) 汉英两种语言在动宾搭配，尤其是动词的使用上不存在一一对应关系，这给中国学生学习英语造成很大的障碍。作为语言工作者，我们试图解决这一问题。

(2) 汉英两种语言动宾搭配差异的产生必然存在深层次的原因和机理，我们认为只有弄清楚了这些深层次的原因和机理，才能找出汉英动宾搭配差异方面具有普遍规律的东西；同时只有找出这些规律性的东西，才能避免简单地罗列两者之间的一些差异，最终才能让学生避免母语的干扰，有效地掌握英语动词的搭配及其用法。

(3) 我们在研究中将首先借助汉英平行语料库及相关语料进行汉英的对比和描述，因为语料库可以给我们提供海量的例句和尽可能多的表达式，可以帮助我们详尽地找出两者之间的差异。

(4) 我们的研究将以认知语言学的理论为基础，探索汉英动宾搭配异同产生的深层机理。词汇化理论指出，为概念寻找语言表达式的过程即词汇化过程。语言的使用者在表达一个新的概念时往往借用和新概念有某种关联的已有的词或词组来表示(Talmy 2000)。然而，汉英两种语言在表达同一事件时所借用的词或词组很可能并不一致，比较两者的词汇化过程可以使我们深入了解两者的深层次差异。同时，词汇化理论指出，语言使用者在对某一事件做出语言认知能量分配时，对其各个部分的注意力不是均等的，而是倾向于把运动的某些部分背景化(backgrounding)，其他的成分则得到前景化处理(foregrounding)(Talmy 2001)。然而汉英两种语言在表达同一事件时选择背景化或前景化的成分是不一样的，比较两者的词汇化过程可以使我们深入了解两者的深层次差异。

1.7 本书的创新之处

本书的创新之处主要体现在以下两个方面：

(1) 研究视角、研究方法新颖。鉴于动宾搭配的复杂性，人们很难在汉英动宾搭配的对比上找到切入点，所以关于汉英动宾搭配对比的研究不多。我们的研究拟从汉语动词出发，以汉语动宾短语及其相对应英语之间动词的非一一对应关系作为切入点，对汉英动宾搭配进行深入和系统的研究，这是一个全新的视角。另外，我们的研究采取语料库与理论分析相结合的方法，本书必将为动宾搭配及汉英对比研究做出新的贡献。

(2) 研究成果具有全新的参考价值。该研究成果可以为英语学习者在写作、翻译、口语等方面提供参考，帮助他们使用地道、自然、流利的英语。

1.8 本书的结构

本书第 1 章主要介绍该研究要解决的问题、研究的意义所在；第 2 章主要介绍进行该研究的理论基础和研究方法；第 3 章主要对比汉英动宾搭配的差异、分析差异产生的原因；第 4 章主要讨论汉英动宾搭配的相似之处；第 5 章为总结，并且详细介绍了该研究的实际应用价值。

第2章 理论基础

2.1 语料库与汉英动宾搭配对比

语料库对语言对比研究有非常重要的作用，它能够提供海量的、第一手的双语平行语料。研究者可以对这些语料进行整理和观察，从中发现一些规律(格朗热 2007)。对双语平行语料库中两种语言相对应的词汇或短语进行对比和语义分析，对我们发现两种语言的异同和语言的规律非常有帮助(卢卫中 2015，卫乃兴 2011)。目前，我们可以找到的语料库有《汉英双语语料库》《爱词霸句库》《有道翻译》《百度翻译》以及各种双语词典等。我们在研究中发现，在《爱词霸句库》输入汉语动词后，里面所涵盖的汉英平行语句比较全，几乎涵括所有权威词典的例句。虽然很多例句原本是英语例句及其汉语译文，但是我们从汉英的角度对比更能发现两者的异同之处。下面，我们以"恢复"一词为例，在《爱词霸句库》中输入"恢复"进行搜索，共出现610对来自于权威词典或译文的含"恢复"动宾短语的汉英平行例句(标记为互联网出处的除外)。对这些句子的语义进行考察后，我们可把该动词的意义分为四项：

(1) 动词后面接某人失去的事物作宾语，主语一般为某人，其义为"某人重新获得某物"，相应的英语为 recover 或 regain 等。例如，

有一小会儿他看上去有些迟疑不定，之后又恢复了镇定。
For a minute he looked uncertain, and then recovered his composure.
他过了一会儿才恢复镇定。
It took him a while to regain his composure.
莉莉显然已经恢复了食欲，但多兰却提不起胃口。
Lili had clearly regained her appetite but Doran was disinterested in food.
1986年，他们取得了恢复南非公民身份的权利。
In 1986, they got the right to reclaim South African citizenship.

(2) 动词后面接某种状态或事物作宾语，主语一般为致使者，表示"通过外力致使某种

状态或事物重新出现或回到以前的样子”，相应的英语为 restore，bring back 等。例如，

去年11月，军队被派往这些岛屿以恢复秩序。

Troops were sent to the islands to restore order last November.

总统将不得不努力使公众恢复对他的信任。

The president will have to work hard to restore his credibility.

虽说白兰地呛了他一下，却让他恢复了勇气。

The brandy made him choke, but it restored his nerve.

木头最近经过抛光又恢复了光泽。

The wood had been recently polished to bring back the shine.

在那段时期不断有人试图恢复死刑。

During that time there have been repeated attempts to reintroduce capital punishment.

恢复此项征税的威胁引起了反对党的嘲笑。

Threats to reinstate the tax elicited jeer from the Opposition.

(3) 动词后面接某种状态宾语，主语一般为人或物，表示主语“重新回到某种状态”，相应的英语为 return to, be back to 等。例如，

生活还没有恢复正常，不过就快了。

Life has not yet returned to normal but we are getting there.

随后生活又恢复了正常。

Then life started to get back to normal.

国会在结束夏季休会后今天开始恢复工作。

Parliament returns to work today after its summer recess.

她又恢复了老样子。

She was back to her old self again.

教育界又恢复了传统教学法。

In education, the pendulum has swung back to traditional teaching methods.

(4) 动词后面接工作或事项，表示某人重新启动某项停止的工作或事项，相应的英语为 resume, renew 等。例如，

我们即刻起与叙利亚恢复关系。

We are now resuming relations with Syria with immediate effect.

他们双方都不想恢复当年的夫妻关系。

Neither one of them wanted to renew their old marriage.

根据《现代汉语词典》，"恢复"作及物动词时主要有下面两个意思：①使变成原来的样子；②重新得到所有权或原职位。但通过汉英对比我们发现，其实"恢复"作及物动词时有四个含义，通过相对应的英语我们可以看出，四个含义中的动词截然不同，不能相互替代。由此我们得出一个结论：如果同一个汉语动词在搭配不同的宾语时其相对应的英语动词不能相互替代，证明这个汉语动词拥有的是两个完全不同的含义。

在研究中，我们对每一个汉语及物动词的汉英平行例句进行提取，对汉英动宾短语进行对比、整理。以这些语料为基础，我们对汉英动宾短语在搭配上的异同以及它们产生的原因进行探讨，以找出汉英动宾搭配的一些普遍规律。

2.2 汉英动宾搭配对比模式的构建

2.2.1 基本概念结构与汉英动宾搭配对比

根据认知语言学的原理，我们要对汉英动宾搭配进行对比并找出两者在语言上异同产生的原因，首先必须对事件的概念结构进行分析和描写，在此基础上，我们才能分析两者在词汇选择上的异同。根据认知语言学的研究(程琪龙 2011)，概念框架可系统分为概念过程、先设和后设。例如，

他把票子扔了。

该句的概念框架可以表述为：

先设	他有票……
概念过程	扔动作 致使票方位变化
后续	他无票……

认知语言学研究指出(程琪龙 2011：143)，通过分解试验，可以得出三个基本概念结构：空间概念结构、动作概念结构和致使概念结构。

空间概念结构主要表述客体和标志实体之间的空间关系。有不变和变化两种，例如，

火炮指向山门。 [静]
火炮进了山门。 [变]

它们的空间关系可以表述为：

客体$_{火炮}$＋静$_{指}$＋终向$_{向山门}$
客体$_{火炮}$＋变＋终向$_{进山门}$

空间关系是一种抽象关系，它可以具体为方位、领属、性状等语义域，例如，

球已经进了球门。 [方位]
球给了后卫。 [领属]
球破了。 [性状]

动作概念结构专指动作及其延及的实体。例如：

孩子们正在跑步。 [动作者]
孩子吃了**许多冰淇淋**。 [动作者＋对象]
孩子们看到了**恐龙化石**。 [动作者＋对象]

致使概念结构表述一种广义的因果关系。典型的致使概念结构至少包含致使者，作为致使对象的客体以及表述客体变化的空间标志，它的概念性结构可以是：

致使者＋致使＋致使倾向[客体＋[原＋途径＋终]]

其中空间标志是一个原版图式，空间结构有语义域之别，空间致使倾向也可以有不同的语义域，例如，

他把球塞进了篮筐。 [方位域]
他把球传给了姚明。 [领属域]
他把球踢破了。 [性状域]
他把鱼做成汤了。 [性状域]

它们分别表述为：

致使者$_{\text{他}}$＋致使＋[客体$_{\text{球}}$＋终位$_{\text{进篮筐}}$]

致使者$_{\text{他}}$＋致使＋[客体$_{\text{球}}$＋终属$_{\text{给姚明}}$]

致使者$_{\text{他}}$＋致使＋[客体$_{\text{球}}$＋终状$_{\text{破}}$]

致使者$_{\text{他}}$＋致使＋[客体$_{\text{鱼}}$＋终体$_{\text{成汤}}$]

三种概念结构的区分和描述清楚地表述了三种不同的事件和语义关系，为我们分析句子所表达的事件和语义关系提供很好的途径。在汉英动宾搭配对比的过程中，我们可以借助概念结构的描写来观察两者在词汇选择上的不同。例如，

a) 莉莉显然已经恢复了食欲，但多兰却提不起胃口。

Lili had clearly regained her appetite but Doran was disinterested in food.

b) 去年 11 月，军队被派往这些岛屿以恢复秩序。

Troops were sent to the islands to restore order last November.

c) 她又恢复了老样子。

She was back to her old self again.

d) 我们即刻起与叙利亚恢复关系。

We are now resuming relations with Syria with immediate effect.

从汉英对比的角度来看，四个句子汉语用的是同一动词，而英语使用的是四个截然不同、不能相互替代的动词，这说明汉语中的“恢复”在四个句子中的含义也截然不同，搭配的宾语在性质上应该也存在一定程度的区别。那到底其中的区别是什么？我们得借助于对这些句子所表达的概念结构来进行探讨。借用上述认知语义学的理论，我们可以把上述四个句子的概念结构表述为：

a′) 客体$_{\text{食欲}}$＋变$_{\text{回到}}$＋终属$_{\text{莉莉}}$

b′) 致使者$_{\text{派兵}}$＋致使＋[客体$_{\text{秩序}}$＋终状$_{\text{回到以前的样子}}$]

c′) 客体$_{\text{她}}$＋变$_{\text{回到}}$＋终状$_{\text{老样子}}$

d′) 动作者$_{\text{我们}}$＋动作$_{\text{重新开始}}$＋对象$_{\text{与叙利亚的关系}}$

从概念结构上看，四者之间有着本质的区别，a)表述的是一个空间概念结构，表达的是一种领属关系，表示客体“食欲”回到主语“莉莉”，主语“莉莉”从而重新拥有食欲。宾语“食欲”在性质上为涉事，主语为系事，动词为二价性状动词，表示主语性状的变化(陈昌来 2002)。b)表述的是一个致使概念结构，宾语表达的客体“秩序”在外力(致使者)的作用下

发生了状态的变化，即重新出现。它与 a)所表达的概念有着本质的区别，它含有致使的语义成分，从句法成分来看，主语为致事，宾语为使事，动词为二价致使动词(陈昌来 2002)。从词汇表述来看，英语选择不同的动词来区分两个概念，a)是用 regain，而 b)用 restore，两者的语义和用法是截然不同的；而汉语用"恢复"一个词来表示，从而"恢复"有了不同的语义和搭配能力。与 b)不同，c)表述的是一个空间概念结构，表示主语性状的变化，不含任何致使含义。c)与 a)相比，虽然都是表述主语的变化，但两者的变化截然不同：a)表示主语重新获得某物，表示的是一种领属关系；c)表示主语回到以前的样子，表示的是主语状态的变化。在 c)中英语遵循原始的语义关系，用 be back to 来表示。d)表述的是一个动作概念结构，不含任何状态的改变，表示主语的一种主动的行为，即"重新开始与叙利亚的关系"，英语用 resume 来表示，其中动词为二价动作动词(陈昌来 2002)。

由此我们可以看出，概念结构的分析可以使我们观察到形式上一样的不同动宾短语其语义内涵的区别。这一区分可以帮助我们找到汉英动宾搭配异同产生的原因。基本概念结构理论对于我们进行汉英动宾搭配的对比研究有很好的指导意义。

2.2.2　动词的分类与汉英动宾搭配对比

从上面的分析我们可以看出，在对动宾短语进行语义分析时，相应事件参与者句法成分的定性和分析也尤为重要，我们在研究中参考了陈昌来(2002)对现代汉语动词句法语义属性的研究。其研究对我们的分析和表述有很好的参考价值，下面我们加以介绍。

陈昌来(2002)把可带宾语的二价动词分为五类：动作动词、致使动词、性状动词、心理动词和关系动词。每一类动词都有它独特的句法语义特征，其主语和宾语都有不同的句法语义属性。

根据陈昌来(2002：98)的研究，二价动作动词占二价动词的绝大多数。它带有两个必要成分：一个是动作的发出者即施事；另一个是受事，或者是结果、与事、位事等语义成分即动作的承受者。二价致使动词的主语为致事，即致使行为产生的原因，宾语为使事，即涉事客体受到了致事的影响发生了变化，并产生了新的状态。该动词不表示人所发出的动作行为，但表示一种使动关系，即一事物致使另一事物产生了状态的变化。例如，"这出戏感动了许多人"等。二价心理动词表示人类情绪意志活动或认知活动，其主语可以描述为经事，即心理活动的经验者、体验者、感知者，其宾语可描述为感事，即心理活动的体验对象、感知对象。二价性状动词表示主语的某种状态，不具有动作性和自主性，例如，"计算机感染了病毒"，其主语为系事即性状的系属者，宾语为涉事即性状动词所涉及(但不真正影响)的事物或事件。这些动词包括"获得类""遭受类"等动词(2002：150)。二价关系动词表示事物间的关系意义，陈昌来(2002：155)把其支配的两个语义成分称为起事和止事，例如，"他是我弟弟"。

从概念结构来看，上述动词表达的基本语义关系各不相同。动作动词表达的基本概念结构有两种：一种是致使概念结构，其中的动词为典型的动作动词，主语为施事，宾语为受事，如“他杀了一个人”，宾语也可以是结果，如“他织了一件毛衣”；另一类为动作概念结构，其中的动词为非典型动作动词，主语为动作的发出者，而宾语为动作的对象即动作的承受者，如“他看了一场电影”“他去了北京”等，其中不含任何致使关系，动作的承受者并没有在动作的作用下发生任何变化。致使动词顾名思义表达的是一种致使概念结构，与动作导致的致使概念结构在本质上一样，但致使动词不含任何行为动作。心理动词从本质上说表达的是一个动作概念结构，主语为心理活动的体验者，而宾语为体验的对象，其并不发生任何变化，如“他很热爱祖国”。性状动词为陈昌来(2002)提出的一种动词分类，对我们动宾语义关系的考察非常有参考作用，解决了一部分动词，如“获得”类、“遭受”类动词很难归类的问题。从本质上说，这类动词表达的是一个动态的(有变化)的空间概念结构，表示主语经历了某种变化，如“他得了风寒”。而关系动词表达的是一种静态(无变化)的空间概念结构，表示主语和宾语的某种关系，如“他是一位教师”。

2.2.3 Talmy 词汇化理论与汉英动宾搭配对比

Talmy(2000)认为，为意义寻找语言表达式的过程即为词汇化过程(lexicalization)。汉英两种语言表达同一概念或意义时采用的语言表达式存在差异是显而易见的。然而，要弄清楚这些不同产生的原因以及其中隐藏的规律，就得考察两种语言为某一意义或概念寻找语言表达式的过程，即词汇化过程。只有对这一内在的、隐藏在语言表面下的词汇化过程进行描述，考察其中的差异，我们才能真正了解两种语言的不同之处，找出一些普遍性的规律。

Talmy 认为，事件在词汇化为语言表达式之前需要经历一系列认知拆解、选择和组合。他指出，在对事件进行言语表征过程中，语言使用者首先对所表达的事件进行拆解。例如，Talmy(2001)把一个运动事件拆解为以下几个部分：图形(figure)、背景(ground)、路径(path)和运动(motion)四个中心成分，以及方式(manner)、致使力(cause)、环境(circumstance)和结果状态(resultant state)等非中心或边缘成分。随后，语言使用者根据需要选择相应的成分对事件进行表达，这一步也就是选择的过程。Talmy 指出，语言使用者在对某一事件做出语言认知能量分配时，对其各个部分的注意力不是均等的，而是倾向于把事件的某些成分背景化(backgrounding)，把另一些成分前景化(foregrounding)，其中边缘成分可能替代中心成分在表达中凸显出来。第三步是组合即表述的过程。语言对事件的组织主要围绕承担述谓功能的动词进行。动词在事件的言语表达中是核心元素。当说话者在选择的过程中欲对边缘成分进行凸显时，这些边缘成分则会被融入到动词词根中去，取代中心成分在形态-句法层面表征出来。例如，英语句子“I move the keg into the storeroom by kicking it.”，如果说话者要把运动事件的致使力前景化，那么表达这一成分的动词就会取代中心动词来表达同一事件，即“I kicked the keg into the storeroom.”。

汉英为两种不同的语言，虽然表述的同一事件经过分解后在要素的组成方面是对等的，但在词汇化过程中两者对各部分的注意力是不尽相同的，在汉语中选择为背景化的成分，可能在英语中被前景化，反之亦然。体现在语言的表述中就会出现所选择动词的不同。

综上所述，从词汇化的过程考察汉英动宾搭配上的差异，可以帮助我们清楚地看到两者对同一事件概念化时在凸显成分上的不同选择，有力地解释两者在动词使用上的差异，从而找出两者差异产生的深层原因。

下面我们以"擦"为例（王志军 2014），对《汉英双语语料库》《汉英词典》《牛津英汉双解词典》等语料中含"擦"的动宾短语及其相应的英语进行提取，然后考察它们的词汇化过程，并分析它们的差异。我们对所有语料中汉英相对应的句子进行考察后，发现两者在同一事件的词汇化过程中对事件组成成分的选择有所不同，从而在动词使用上体现巨大差异（见表2-1）：

表2-1　汉英语动宾搭配的词汇化差异

边缘成分 中英文表达式	目的	工具	材料	路径	致使	终状	程度
(1) 擦窗户(clean the window)	clean						
(2) 擦鞋(shine the shoes)	shine						
(3) 擦手(dry one's hand)	dry						
(4) 擦桌子(wipe the table)		cloth					
(5) 擦地板(mop the floor)		mop					
(6) 擦地板(scrub the floor)		brush					hard
(7) 擦锅子(scour the pan)		sth. tough					hard
(8) 擦挡风玻璃(scrape the windshield)		sth. sharp					
(9) 擦汗(wipe off the sweat)			sweat	off			
(10) 擦抹餐具柜(dust the sideboard)			dust				
(11) 擦润肤露(rub lotion into ...)			lotion	into			
(12) 擦粉(powder one's face)			powder				
(13) 擦污渍(rub at the stain)			stain	at			
(14) 擦火柴(strike a match)			match		strike		
(15) 把萝卜擦成丝儿(shred turnips)			turnip			shred	
(16) 擦干净(wipe sth clean)						clean	

续 表

中英文表达式 \ 边缘成分	目的	工具	材料	路径	致使	终状	程度
(17) 擦伤膝盖(graze one's knee)					graze		
(18) 擦疼膝盖(chafe one's knee)					chafe		
(19) 刮擦车的侧面(scratch the sides)							hard
(20) 擦蹭车库门(graze the garage's door)							light
(21) 擦过脸颊(graze one's face)							light
(22) 擦肩而过(brush past each other)							light

如果我们对“擦”事件进行拆解，该事件的中心成分应该包括施事、被擦对象，边缘成分包括目的、工具、材料、路径、致使力、结果以及程度等。两者的差异主要源于对边缘成分的不同词汇化，下面我们将一一加以阐述。

2.2.3.1 汉英对目的成分词汇化的差异

一谈到“擦”，我们想到的与其对应的英语单词是 rub，如“擦背”对应的英语是 rub one's back，但为什么当“擦”后面的宾语发生变化时，其对应的英语会在动词的使用上发生巨大的变化，如表 2－1 中(1)—(22)所示。我们发现，含汉语“擦”的动宾搭配与其相对应的英文所表达事件的词汇化区别之一是对目的成分的词汇化，如表 2－1(1)—(3)所示。表达同一事件，目的成分在英语中词汇化的程度非常高，都采取了前景化处理，而“擦”的动作被背景化；而汉语则保留了“擦”这一主要动作，目的采取了背景化处理，从而使动词“擦”不断产生新的含义。例如，在(1)中，表示“擦窗户”等，英语凸显的是“清洁”这一意图，不论后面搭配什么样的名词，都可以用 clean 来表示，而动作 rub 被背景化，如“擦挡风玻璃的机械装置(a mechanical device that cleans the windshield)”；而汉语凸显的是“擦”的动作，表“清洁”的意图被背景化，从而使“擦”产生了新的意义——“擦干净”。那么，为什么英语不能用与“擦”基本意义相对应的动词 rub 来表达同样的事件呢？

显然，两者对同一事件的词汇化是不一样的，英语在词汇化过程中对边缘成分“意图”更为敏感。对于英语使用者来说，表单纯摩擦意义的 rub 不能用来表达“清洁”这一意图。例如，如果我们说 rub the table/the window，只能表示施事者用手或布在这些物体的表面进行摩擦，不能表示“擦干净”的意图。所以英语在词汇化过程中对边缘成分“清洁”采取了前景化的处理，而“擦”的动作被背景化。

当然，英语中表达“擦干净”这样的事件，还有其他的动词可以使用，如 wipe，mop，scrub，scour 等，这主要是英语在词汇化过程中对工具成分进行前景化处理的结果，我们将随后进行讨论。

同样表示“擦鞋”这一事件，在英语中除了 clean 外，还可用 shine/polish 等，如(2)所示。其决定因素在于说话人的意图，如果表示“清洁”的意图用 clean，如果表示“使发亮”的意图则要用 shine 或 polish。这种差别说明动宾搭配中动词的选用并不完全由后面的宾语所限定，而是由说话者的意图所决定。汉语“擦鞋”中的“擦”在不同语境中意思是不一样的，一个表“擦净”，一个表“擦亮”，英语中则需要不同的动词来表达。例如，“他像仆人一样做些擦鞋的家务活（He performed the menial chore of shining shoes.）”；“他忙着擦鞋（He was busily employed in cleaning his shoes.）”。

(3) 也产生于同样的原理。“擦脸或擦手”中“擦”隐含一定的意图，非英语中的 rub 可以表达。在一定语境下，说话者要表达的意图是“擦干”而不是“擦干净”，例如，“用来擦手或脸的小毛巾”，其对应的英语为 a small towel used to dry the hands or face。英语在词汇化过程中用事件的边缘性成分即目的 to dry 替代了事件的主要动作 to rub；而汉语则保留了主动作，并赋予了动词“擦”新的意义——“擦干”。

2.2.3.2 汉英对工具成分词汇化的差异

上面讨论中我们提到在英语中，为什么表示“擦干净”，有时用 clean，有时则用 wipe，scrub 或 scour 等；即使接同一个宾语，如“擦地板”，有时用 mop，有时用 scrub，有时则用 wipe。通过对事件的拆解，我们发现，汉英两种语言在“擦”事件的词汇化过程中对所用工具的敏感度是不一样的，英语根据所用工具的不同采取不同的词汇来表达，如表 2-1 (4)—(8)所示。

用布或类似的工具去擦抹某物以使其干净，英语所依赖的词是 wipe；如果用专门的拖把 mop 去擦拭，所用的词是 mop；如果用刷子、水等用力擦洗，所用的词是 scrub；如果用很硬的东西用力擦拭，则用 scour；如用很尖锐的东西进行擦拭，用 scrape，相关的例句有“用来擦我的汽车的挡风玻璃的工具（tools wherewith to scrape the windshield of my car）”；“孩子们把自己的盘子擦得干干净净（The kids had scraped their plates clean.）”。

显然，不管擦拭的是什么对象，英语使用者根据所用工具的不同来确定选用哪一个动词，而表达相同的事件时汉语全用“擦”来表示。这说明汉语在词汇化过程中对工具这一边缘成分并不敏感。相反，英语则对使用的工具非常敏感，与汉语“擦”基本意义相对应的词 rub 不能表示“擦干净”这一意图，更不能表达“擦拭”某物所用的工具，英语需根据所用工具的不同采取不同的表达方法。

2.2.3.3 汉英对材料成分词汇化的差异

在“擦”事件中，涉及的材料成分主要指被摩擦对象上的摩擦损耗物，包括要擦上或擦掉的材料。通过对事件的拆分，我们发现，汉语和英语对“擦”事件中材料成分的词汇化是截然不同的。汉语的“擦”可以直接跟材料成分，不论是要擦去的材料如“擦汗”“擦灰”等，还是擦上的材料如“擦粉”“擦油”等，而英语的 rub 是绝对不行的，例如，我们不能说 * rub sweat，* rub dust，* rub powder，* rub oil 等，这说明英语在词汇化过程中对“擦”事件中所涉及的材料成分非常敏感，英语对事件中所涉及材料的词汇化与对被摩擦对象的词汇化是有所区别的。其中的区别我们在下面分类阐述。

2.2.3.3.1 表"擦去某材料"事件中汉英对材料成分词汇化的差异

在"擦"事件中，主要涉及的一个概念就是擦去被摩擦物上的损耗物。对于这个事件中材料成分的词汇化，汉语和英语采取截然不同的方式，如表 2－1 中(9)、(10)所示。在(9)"擦汗"的事件中，汗是被摩擦物(身体某部位)上的损耗物，汉语的"擦汗"表示的是擦去身上某个部位上的汗水，"擦"已有了新的含义——"擦去"。所以，汉语凸显的是动作，而物体移动的路径被背景化。而英语对该事件的词汇化截然不同，* rub sweat 或* wipe sweat 显然不能表达该意思，rub 后只能接被擦对象而不能单独接材料成分。英语对该事件有三种不同的处理方法。一是表擦干净的动词 wipe 直接跟被摩擦物如 face，brow 等，表示擦去脸上或额上的汗水，这个搭配符合英语的习惯。第二种是 wipe the sweat off one's face，这期间经历了一个动词复合的词汇化过程：

[remove the sweat off one's face] WITH-THE-CAUSE-OF [wipe]

其中材料成分的移动通过路径的凸显得以体现，移动的致使因素、材料和路径必须同时出现。相似例句有"擦掉妆容(wipe off one's make-up)""擦掉死皮(scrub/rub off the dead skin)"等。

第三种如(10)"擦抹餐具柜(dust the sideboard)"所示。其中材料成分采取了前景化处理，而动作和路径即"灰尘离开柜子"采取了背景化处理，从而使材料成分"灰尘"产生了新的含义，即"擦除灰尘"。这种词汇化的前提是擦抹的动作和材料之间关系的常态化，相似的例句有"skin the knee(擦破皮)""skin the apple(削苹果)"等。

2.2.3.3.2 表"擦上某材料"事件中汉英对材料成分词汇化的差异

同样，把某种材料涂抹到身体的某个部位或某物上，在汉语中可由"擦"直接接材料成分来表示，英语则采取不同的表达法，如表 2－1(11)"擦润肤露(rub lotion into ...)"所示。我们来看英语中该事件的词汇化过程。以"擦润肤露"为例，英语的* rub lotion 不能单独成立，但可以出现在"rub lotion into her skin(在她皮肤上擦润肤露)"这样的结构中，这期间经历了一个动词复合的词汇化过程：

[move the oil into her skin] WITH-THE-CAUSE-OF [rub]

其中，rub 是使油进入人体皮肤的致使力，在词汇化过程中前景化覆盖了移动动词，从而使 rub 有了新的含义"涂""抹"。同时，移动的路径得到凸显，必须和材料、致使力同时出现。相似的例句有"你应该擦上一些面霜(You should rub on some face cream.)"。

在表擦上某材料的事件中，同样有材料成分词汇化为动词的情况，如(12)"擦粉

(powder one's face)”。这也是动作和材料之间关系的高度常态化，从而使材料成分前景化，动作和路径成分背景化的结果。类似的例句有“给自行车擦油(oil the bike)”。

2.2.3.3.3　涉及材料的“擦”事件中汉英对材料成分词汇化的差异

除了“擦上”和“擦去”某材料外，“擦”事件中会涉及损耗材料，汉语和英语采取完全不同的表达方法。第一种如(13)所示，在“擦污渍”这一事件中，污渍不是被摩擦物，而只是某被摩擦物上的摩擦损耗物，汉语采取及物动词的做法，英语采取动词不及物的表达方法。例如，“我擦了擦布上的污渍(I rub at the stain on the cloth.)”。这说明在词汇化的过程中，英语对边缘成分非常敏感，当摩擦的对象是某物体上的损耗物而非被摩擦的物体时，英语对摩擦的范围进行凸显，以区别于对整个物体的摩擦。

另一种如(14)所示。在“擦火柴”这个事件中，火柴显然不是摩擦的对象，并不是人用手或某物在火柴上摩擦。火柴是摩擦过程中所用的材料，在整个事件中，通过火柴与某物的碰擦，从而使火柴点燃。所以，“擦火柴”的意思是“擦亮火柴”。显然，英语中表单纯摩擦意义 rub，如 rub the match 并不能用来表示这一事件。英语中采用 strike 来表示这一过程，我们认为主要是对致使力的凸显，因为火柴的摩擦与点燃主要在撞击的力量下完成。

2.2.3.4　汉英对终状成分词汇化的差异

汉英两种语言对“擦”事件中物体变化的最终状态的词汇化存在以下三种差异。第一种情况如(15)所示，“把萝卜擦成丝儿(shred turnips)”，英语中的终状成分得以前景化，并取代了中心动词的位置，而汉语中的终状仍旧在边缘成分的位置。第二种如(16)所示，两者都对最终状态进行了凸显，但汉语在词汇化过程中采取的是“动作＋终状”结构(该结构在汉语中语法化程度非常高)，例如，“把地板擦干净”；而英语采取的是“动作＋对象＋终状”的表达方式，例如，scrub the floor clean。第三种情况如(17)、(18)所示，汉语依赖于“动作＋终状”表达式，如“擦伤/擦疼膝盖”；而英语则对造成终状的致使成分进行了前景化，而终状则背景化融入了动词词根之中，如 graze/chafe one's knee。

总的来说，在终状成分的选择上，英汉语在词汇化过程中都比较敏感，主要区别在于双方依赖的动词或结构有所区别。

2.2.3.5　汉英对程度成分词汇化的差异

在“擦”事件中，涉及“擦”的程度或力量的大小，这一点在讨论工具成分的词汇化时就有所涉及。例如，表“用力擦洗某物”英语常用 scrub。对于擦过程中程度的词汇化，汉英的差异有两种情况。第一种如(19)、(20)所示，汉语对擦的程度进行了凸显，采取的是双音节动词词组，用“刮擦”“擦蹭”分别表示擦的轻重，而英语采取的是单个动词，用 scratch (重擦)、graze(轻擦)分别表示擦的轻重。第二种情况如(21)、(22)所示，汉语对擦的程度采取的是背景化处理，擦的轻重包含在动词的意义当中，比如，“子弹擦过我的脸颊(The bullet grazed my face.)”“他们擦肩而过(They brushed past each other.)”等；而英语对擦的程度采取前景化的处理，依赖与 rub 不同的动词，如 graze（轻擦）、brush（轻擦）等来表达。

总的来说，相对于汉语而言，英语对擦的程度更为敏感，往往采取不同的动词来区分擦的轻重。

从上面的分析可以看出，汉语的“擦”对所涉及的因素，尤其是边缘性的因素并不敏感，不论涉及的是“擦”的对象，还是“擦”的材料，不论“擦”的意图是什么，使用的为何种工具，也不论“擦”的轻重如何，在动词的使用以及语法结构上几乎没有变化，使用的动词都是“擦”，结构一般都为动宾结构，动词在不同的语境中生成不同的意义；而英语则与汉语大不一样，除了和擦的对象搭配并表单纯的摩擦意义时使用动词 rub 外，随着“擦”所涉及的因素发生变化，如涉及一定的意图、不同的工具、轻重的程度、特定的致使力，英语都使用不同的动词或不同的语法结构来表示，以对不同的情况进行区别，并凸显其特殊的意义。这说明英语对“擦”事件所涉及的边缘成分特别敏感。作为汉语母语使用者，我们已经很难意识到不同“擦”之间的差异，所以很容易把“擦”和英语的 rub 对应起来。通过上面的对比研究，我们不但对“擦”在不同语境中的意义有了更加清楚的认识，并且对汉英动宾搭配之间的差异有了深刻的了解，从而可以帮助外语学习者更有效、更轻松地掌握英语的搭配。更重要的是，通过对事件的拆分，考察两种语言在词汇化过程中对不同成分的选择，并了解两者所依赖的不同语言表达式，可以使我们非常清楚地认识到两种语言表层差异产生的过程和深层原因。这种研究方法为汉英对比提供了一种非常行之有效的路径，对于语言教学和翻译实践都有很好的指导作用。我们在后续的研究中将对更多的语言现象进行分析，并找出更多有规律性的东西。

2.3 小结

通过上面的分析我们可以看出，要对汉英动宾搭配的异同进行分析，必须首先进行概念的分解和描述，从中可以清楚地观察到汉英两种语言对同一概念进行表述时的不同选择。基本概念结构理论和词汇化理论都为我们进行对比研究提供了很好的分析框架和方法，前者是汉英动宾搭配对比的理论基础和基本方法，后者对于汉英动宾搭配的对比有着非常直接、有效的指导意义，我们在后面的研究中会很好应用这两个理论作为我们实践的指南，并在实践中加以丰富。

第3章　汉英动宾搭配词汇化的差异

3.1　概述

一般动作动词是指带施事和受事配价成分的二价动作动词。动作或行为动词后面的宾语一般为受事宾语，宾语所表示的客体在某一行为的作用下发生一定的变化，认知语言学称之为典型宾语。动作动词的主语一般为动作的发出者，称为施事，宾语为动作的接受者，称为受事。然而在使用过程中，动作所涉及的不同对象，如地点、结果等，都有可能成为动词宾语，动词的语义也随着发生一定的变化。例如，

a）把豆子泡一夜
soak the beans overnight

b）泡一壶茶
make/brew a pot of tea

c）泡个热水澡
soak in a long, hot bath

d）泡图书馆
stay in the library

我们先对这 4 个句子的概念结构进行描写：

a′）动作者＋动作$_{\text{放}}$＋对象$_{\text{豆子}}$＋地方$_{\text{水里}}$＋时间$_{\text{一夜}}$
b′）动作者＋动作$_{\text{放}}$＋动作对象$_{\text{茶叶}}$＋地点$_{\text{开水里}}$
致使者＋致使＋[客体$_{\text{茶叶}}$＋终体$_{\text{茶水}}$]
c′）动作者＋动作$_{\text{置身于}}$＋地点$_{\text{热水里}}$
d′）动作者＋动作$_{\text{置身于}}$＋地点$_{\text{图书馆}}$

考察上面例句的概念结构，我们很快可以发现它们的不同，a）中的宾语为对象宾语，

豆子是浸泡的对象，豆子本身没有发生变化，动词表示的是一个动作概念结构，和汉语“泡”相对应的英语动词为 soak；而 b)是一个致使概念结构，其中宾语是结果宾语，浸泡的对象是茶叶，而茶是形成的结果，这里的“泡”有了“制作”的意思，英语的 soak 没有延伸出“制作”的意思，所以用表示“制作”的动词 make 或意思更为接近的动词 brew(表示把东西放在热水里制作茶或咖啡等)来表示；c)也是一个动作概念结构，但动作涉及的对象是地点，指人在热水中浸泡；英语 soak 没有直接接地点宾语的用法，而保持了动词接介词短语的用法；d)中的宾语仍然是地点宾语，但由于地点的变化(与水已没有任何关系)，动词已完全脱离了在水中浸泡的原意，而是借用了“泡”字所隐含的某物长时间放置于一个地方的意思。英语的 soak 没有该用法，所以用 stay 来表示。

显然，在事件的词汇化过程中，人们会借用已有的词汇来表示相似或相近的事件。如上面例句所示，“泡”原本是用来搭配浸泡的对象，但当动作对象缺席，而需要凸显事件的其他参与成分，如 b)中涉及浸泡后形成的结果，c)中涉及浸泡的场所，d)中涉及相似成分即长时间逗留的地点时，“泡”字用来直接搭配所涉及的各种要素，从而使“泡”字有了不同的含义。从而我们可以得出结论，当某一动词用来表示相近或相似的概念时，人们有可能约定俗成地使用该动词直接搭配其涉及的各种不同成分，从而使动词有了新的搭配，该动词的意思也随着产生一定的变化。而相对应的英语则更关注各个事件之间的不同之处，没有借用与“泡”字原意相对应的动词 soak，对于不同的意义搭配采取不同的表达方式。

从上述分析可以看出，一个动词后宾语的语义角色可以根据语言使用者的需求发生变化，而这种变化直接影响动词词义的变化。从汉英对比的角度来看，汉英两种语言在这种变化上并不同步，从而使两者在动词的选择上有很大的区别。

为了对汉英动宾搭配的异同做一个全面的研究，我们以语料库为基础，对一千多个能带名词作宾语的汉语动词的动宾搭配情况及其相对应的英语进行了对比分析。通过研究我们发现，动词后宾语性质的变化以及宾语个体的变化都会对汉英词汇化过程中动词的选择产生影响，本章将从这两个方面加以介绍和分析，以揭示汉英动宾搭配的异同及其产生的根本原因。

3.2 “动词＋不同性质宾语”汉英词汇化差异

在语言的研究中，我们往往根据一定的句法语义特征把动词分为不同类别。例如，陈昌来(2002)把可带宾语的动词分为五类：动作动词、致使动词、性状动词、心理动词和关系动词，每一类动词都有它独特的句法语义特征，其主语和宾语都有不同的句法语义属性。然而，在语言的使用中，随着事件所涉及参与因素的变化，动词的意义和句法性质都会出现不同程度的变化。我们在研究中发现，这种变化正是汉英动宾搭配词汇化差异产生的真正原因。

3.2.1 “动作动词＋不同性质宾语”汉英词汇化差异

3.2.1.1 “动作动词＋使事宾语”汉英词汇化差异

根据人类经验，动作动词主要代表人发出的某个行为动作，其后宾语一般是动作所直接作用的对象，人们常把该宾语定义为受事宾语，而动作的发出者叫作施事者。然而，在语言的使用过程中，该动词的宾语可以是受事宾语以外的对象，这时动宾语义关系会发生变化。例如，动作动词作用的对象一般是具体的客观事物，但有时也会接抽象的事物作宾语，同时，主语不是人，而是一种致使因素。这时，动词已经不表示具体动作，而表示一种纯的致使关系。我们在汉英对比中发现，两种语言对这种动词意义的变化在表达上会有不同的选择。例如，

1）打开

a）他打开大门。

He opened the gate.

b）这件事使我们打开眼界。

This broadened our vision.

我们来看上面两句话的概念结构：

a′）动作者$_{某人}$＋动作$_{推}$＋动作对象$_{大门}$

致使者$_{某人}$＋致使＋[客体$_{大门}$＋终状$_{开}$]

b′）致使因素$_{某事}$＋致使＋[客体$_{眼界}$＋终状$_{变宽}$]

显然，第一个句子表示一个动作致使概念结构，表示施事者发出某一动作并导致受事发生某一变化；第二个表示一个纯致使概念结构，动作动词已变成使动动词，表示“使……开阔”的意思，英语的 open 没有引申出此义，所以用 broaden 来表达。英语中另一说法 open up one's eyes 不是表示“睁大眼睛”，而是发生了语义的引申，同样表示“开阔眼界”。

动词会用来表达与原概念有某种相似和相关的事件，动词的意义以及所涉及事物的性质都有一定的变化。在汉英对比中我们发现，汉语动词意义和其搭配的对象发生了相应的变化，而与该动词原义相对应的英语动词不一定发生同样的变化，从而在表达上有可能使用不同的动词来表达相应的意义。从上面的例句可以看出，动作动词后面随着宾语由受事宾语向使事宾语变化，动词的意义也随之发生了变化，汉语借用以前的动词来表达，而英语则没有采取同样的策略。这种情况在我们的研究中非常普遍，下面通过几个典型例句来进行佐证：

2）践踏

a）践踏庄稼

tread on the crops

b）你的行为践踏了文明准则！

Your actions violate every civilized canon!

我们首先来看上面两个句子的概念结构：

a′）动作者$_{\text{某人}}$＋（工具$_{\text{脚}}$）＋动作$_{\text{踩踏}}$＋地点$_{\text{庄稼上面}}$

致使者$_{\text{某人}}$＋致使＋[客体$_{\text{庄稼}}$＋终状$_{\text{被破坏}}$]

b′）致使因素$_{\text{某人的行为}}$＋致使＋[客体$_{\text{文明准则}}$＋终状$_{\text{被破坏}}$]

第一句为动作致使概念结构，表示人在庄稼上踩踏，破坏庄稼。而第二句的动词已经没有动作的意思，表示的是一个纯致使概念结构，表示对规则的破坏。“践踏”在第二句中表示“破坏，侵犯”的意思，而英语的 tread on 并不能单独表示“破坏，侵犯”之意，所以用 violate（违背）或 abuse（侵犯）来表达。当然，英语中有一个词 trample on 既能表示具体的“踩踏”，也能表示“破坏”之意，如“请勿踩踏杜鹃花（Please don't trample on the azaleas.）”“践踏土著居民的权利（trample on the rights of natives）”，其和汉语“践踏”一样发生同样的意义引申，这一现象我们将在第 4 章讨论。

3）推进

a）我被推进一间又脏又臭的屋子里。

I was pushed into a filthy, stinking room.

b）对暗星云的研究被一种新发现所推进。

The investigation of dark nebulas has been facilitated by a new discovery.

这两句话的概念结构可以描述如下：

a′）动作者$_{\text{某人}}$＋动作$_{\text{推}}$＋对象$_{\text{我}}$

致使者$_{\text{某人}}$＋致使＋[客体$_{\text{我}}$＋终位$_{\text{进入又脏又臭的房子}}$]

b′）致使因素$_{\text{新发现}}$＋致使＋[客体$_{\text{暗星云的研究}}$＋终状$_{\text{向前发展}}$]

前句是一个动作致使概念结构，受事“我”在外力的推动下发生了位置的变化，而后者是一个纯致使概念结构，使事“暗星云的研究”在致使因素“新发现”的作用下发生了状态的变化，即“得以发展”。显然“推进”在两个句子中的意思有所区别，汉语采用同一个动词来表达，而英语则用两个完全不同的动词来表达。

从上面的分析可以看出，英语有时和汉语一样，会用同一个动词来搭配性质完全不同的宾语（一般由具体的动作对象延伸到抽象的致使对象），表达不同的概念结构，其意思也发生相应的变化，这一点我们在第 4 章专门讨论；但在很多情况下，两种语言并不会发生同步的变化，它们往往选用不同的动词表达同一概念。

显然，概念结构的分析可以使我们更加清楚地看到动词语义内涵的变化以及其句法语义性质的改变。对汉语动宾短语及其相对应英语的考察使我们清楚地看到两种语言在表达上的不同选择，同时反过来帮助我们进一步区分汉语动词的不同含义。通过概念结构的分析，我们可以清楚地认识到，形式上相同的动宾结构随着搭配对象的改变而产生不同的语义概念结构。通过汉英动宾搭配词汇化过程的对比，我们对汉语和英语动宾搭配的异同都有了进一步的认识。

我们对所有汉语及物动词的动宾搭配情况及其相对应英语进行了对比，并在附录一中列举了部分动作动词后接具体事物宾语和接抽象事物宾语的情况，供学习者参考。

3.2.1.2 “动作动词＋结果宾语”汉英词汇化差异

汉语和英语中都有一些动作动词不但可以接受事作宾语，也可以接结果作宾语。但我们在研究中发现，两者并不同步，即在汉语中既可以接受事又可以接结果作宾语的动词，和其基本义相对应的英语动词并不一定有此用法，例如：

1）包

a）包书

wrap up a book with a piece of paper

b）包饺子

make dumplings

先看两句话的概念结构：

a′）动作者$_{某人}$＋（材料$_{包书纸}$）＋动作$_{包裹}$＋动作对象$_{书}$

致使者$_{某人}$＋致使＋［客体$_{书}$＋终位$_{在包皮里}$］

b′）动作者$_{某人}$＋（材料$_{饺子皮}$）＋动作$_{包裹}$＋动作对象$_{肉馅}$

致使者$_{某人}$＋致使＋［客体$_{肉馅、饺子皮等}$＋终体$_{饺子}$］

“包”是一个动作，表示用纸或布等软的材料把一样东西包裹起来，如 a)包书等。但

“包饺子”中的饺子不是包的对象，并非用东西把饺子包起来，而是人们在制作饺子的过程中，用饺子皮包住饺子馅做成饺子。在整个事件的词汇化过程中“包”的动作得到凸显，用以代表整个制作过程，在汉语中逐渐固化下来，从而使“包”有了“制作”的含义。而英语对同一事件的词汇化过程中，显然没有采取同样的策略，而是用 make（制作）来表示整个事件。汉英对比中相似的例子很多，例如，沏一壶茶（make a pot of tea），烧炭（make charcoal），烧火（make a fire），烧饭（make food）。

其实，英语中的“制作”也可采用行为动词来表示，但和汉语采用的动词并不一一对应。例如，

2）搓

a）搓手上的泥
rub the mud off one's hand

b）搓药丸
roll a pill

a）中的宾语是受事宾语，宾语“泥巴”是搓的对象，相应的英语动词为 rub，b）中的宾语为结果宾语，汉英都采用了制作过程中的一个成分来表达整个事件。但两者在词汇化过程中凸显的成分并不相同，汉语采用“搓”（rub），即用手搓原材料来表达整个制作过程，而英语采用 roll（滚动），即原材料在手中滚动来表达，这说明两种语言对同一事件进行词汇化时，选择凸显的成分是不一样的，这需要我们在研究和学习中加以区分。

在汉英对比中我们发现，汉语的动作动词既可以接制造类结果宾语，也可以接获得类、形成类结果宾语等（陈昌来 2002），而和其基本义相对应的英语动词不一定有类似的用法，我们应加以区别。例如，

3）打

a）打铃
ring the bell

b）打一把刀
forge a knife

c）打鱼
catch fish

我们先对上述三句话的概念结构进行描写：

a′）动作者$_{\text{某人}}$＋动作$_{\text{敲打}}$＋对象$_{\text{铃}}$

致使者$_{\text{某人}}$＋致使＋[客体$_{\text{铃}}$＋终状$_{\text{响}}$]

b′）动作者$_{\text{某人}}$＋动作$_{\text{敲打}}$＋对象$_{\text{铁}}$

致使者$_{\text{某人}}$＋致使＋[客体$_{\text{铁}}$＋终体$_{\text{刀}}$]

c′）动作者$_{\text{某人}}$＋动作$_{\text{击打}}$＋地点$_{\text{水面}}$

致使者$_{\text{某人}}$＋致使＋[客体$_{\text{鱼}}$＋终属$_{\text{捕鱼者}}$]

显然，三个句子的概念结构是有区别的，第一个是受事类动作致使概念结构，动作对象在动作的作用下发生了状态的变化；第二个是结果类动作致使概念结构，动作对象在动作的作用下形成了新的事物，动作对象不出现在句子中，动作的结果直接出现在动词后作宾语；第三个也是结果类动作致使概念结构，但宾语是动作者通过某个行为获得的事物，而不是在动作作用下形成的事物。从汉英对比的视角来看，英语对这三种完全不同的概念结构进行了区分，采取完全不同的动词来表达。在第一个句子中，英语凸显物体的最终状态(ring)，而汉语凸显动作；在第二个句子中，汉语凸显动作“敲打”，其义表示“制造”，而英语同样凸显动作，但更强调整个锻造(forge)的过程，其义也表示“制造”。在第三个句子中，汉语凸显动作“敲打，撞击”，其义表示“获得”；而英语同样凸现动作，但凸显的是捕捉(catch)的过程，其义同样表示“获得”。在每一类中，我们还发现汉英有许多存在明显差异的情况，如同属于 a)类的有“打门(knock at the door)/打稻子(thresh rice)/打钟(ring the bell)/敲锣打鼓(beat gongs and drums)/打胎(have an abortion)”等；属于 b)的有“打坝(construct a dam)/打草稿(work out a draft)”等；属于 c)类的有“打酱油(buy soy sauce)/打水(fetch some water)/打柴(gather firefood)”等，其产生的原因将在后面章节中进行探讨。

4）擦

a）擦窗户

clean the window

b）擦萝卜丝

shred turnips

我们来看这两句话的概念结构：

a′）动作者$_{\text{某人}}$＋动作$_{\text{擦}}$＋对象$_{\text{窗户}}$

致使者$_{\text{某人}}$＋致使＋[客体$_{\text{窗户}}$＋终状$_{\text{干净}}$]

b′）动作者$_{\text{某人}}$＋动作$_{\text{擦}}$＋对象$_{\text{萝卜}}$

致使者$_{某人}$＋致使＋[客体$_{萝卜}$＋终体$_{萝卜丝}$]

通过概念结构的分析，两者的区别显而易见。第一句为动作致使概念结构，受事客体在动作的作用下发生了状态的变化，即变得干净，但在词汇化过程中，汉语凸显的是动作，状态的变化被背景化，而英语凸显的是状态的变化，采用的动词是 clean(使……干净)，动作被背景化。第二句为结果类动作致使概念结构，动作的对象发生了质的变化，由整体的萝卜变成了萝卜丝。在词汇化过程中，汉语仍然借助动作“擦”来表达整个结果性致使事件，英语则凸显结果，采用表示结果的动词 shred(把……切碎或切成细条)来表述整个过程。

5）开

a）开汽车

drive a car

b）开发票

write an invoice

我们先来看两者的概念结构：

a′）动作者$_{某人}$＋动作$_{驾驶}$＋对象$_{汽车}$

致使者$_{某人}$＋致使＋[客体$_{汽车}$＋终状$_{开动}$]

b′）动作者$_{某人}$＋动作$_{写}$＋对象$_{字}$＋材料(地点)$_{纸张}$

致使者$_{某人}$＋致使＋[材料$_{纸张}$＋终体$_{发票}$]

显然，第一句表达的是一个受事性动作致使概念结构，而第二句表达的是一个结果性动作致使概念结构，发票根本不是动作的对象，而是最后形成的结果。汉语都借助“开”来表达，而英语则采取了完全不同的动词来表示。在第一句的词汇化中，英语凸显动作(drive)，汉语凸显状态的变化(开动)；在第二句英语凸显动作(write)，汉语凸显结果的形成(开具)。另外，即使在类似的事件中，汉英在表达上还有不同的表达方式，如“开飞机(fly a plane)/开汽车(drive a car)；开发票(write a invoice)/开店(open a shop)”等，这个问题我们将在后面进行探讨。

6）安

a）安空调

install an air conditioner

b）安刮脸刀

assemble his safety razor

我们先看两者的概念结构：

a′）动作者$_{\text{某人}}$＋动作$_{\text{安装}}$＋对象$_{\text{空调}}$

致使者$_{\text{某人}}$＋致使＋[客体$_{\text{空调}}$＋终位$_{\text{在某处}}$]

b′）动作者$_{\text{某人}}$＋动作$_{\text{安装}}$＋对象$_{\text{零件}}$

致使者$_{\text{某人}}$＋致使＋[客体$_{\text{零件}}$＋终体$_{\text{刮胡刀}}$]

显然，前者是受事性致使概念结构，安装的对象在动作的作用下发生状态的变化，即空调被置放在某一处，英语相应的单词为 install 或其同义词；后者是结果性致使概念结构，安装的对象是零件，但在动作的作用下，这些零件被组合在一起，最后形成一个新的物体，即刮须刀。在词汇化过程中，英语更强调零件的组合，用 assemble 来表示。此外，在这两类情况中，还存在一些其他的差别，例如，“安装双层玻璃窗（double-glaze the windows），安蒸馏塔（erect a distillation column）”等，其中的英语动词又有一定的变化，其中缘由我们将在后面专门讨论。

7）淘

a）淘米

wash/rinse rice

b）淘金

pan (for) gold

两者的概念结构可以表述如下：

a′）动作者$_{\text{某人}}$＋动作$_{\text{淘}}$＋对象$_{\text{米}}$

致使者$_{\text{某人}}$＋致使＋[客体$_{\text{米}}$＋终状$_{\text{干净}}$]

b′）动作者$_{\text{某人}}$＋动作$_{\text{淘}}$＋对象$_{\text{含金的沙石等}}$

致使者$_{\text{某人}}$＋致使＋[客体$_{\text{金子}}$＋终属$_{\text{某人}}$]

显然，第一句为受事性致使概念结构，而第二句为结果性致使概念结构。第二句表示的是通过淘（用水冲洗）的方式来获取金子。汉字“淘”已经含有“获取”的意思。英语在表达这一过程时则凸显动作所用的工具 pan，而使 pan 具有了“淘并且获取”的意思。汉语中有和“淘金”类似的表达如“淘衣服(hunt for clothes)”,主要借用“淘金”中“在沙石中筛选、寻找金子”的过程,而英语则用 hunt for 来表达。

8)烧

a)烧柴

burn the wood

b)烧火

make a fire

我们来看两者的概念结构:

a′)动作者$_{\text{某人}}$+动作$_{\text{点火}}$+对象$_{\text{柴}}$

致使者$_{\text{某人}}$+致使+[客体$_{\text{柴}}$+终状$_{\text{燃烧}}$]

b′)动作者$_{\text{某人}}$+动作$_{\text{燃烧}}$+对象$_{\text{柴或其他材料}}$

致使者$_{\text{某人}}$+致使+[客体$_{\text{柴或其他材料}}$+终体$_{\text{火}}$]

第一句为动作致使概念结构,其中“柴”是动作烧的对象,表示烧的是柴而不是其他燃料;而第二句是结果性致使概念结构,其表达的意思是通过燃烧某物产生火,相似的例句有“烧炭(make charcoal)”等,英语的 burn 显然没有引申出“制作”的含义,所以需用表制作的动词来替代,如 make 等。

9)打开

a)打开大门

open the gate

b)打开新思路

open up a new train of thought/bring forward a new perspective

我们首先对上面几个句子的概念结构进行描写:

a′)动作者$_{\text{某人}}$+动作$_{\text{拨、推}}$+对象$_{\text{大门}}$

致使者$_{\text{某人}}$+致使+[客体$_{\text{大门}}$+终状$_{\text{开}}$]

b′)致使因素$_{\text{某事}}$+致使+[客体$_{\text{新思路}}$+终状$_{\text{形成或出现}}$]

第一句是受事性致使概念结构,表示施事者发出某一动作并导致受事发生某一变化;

第二句是结果性致使概念结构，表示外在因素导致新事物的产生，而不是致使已有的东西发生变化，汉语中动词的同义词有“开辟”等。英语常用 open up 来表达这一致使过程，其同义词是 start, develop, bring forward 等。

10）按

a）按门铃

ring the bell

b）按指印

put one's thumb print on sth.

两者的概念结构可以描述如下：

a′）动作者$_{某人}$＋动作$_{按}$＋对象$_{门铃}$

致使者$_{某人}$＋致使＋[客体$_{门铃}$＋终状$_{响}$]

b′）动作者$_{某人}$＋动作$_{按}$＋动作对象$_{沾有印油的大拇指}$＋地点$_{某东西上}$

致使者$_{某人}$＋致使＋[客体$_{大拇指指印}$＋终位$_{在某东西上}$]

前者表述的是一个受事性致使概念结构，门铃在动作作用下发出响声，英语在词汇化是凸显状态的变化，而汉语凸显动作；后者表述的是一个结果性致使概念结构，动作作用的对象是沾有印油的大拇指，而结果是把指印留在某物体上。汉语凸显动作“按”并使它产生新的含义“按并导致新事物产生”，英语则凸显结果 put (make) one's thumb print on sth。

从上面的分析中可以看出，在汉语中存在大量既可接受事宾语又可接结果宾语的动词，而和该动词基本义相对应的英语动词却很少有同样的用法。分析其中的概念结构可以帮助我们清楚地认识到其中的差异和汉英两种语言的不同选择。

我们对所有汉语动词的动宾搭配情况及其相对应英语进行了对比，并在附录二中列举了汉语动作动词后接受事宾语和接结果宾语的情况以及它们相对应的英语，供学习者参考。

虽然动作动词后面最典型的成分是受事，即动作直接接触和作用的对象，但也可以接其他成分作宾语，其中动词的意思会发生一定程度的变化。上面我们讨论了动作动词后面接使事宾语、结果宾语的情况以及汉英在动宾搭配词汇化过程中的不同选择。根据汉语语言学的研究（任鹰 2000，张云秋 2004），动作动词后还可接材料成分、工具成分和动机成分作宾语，那么在这些搭配中，动词的意义又有何变化？汉英动宾搭配的选择又会有何不同？下面我们将一一加以分析和讨论。

3.2.1.3 “动作动词+材料宾语”汉英词汇化差异

谭景春(1995)把材料成分区分于工具成分。他指出,材料成分具有以下特征:一种是往往随着动词表示的动作附加在别的物体上,如“墙上刷了白灰”中的“白灰”随着“刷”这一动作附加在“墙上”。另一种是随着使用而被消耗掉,如“烧煤”中的“煤”随着“烧”这一动作而消耗。第三种是材料成分最后变成成品,如“织毛线”,“毛线”最后变成“毛衣”。显然,工具成分不具备这些特征。那么,材料成分作宾语和受事成分作宾语有何不同?汉英两种语言对两种成分的词汇化是否存在差异?我们下面举例加以讨论。

1) 织

a) 织毛衣

knit a sweater

b) 她整天织毛线。

She knits all day.

c) 你的毛衣还是织粗线吧。

It is better to use thick wool to knit your sweater.

我们来看三者的概念结构:

a′) 施事$_{某人}$+材料$_{毛线}$+动作$_{编织}$

致使者$_{某人}$+致使+[客体$_{毛线}$+终体$_{毛衣}$]

b′) 施事$_{某人}$+材料$_{毛线}$+动作$_{编织}$

c′) 施事$_{某人}$+材料$_{粗线}$+动作$_{编织}$

致使者$_{某人}$+致使+[客体$_{毛线}$+终体$_{毛衣}$]

从概念结构来看,第一句是一个结果性致使概念结构,表示某人编织出毛衣,毛衣是编织的结果,编织的材料毛线并不出现。中文和英文都用动词“编织(knit)”接成品“毛衣(sweater)”表示这一概念。第二句是一个动作概念结构,表示的某人用材料“毛线”编织某物,成品并不出现。汉语用动词“织”接材料“毛线”表示这一概念,材料成了动作涉及的对象。而英语则不出现材料,用动词 knit 来表示整个概念。第三句表示一个结果性致使概念结构。与第一句不同的是,在材料和成品同时出现在事件中,汉语用动词“织”接材料强调材料的特殊性,而英语则对材料和成品采用不同的动词来搭配,材料搭配 use,成品搭配 knit。从我们掌握的语料来看,英语不用“织”来搭配材料。

2）刷

a）刷墙

paint the wall

b）墙上都刷了白灰

whitewash the wall

我们来看这两句话的概念结构：

a′）动作者＋动作$_{刷}$＋（材料$_{涂料}$）＋地方$_{墙上}$

致使者$_{某人}$＋致使＋［客体$_{涂料}$＋终位$_{墙上}$］

b′）动作者＋动作$_{刷}$＋材料$_{白灰}$＋地方$_{墙上}$

致使者$_{某人}$＋致使＋［客体$_{墙上}$＋终状$_{有了白灰}$］

第一句表示把涂料刷在墙上，汉语用动词“刷”接地点作宾语表示，而英语则完全不一样，动作被背景化，材料名转动，后接地点作宾语，表示有人把涂料刷在墙上。第二句表示有人把材料（白灰）刷在了墙上，汉语用动词“刷”后接材料作宾语。而英语则把动作“刷”背景化，材料“白灰”名词动化后接地点形成动宾短语。

3）浇

a）浇水

water

b）浇花

water the flower

我们来看这两句话的概念结构：

a′）动作者＋动作$_{浇}$＋材料$_{水}$＋（地方）

b′）动作者＋动作$_{浇}$＋（材料$_{水}$）＋地方$_{花}$

显然，在第一句中，汉语以动作接材料构成动宾短语“浇水”表示“把水浇到某个地方”，而在英语中，材料名转动，直接表示浇水这个事件。在第二句中，汉语动作接地点构成动宾短语“浇花”，表示“把水浇到花上”，而在英语中，材料 water 名转动，后接地点表示整个事件。所以英语是以材料为重心来表达整个事件的。

从上面的分析可以看出，汉英在材料宾语句的表达上还是有一定差异的，英语中的材料很少作为宾语出现，并且经常出现材料直接活用为动词的现象，表示材料的附着或损耗。我们在附录三中收录了这种用法。

3.2.1.4 “动作动词＋工具宾语”汉英词汇化差异

汉语中有很多工具作宾语的情况，如“吃大碗”“坐飞机”等，根据研究（任鹰 2000），工具宾语句中的动词本身更多表示一种方式。如“吃大碗”表示使用大碗吃东西，而不是把碗吃进去；“坐飞机”表示乘坐飞机，而不是坐在飞机顶上。我们下面来对比汉语工具宾语句及其相对应英语的表达。

1）听

a）听音乐

listen to music

b）听耳机

use earphone

我们来看这两句话的概念结构：

a'）动作者＋（工具$_{耳朵}$）＋动作$_{听}$＋对象$_{音乐}$

b'）动作者＋工具$_{耳机}$＋动作$_{听}$＋（对象$_{音乐}$）

第一句中，工具没出现，表示某人在用耳朵听音乐；第二句听的对象没出现，听的工具“耳机”出现在宾语的位置，表示用耳机听而不是用耳朵直接听。而从英语的表达来看，第二句英语没有使用 listen to(听)和工具 earphone(耳机)搭配，而是使用和工具通常出现的动词 use 来搭配。

2）看

a）看电影

see a film

b）看手机

use/play mobile pnone

我们来看这两句话的概念结构：

a'）动作者＋（工具$_{眼睛}$）＋动作$_{看}$＋对象$_{电影}$

b'）动作者＋工具$_{手机}$＋动作$_{看}$＋（对象$_{节目等信息}$）

在第二句中，工具作宾语，显然，该句不是表示用眼睛去看手机，而是用手机去收看信息，如打游戏、看电影等。其中，“看”的意思已经发生了变化，表示“使用手机（娱乐）”，英语常用 play 来表示。

显然，汉英对工具成分的词汇化是不一样的。汉语用于接工具作宾语的动词，其对应的英语则往往使用不同的动词来表达。

3.2.1.5　“动作动词＋方式宾语”汉英词汇化差异

方式成分是指事件中动作所采用的方式，常用格标“用、以”来引入。如“她用方言讲话”，但也可以直接作宾语，如“她喜欢讲方言”。当然，当动词接方式宾语时，动词的意思比较抽象，有虚化倾向，表示类动作（张云秋 2004：93）。我们下面来看这种结构汉英词汇化的差异。

1）存

a）存钱

deposit (money)

b）你存活期还是定期？

Do you prefer the current account or the fixed account?

我们来看这两句话的概念结构：

a′）动作者＋动作$_{存}$＋对象$_{钱}$

b′）动作者＋动作$_{存}$＋对象$_{钱}$＋方式$_{活期}$

显然，在第二句中，活期只是存钱采取的一种存款方式，这里的“存”并不强调存钱本身。英语中没有 * deposit current account 这个搭配，可以说 deposit (put) money in the current account，或者如上面例句中所示，deposit 这个动词不需要出现。

2）走

a）走路

walk

b）走猫步

take a catwalk

显然，第二句中的“走”并不强调走路本身，主要用来指走路的方式。相应的英语也没有“动词（walk）＋方式宾语（catwalk）”的用法，而是用抽象的动词 take 来搭配。

因此可见，在方式成分的词汇化过程中，汉语可能把它直接表述为动词宾语，动词不变，而英语则往往采用不同的词汇来表达动作行为的方式。

3.2.1.6 “动作动词＋地点宾语”汉英词汇化差异

汉语中有“动作动词＋地点宾语”的搭配，其中动词的意义已经发生了一定的变化，相应的英语往往不采用与汉语动词原意相对应的动词来表达，而是选用其他动词来表达新的含义。例如，

1）坐了一个好位置
take a good seat

2）装箱子
fill the suitcase/pack the suitcase

3）读补习班
go to cram school

第一句是表示“占了（坐上了）一个好的位置”，而不仅仅是表示“坐在一个好的位置上”，“装箱子”不是表示“在箱子里装东西”，而是“把东西塞入箱子”，“读补习班”不是表示“在补习班读书”，而是表示“补习功课”，英语都采取了相应的方式来表达这些新的语义关系，而没有采用原来的动词来表达。

3.2.1.7 “动作动词＋动机宾语”汉英词汇化差异

汉语中还有一类“动作动词＋动机宾语”现象（张云秋 2004）。这一类事件有其特殊的语义关系。例如，

1）考研究生
take graduate examination（* test graduate students 测试研究生）

2）养病
recuperate (one's health); recover from illness; take care of oneself(* rest illness)

这两句话的宾语都是表示原因或动机，第一句表示为了读研究生而参加考试，第二句表示因为生病而进行休养。英语没有采取“动作动词＋动机宾语”类似的表达，而是遵循该句原有的语义关系来进行表达。

3.2.1.8 “动作动词＋涉事宾语”汉英词汇化差异

在一定情况下，动作动词还可接涉事宾语，其主语为系事，动词表示主语性状的变化，不再是动作动词而是性状动词。宾语为涉事，表示主语性状涉及到的某个对象。例如，

1）加入

a）这些甜点开始凝固时就可以加入辅料了。

You can add ingredients to these desserts as they begin to set.

b）战争快要结束的时候，他加入了英国皇家空军。

He entered RAF service in the closing stages of the war.

第一句表达的是一个动作致使概念结构，动词为动作动词，动词后的“辅料”是加入的对象，即把辅料放入或添加到甜点之中，其中“辅料”的位置发生了变化。第二句表达的是一个空间概念结构，宾语并不是动词加入的对象，并不指把“英国皇家空中”加入到某一事物之中。动词表示的是“某人加入某一团体、组织或活动，成为其中一员”，其中主语的性状发生了变化，“他”成为了英国皇家空军的一员（终属），动词为性状动词而非动作动词，宾语为涉事宾语，表示动作涉及的对象或范围。而从其相对应的英文来看，与表示动作意义相对应的 add 一词并没有相应的性状动词的用法；其性状动词的用法用表示“加入某一团体”的动词 enter，join 等表示。

2）做

a）我看着他给我的东西，快速做了个减法。

I looked at what he'd given me and did a quick subtraction.

b）他的头骨做过大面积的矫形手术。

He has received extensive corrective surgery to his skull.

第一句中的动词为动作动词，表示主语完成某件事情，即“做了一个减法”。而第二句表示的不是主语做了什么事，而是主语“他的头骨”接受“手术”，表示的不是动作概念结构或者致使概念结构，而是一个空间概念结构，即主语在性状上的变化，动词为性状动词。英语的表达对两者进行了区分，后者用 receive（接受）来表达这种语义关系，更尊重原意，而英语的 do 则没有这种用法。

从上面所有的分析来看，动作动词后面除了接典型的受事宾语外，在一定语境下，还可接各种不同性质的宾语构成动宾短语。显然，这些动宾短语已形成新的语义关系。通过我们对概念结构的分析，这种新的语义关系得到了清楚的展示。同时，我们也可以清楚地看到，与该汉语基本义相对应的英语动词并不一定有这种搭配能力，往往采用不同的动词表示新的语义关系。此外，由于这些动词接不同性质的名词作宾语时在结构上没有任何变化，作为汉语母语使用者，我们往往容易忽视它们之间的区别，在英语学习或翻译时，我们一定要分辨各种不同类型的动宾搭配，在用英语表达时注意其中的区别，以避免犯一些搭配上的错误。

3.2.2 “致使动词+不同性质宾语”汉英词汇化差异

致使动词不表示人的行为动作，往往用来表示一事物致使另一事物发生某种变化，或致使某一事物或现象的产生。我们在研究中发现，致使动词会用来表示另外一种语义关系，其句法语义性质会发生根本的变化。例如，

1）引起

a）挫败感、愤怒和绝望引起了一系列自发性的罢工。

Frustration, anger and desperation have led to a series of wildcat strikes.

b）库尔德人的苦难引起了全球关注。

The plight of the Kurds gained global visibility.

这两句话的概念结构可以分别描述为：

a′）致事$_{\text{挫败感等}}$+致使+[客体$_{\text{罢工}}$+终状$_{\text{出现}}$]

b′）客体$_{\text{库尔德人的苦难}}$+变$_{\text{得到}}$+终属$_{\text{全球关注}}$

第一种情况表示的一种致使语义关系，主语的属性为致事，而宾语的属性为使事，即致事所导致的一种新的状态。第二种情况不是致使语义关系，而是一种性状关系，表示主语“库尔德人的苦难”的某种状态，即“得到了全球的关注”，并不是“导致某一种事物或现象产生”，例如，我们一般不说“* 库尔德人的苦难导致了全球关注”。宾语在这里不是使事，而是涉事，即动词所涉及的事物。在两个事件的词汇化过程中，汉语“引起”的意义得到了引申，由原来表致使关系的“导致”义引申为表性状关系的“得到”义；而英语相对应的动词 lead to 没有发生同步的意义变化，由两个完全不同的动词来表达截然不同的两种语义关系。

2）减轻

a）减轻病痛

reduce one’s pain

b）减轻几磅

lose a few pounds

我们先看两者的概念结构：

a′）致使因素$_{\text{某物}}$＋致使＋[客体$_{\text{病痛}}$＋终状$_{\text{减轻}}$]

b′）客体$_{\text{几磅}}$＋变$_{\text{离开}}$＋终属$_{\text{某人}}$

第一句为致使概念结构，使事“病痛”在某致事的作用下，发生了变化即“病痛得到缓解”，但其中没有任何动作的参与，相应的英语单词为 reduce 或其同义词 alleviate 等。第二句为空间性概念结构，动词“减轻”并不表示致使，宾语“几磅”也不是使事，没有发生状态的变化，发生变化的是主语即“某人掉了几磅肉”。主语是整个事件中的受损者，动词表性状，意为“失去”。英语相对应的动词和前一句完全不同，为 lose，而常用的 reduce 在英语中没有被用来表达这一意思，所以不能说* reduce a few pounds。这是汉英两种语言在这个事件中的最大差别。当然，我们可以说 reduce her weight by a few pounds，但两者在语义结构上是完全不同的。

3.2.3　“心理动词＋不同性质宾语”汉英词汇化差异

3.2.3.1　“心理动词＋涉事宾语”汉英词汇化差异

心理动词一般表示人的一种心理活动，活动的主体一般是心理活动的经历者、体验着和感知者，陈昌来(2002)把它称为“经事”；而心理活动被体验或感知的对象被称之为“感事”。而在实际的应用中，心理动词并不表示一种心理活动，例如，

a）他们爱打网球和保龄球。

They go in for tennis and bowls.

b）他说郎先生是个冷酷、算计，又爱摆布人的人。

He described Mr Long as cold，calculating and manipulative.

两者的概念结构可以描述如下：

a′）动作者$_{\text{他们}}$＋动$_{\text{爱}}$＋对象$_{\text{打网球}}$

b′）客体$_{\text{某人}}$＋静$_{\text{爱}}$＋终状$_{\text{摆弄人}}$

从概念的描写我们可以看出，两者在概念结构上有本质的区别，第一句表示的是某人的一种心理感知活动，而第二句表示的是某人的一种习性。第一种情况表示某人喜爱某种活动，在英语中用相应的心理动词 love，like 等表示；第二种情况表示的是主语的某种性状或习性，而不是一种心理活动。显然，第一句中汉语的“爱”随着在第二句中语境的变化发生了词义的变化，而英语的 love，like 等没有相应的用法，不能用来表示习性，所以，

英语用忠实于原意的形容词 manipulative 来表达。又如,“他发誓要报复对自己不忠、爱偷东西的妻子(He vowed to wreak vengeance on his unfaithful, thieving wife.)”,其中的“爱偷东西的”在英文中表述为 thieving。

3.2.3.2 “心理动词+受事宾语”汉英词汇化差异

心理动词表示人的心理活动,宾语一般为感知或认知的对象,但在一定情况下,心理动词可接受事宾语,动词表示某种行为。例如,

1) 记

a) 学习语言不仅仅是记些单词的事。

Learning languages isn't just a matter of remembering words.

b) 我将把下次会议的事记在我的记事簿上。

I'll make a note of our next meeting in my diary.

第一句中的“记”表示的是一种记忆的心理活动,第二句中的“记”的对象已经不是记忆的对象,并不表示把下次会议的事记在心里,而是表示把下次会议的事记在某个地方。“记”已变成动作行为,宾语为动作行为的对象,而不是心理活动的对象,相对应的英语用不同的动词来表达。

2) 注意

a) 我没大注意她在说什么。

I paid scant attention to what she was saying.

b) 我们需要注意身体。

We need to take care of our bodies.

第一句中的“注意”表示的是一种感知的心理活动,表示“用心去关注”,宾语是关注的对象。第二句中的“注意”不是表示某人的一种感知,宾语“身体”是动作“照顾”的对象,“注意”已变成动作行为。汉语用同一个词,而相对应的英语用不同的动词来表达。类似的例句还有“注意儿童或其他幼小动物(Watch any young human being, or any other young animal.)”等。

3.3 “动词+同一性质宾语”汉英词汇化差异

随着动词后宾语性质的变化,动词的句法语义性质都会发生根本的变化,表达的是概念完全不同的事件。汉英两种语言在词汇化的过程中对这种不同可能会有不同的表达,

这点在上面已经阐述。然而，我们在研究中发现，动词后接同一类宾语时，汉英在动词的选择上也会存在很大的差异，这其中的缘由值得我们进一步探讨。

3.3.1 "动作动词＋不同受事宾语个体"汉英词汇化差异

3.3.1.1 汉英对具体与抽象受事宾语的不同词汇化

汉语的动作动词通常表示一种具体的行为动作，后面的宾语为具体的事物，但在语言的使用中，动作动词后的宾语可以为抽象的事物，动词的意义也发生一定的变化，例如，

1）操纵

a）操纵机器

operate the machine

b）操纵话语权

dominate the conversation

上面两个句子的概念结构为：

a′）动作者$_{某人}$＋动作$_{操作}$＋对象$_{机器}$

b′）动作者$_{某人}$＋动作$_{操控}$＋对象$_{话语权}$

第一句为动作概念结构，表示人在操作机器。第二句的宾语表示的是一个抽象的事物，动词已不表示具体的动作，但主语往往是人，动词含有一定的主动性，表示的是一个抽象行为，仍然是一个动作概念结构。"操纵"在第二句表示"控制"的意思，而英语的operate并没有引申出"控制"之意，所以用dominate(控制、主宰)来表达。

2）收拾

a）把工具收拾好

pick up the tools/put away the tools

b）收拾这个混乱的局面

straighten out this confusion/clean up the mess

这两句话的概念结构可以描述如下：

a′）动作者$_{某人}$＋动作$_{捡起}$＋对象$_{工具}$

b′）动作者$_{某人}$＋动作$_{处理}$＋对象$_{混乱的局面}$

前一句是一个具体的动作概念结构，指人捡起地上的工具。第二句是一个抽象的动作概念结构。“收拾”不是人发出的一个具体的动作，但具有一定的主动性，表示的是“某人控制、解决、处理某件事”的意思。在词汇化中，英语用完全不同的动词来表达这两个概念，前一句用的是表达动作过程的动词 pick up 或 put away，后一句用的是表“清理”意义的动词 straighten out 或 clear up(清理、对付复杂局面)。clean up the mess 发生了语义的引申，也可表达相同的意思。

3）展开

a）鸟儿展开翅膀向岛上飞去。

Spreading her wings, the bird headed for the island.

b）救援队展开最后一次大面积搜索，设法找到失踪的男孩。

The rescue services did the last sweep to try and find the missing boy.

这两句话的概念结构可以描述如下：

a′）动作者$_{鸟儿}$＋动作$_{展开}$＋对象$_{翅膀}$

b′）动作者$_{救援队}$＋动作$_{开展}$＋对象$_{搜索}$

第一句中的宾语是受事，“鸟儿”发出动作，使“翅膀”伸展开来；第二句的动词表示一种抽象的行为，表示“某人开展某一活动”。汉语采用一个动词来表达，而英语则用不同的动词加以区分。

4）推出

a）杰克被伙伴们推出房间。

Jack was pushed out of the room by his companions.

b）来自伦敦的四人组合即将在本月推出他们的第四支单曲。

The London-based fours are set to release their fourth single this month.

这两句话的概念结构可以描述如下：

a′）动作者$_{伙伴们}$＋动作$_{推}$＋动作对象$_{杰克}$

致使者$_{伙伴们}$＋致使＋[客体$_{杰克}$＋终位$_{出房间}$]

b′）动作者$_{四人组合}$＋动作$_{发行}$＋对象$_{单曲}$

第一句中的“推出”为动作动词，表达的是一个动作致使概念结构，宾语“杰克”为受事，在外力的作用下发生了位置的变化；而第二句中的“推出”只是表示一个抽象行为，表示“把作品推向市场”。两句中的“推出”意义有所不同，显然英语采用完全不同的动词来表达。

从上面的分析可以看出，汉英对具体事物宾语和抽象事物宾语在词汇化过程中有不同的选择，汉语用同一个动词来表达，而英语则采取不同的动词来加以区分。

3.3.1.2 汉英对受事宾语最终状态的不同词汇化

动作动词后面的典型宾语一般为受事宾语。在研究中我们发现，汉语中动作动词的宾语即使是受事宾语，但相对应英语却选用完全不同动词来表达。例如，

1) 打开

a) 打开大门

open the gate

b) 打开收音机

turn/switch on the radio

c) 打开灭火器

set off a fire extinguisher

上面三个例句中，汉语都用“打开”一词，而它们相对应英语中的动词却都截然不同，不能相互替换。这种不同说明什么问题？三个例句在概念结构上是否存在差异？汉英为什么要选用不同的动词来表达？要回答这些问题，我们首先来看三个例句的概念结构：

a′) 动作者$_{某人}$＋(用手)动作$_{接触}$＋动作对象$_{门}$

动作者$_{手}$＋朝某一方向运动

客体$_{门}$＋朝某一方向移动

致使者$_{某人}$＋致使＋[客体$_{门}$＋终状$_{开}$]

b′) 动作者$_{某人}$＋(用手)动作$_{接触}$＋动作对象$_{收音机开关}$

动作者$_{手}$＋朝某一方向旋转

客体$_{按钮}$＋朝某一方向旋转

客体$_{收音机}$＋电源接通

致使者$_{某人}$＋致使＋[客体$_{收音机}$＋终状$_{放出声音}$]

c′) 动作者$_{某人}$＋(用手)动作$_{接触}$＋动作对象$_{灭火器消防栓}$

动作者$_{手}$＋朝上移动

客体$_{消防栓}$＋朝上移动并离开封口

致使者$_{\text{某人}}$＋致使＋[客体$_{\text{灭火器}}$＋终状$_{\text{喷出气体}}$]

通过对三个例句的概念结构的详细描写，我们可以清楚地看到三个事件中受事客体的状态变化是不一样的，第一句表示的是门的移动和空间的打开，第二句表示的是电源的接通和设备的启动，第三句表示的是设备封口的去除以及气体的释放，汉语一概用"打开"来表达整个事件状态的变化，并且不会引起误解；而英语在词汇化过程中显然对受事客体状态的不同变化有着不同的认识，open 一词在英语中根本不能区分三个不同的事件，需要采用不同的动词来表达。"打开收音机"表示的是电器设备的关闭(off)与启动(on)，并且通过操作某一开关如按钮来完成，英语对这动作过程进行凸显，所以用 turn on 或 switch on 来表达；"打开灭火器"虽然也表示去除堵塞物、打开通道，但英语凸显其后续的状态，即灭火气体的释放，用 set off 来表达。所以，我们可以得出结论：即使属于同一语义结构(动词＋受事宾语)的动宾短语，由于宾语个体的差异，其表达的事件也各不相同，不同语言会采取完全不同的词汇化策略。下面我们再举几个例子来说明这一情况。

2) 掰开

a) 他试图把这条狗的嘴掰开。

He tried to prise the dog's mouth open.

b) 她掰开玫瑰花，将花瓣撒在坟墓上。

She tore the rose apart and scattered the petals over the grave.

我们首先看他们的概念过程：

a′) 动作者$_{\text{某人}}$＋动作$_{\text{掰}}$＋对象$_{\text{狗的嘴巴}}$

致使者$_{\text{某人}}$＋致使＋[客体$_{\text{嘴巴}}$＋终状$_{\text{张开}}$]

b′) 动作者$_{\text{某人}}$＋动作$_{\text{掰}}$＋对象$_{\text{花}}$

致使者$_{\text{某人}}$＋致使＋[客体$_{\text{花}}$＋终状$_{\text{分成花瓣}}$]

我们可以看到 a)中的嘴巴处于关闭状态，通过"掰"这一动作使嘴巴张开；b)中的花是一个由花瓣组成的整体，掰开花是指将花掰成碎片。显然以上例句中宾语事前的状态有着本质的区别，虽然经历了同样的动作，但产生了截然不同的变化，汉语借用同样的动词，产生不同的意义；而英语则选择不同的动词来区分。

3) 收拾

a) 收拾行李，下车

gather your bags and get off

b) 收拾行李

pack one's bags

c) 收拾房间

tidy up one's room

我们先对以上几个例句进行概念的分解：

a′) 动作者$_{某人}$+动作$_{移动}$+对象$_{行李}$

致使者$_{某人}$+致使+[客体$_{行李}$+终状$_{归到一起}$]

b′) 动作者$_{某人}$+动作$_{移动}$+对象$_{衣物等}$

致使者$_{某人}$+致使+[客体$_{衣物等}$+终状$_{归入行李箱中}$]

c′) 动作者$_{某人}$+动作$_{移动}$+对象$_{房间里的东西}$

致使者$_{某人}$+致使+[客体$_{房间}$+终状$_{干净整洁}$]

在语料中，相对应于含“收拾”一词的动宾短语，我们发现英语所用的动词大相径庭。究其原因，我们可以看出，a)和b)中的宾语都是行李，但其最后的状态完全不同，一个是把行李整理并归到一起，一个是把行李打包，英语显然对这种不同通过词汇手段表现出来；而c)和a)、b)状态的变化有着本质的区别。表示把房间整理干净，使其变得整洁，英语用不同词汇 tidy up 来进行区分。汉语凸显的是三个事件中包含的“整理”的行为，而英语则凸显宾语的最终状态。

4) 打

a) 打钟

ring the bell

b) 打稻子

thresh rice

c) 打胎

have an abortion

我们首先看它们的概念过程：

a′) 动作者$_{某人}$+动作$_{敲打}$+对象$_{钟}$

致使者$_{某人}$+致使+[客体$_{钟}$+终状$_{响}$]

b′）动作者$_{\text{某人}}$＋动作$_{\text{敲打}}$＋对象$_{\text{稻子}}$
客体$_{\text{稻子皮}}$＋变$_{\text{与稻子分开}}$
致使者$_{\text{某人}}$＋致使＋[客体$_{\text{稻子}}$＋终状$_{\text{变成米粒}}$]
c′）动作者$_{\text{某人}}$＋动作$_{\text{敲打}}$＋对象$_{\text{胎儿}}$
致使者$_{\text{某人}}$＋致使＋[客体$_{\text{胎儿}}$＋终状$_{\text{离开母体}}$]

通过概念过程的描写，我们可以很快看出英汉在词汇化过程中的差异。上面三个事件都含“敲打”这一动作，但其后宾语发生的变化差异巨大，汉语凸显动作，皆以“打”字来表达，从而生成不同的意义；而英语凸显最终状态，用不同的动词来表述宾语的不同变化。我们可以看到，在c)中英语把这个致使概念结构表达成了一个表性状的空间概念结构，表示“某人接受一个打胎的手术(have an abortion)”。

5）开
a）开一些香槟
open some champagne
b）开暖气
turn on the heating
c）开飞机
fly/pilot an airplane

下面是各个句子的概念结构：

a′）动作者$_{\text{某人}}$＋动作$_{\text{撬动}}$＋对象$_{\text{酒瓶瓶盖}}$
客体$_{\text{瓶盖}}$＋动作$_{\text{离开}}$＋地点$_{\text{瓶子}}$
致使者$_{\text{某人}}$＋致使＋[客体$_{\text{瓶子通道}}$＋终状$_{\text{打开}}$]
b′）动作者$_{\text{某人}}$＋动作$_{\text{转动}}$＋对象$_{\text{开关}}$
客体$_{\text{暖气开关}}$＋终状$_{\text{打开}}$
致使者＋致使＋[客体$_{\text{暖气}}$＋终状$_{\text{送出}}$]
c′）动作者$_{\text{某人}}$＋动作$_{\text{开启}}$＋动作对象$_{\text{飞机引擎}}$
动作者$_{\text{某人}}$＋动作$_{\text{操纵}}$＋客体$_{\text{方向盘}}$
致使者$_{\text{某人}}$＋致使＋[客体$_{\text{飞机}}$＋终状$_{\text{起飞}}$]

从概念结构的分解可以看出，三者宾语在动作的作用下发生的变化截然不同，英语用不同的动词来表达。汉语凸显动作，用同一个动词来表达。

6）按

a）按喇叭

honk（sound）the horn

b）按门铃

ring the bell

我们先来看这几个句子的概念结构：

a′）动作者$_{\text{某人}}$＋动作$_{\text{按}}$＋对象$_{\text{喇叭}}$

致使者＋致使＋［客体$_{\text{喇叭}}$＋终状$_{\text{响}}$］

b′）动作者$_{\text{某人}}$＋动作$_{\text{按}}$＋对象$_{\text{门铃}}$

致使者＋致使＋［客体$_{\text{门铃}}$＋终状$_{\text{响}}$］

我们可以看到，两者都是一个致使概念结构，受事在动作的作用下发出响声。在词汇化的过程中，我们可以看到，汉语凸显动作，英语凸显状态的变化，honk 和 ring 表示受事在按压后发出的不同声音。

7）拆

a）拆机器

take apart the machine

b）拆信

open a letter

c）拆房

remove（pull down，tear down，demolish）a house

我们首先来看三者的概念结构：

a′）动作者$_{\text{某人}}$＋动作$_{\text{拆}}$＋动作对象$_{\text{机器}}$

致使者$_{\text{某人}}$＋致使＋［客体$_{\text{机器}}$＋终状$_{\text{分成不同的部分}}$］

b′）动作者$_{\text{某人}}$＋动作$_{\text{拆}}$＋动作对象$_{\text{信}}$

致使者$_{\text{某人}}$＋致使＋［客体$_{\text{信的一个封口}}$＋终状$_{\text{打开}}$］

c′）动作者$_{\text{某人}}$＋动作$_{\text{拆}}$＋动作对象$_{\text{房子}}$

致使者$_{\text{某人}}$＋致使＋［客体$_{\text{房子}}$＋终状$_{\text{清除}}$］

从上面的概念结构，我们一眼就能看出三者的区别。虽然三个句子所表述的事件都包含“拆”这个动作，但由于动作对象的差异，其产生的状态变化有着本质的区别，第一句是把整个物体拆分成数个部分，终状在于“分”；第二句主要是拆开一个口子，终状在于“开”，类似的例子有“拆礼物(open the presents)”“拆行李(open the case/unpack the baggage)”等；第三句指拆除某些不要的东西，终状在于“除”，类似的例句有“拆桥(dismantle a bridge)”“拆地雷(remove a mine)”“拆爆炸装置的引信(defuse the devices)”“将电缆线从计算机上拆下(detach the cable from the computer)”等。汉语一概借以“拆”字来表述，其间区别通过约定俗成加以辨识，而英语则通过语言表达形式来加以区别。

3.3.1.3 汉英对动作涉及工具的不同词汇化

在研究中我们发现，汉语中动作动词的宾语即使是受事宾语，但相对应英语却选用完全不同动词来表达。就其原因，并不是因为受事宾语的状态发生了不同的变化，而是由于动作发出者使用不同的工具，汉语并不凸显这一区别，而英语则在语言上加以区别。例如，

a) 从废墟中扒出了几个幸存者。

A few survivors were pulled from the wreckage.

b) 那只猫又把我种的那些幼苗扒出来了！

That cat has scratched up all my young plants again!

那只公鸡在地上扒出个洞来。

The rooster clawed a hole in the earth.

母鸡扒出了一条蚯蚓。

The hen raked up an earthworm.

c) 你该把炉灰扒出来。

You should scrape the ashes out from the furnace.

在上面的三种情况中，汉语都是用的一个“扒”字，意思也都一样，表示把某样东西从一个地方弄出来。但英语用的是完全不同的动词，究其原因，第一种情况是指人用手把幸存者拉出来，第二种情况是动物用爪子把东西抓出来，第三种情况是人用工具把灰刨出来，英语对三种工具发出的不同动作加以区分，用不同的动词来表达。

3.3.1.4 汉英对动作目的的不同词汇化

在研究中我们发现，虽然都是动宾结构，但随着宾语个体的变化，不同事件所涉及的目的是不一样的，汉语往往用同一个动词来表达，其目的不凸显；而英语则需用不同的动词来凸显不同的目的。例如，

1）弹

a）弹玻璃球

shoot glass-balls

b）弹吉他

play guitar

两个句子中的动作一样，即用手指迅速地敲击某物，但两者的目的完全不一样。第一句“弹”的目的是使玻璃球射出，第二句“弹”的目的是使乐器发出声音，表示“弹奏”的意思。显然，英语凸显的是目的，所以在两句中使用不同的动词。语料中这样的例句很多，例如，“他弹去雪茄烟烟灰（He flicked the ashes from his cigar.）”“弹羊毛（fluff/tease wool）”“弹石子（catapult pebbles）”等。

2）拔

a）拔羽毛

remove the feather

b）拔麦子

harvest wheat

上面两句的英语都没有使用“拔（pull）”这个动词，其主要用意是要凸显“拔某东西”的目的，第一句的目的是“去除”，而第二句的目的是“收割”，英语采用表示目的的动词来表达这两个事件。

3）查

a）查账户余额

check the balance in one's account

b）他们有权进来查表。

They have the right to come in and inspect the meter.

c）查一宗谋杀案

investigate a homicide

d）在电话簿里查电话号码

to look up a number in the telephone directory

e）查字典

consult a dictionary

f）查煤气表

read the gas meter.

g) 那位医生查了两次病房。

The doctor made two nightly visits.

上面七个例句中的英语各不相同，且不能相互替换，我们分析发现，虽然它们都含有“查看”的意思，但其中隐含的目的各不相同，所以“查”都有了不同的含义。第一句中“查看”目的是核实信息等是否正确或令人满意。后面宾语常为需要核实的事物，如信息等，英语相对应的词为 check，同义词为 examine。第二句中“查看”的目的是按一定质量标准检查某物，找出不足或不同之处，表示“审视”的意思，英语常用 inspect，类似的例子有“查岗(inspect the sentries)”“查营房(inspect the lines)”等。第三句中“查看”的目的是为了了解事情的真相，表示“调查”的意思。相对应的英语为 look into，investigate。第四句中“查看”的目的是“在……中查找某物”，后接查找的对象，英语常用 look up。第五句中“查看”的目的是通过翻阅某物寻找信息，后面常接辞典、工具书等含一定信息的工具作宾语，表示“查阅、查询”，英语常用 consult，refer to 等表示。第六句中“查看”的目的是为了在某物上读取一定的信息，后面常接地图、表格等工具作宾语，表示“读取”，英语常用 read 来表示。又如“查地图(read the map)”。第七句中“查看”的目的是为了了解一下病人的情况，表“查访”的意思，英语常用 make a visit 来表示。

所以，动作的目的隐含在语境当中。汉语是通过约定俗成来理解它们的意思，在字面上并没有区分，而英语则选择不同的动词来表达。我们在学习与研究中须加以区分。

3.3.1.5 汉英对运动路径的不同词汇化

研究中，我们发现一个事件中含有物体移动的路径，但一种语言隐含在动词表达的动作之中，另一种语言则把这种路径凸显，通过融入动词词根表达出来。例如，

1) 掷骰子

roll the dice

“掷骰子”的整个过程是某人把骰子用力扔在桌面上，骰子在平面上滚动直到最后停下。汉语在词汇化过程中，显然凸显“掷(用力扔)”这个动作，而英语用 roll 来凸显“骰子运动的轨迹(滚动)”。

2) 摆脱

get out of

a) 使自己摆脱了贫困

get out of poverty

b) 摆脱了大部分公务

get away from most of his official duties

"摆脱"的概念是指人脱离某一种状态或某一样东西的束缚。显然,英语的表达更忠于原语义结构,用"动词+介词"表示某一事物离开另一事物。但英语对动词后宾语的个体差异有不同的认识,在介词的使用上有所区别。a)中的宾语一般表示某一种状态。在该类事件中,要摆脱某种状态的主体处于某一状态中,这种状态就像一个容器,把主体包裹其中,主体要摆脱该状态,必须从中脱离出来。所以英语中用 out of 来表这一运动路径。例如,"使自己摆脱了贫困(pimp his way out of poverty)""摆脱那桩婚姻(get out of the marriage)""帮助你摆脱困境(help you out of trouble)""用笑声使她摆脱忧郁的情绪(laugh her out of her gloominess)""摆脱通货膨胀的局面(pull out of inflation)"等。

而在 b)中,主体要摆脱的物体和主体是一种依附关系,主体通过离开摆脱物而达到摆脱的目的。摆脱物一般为让主体感到不舒服而想挣脱的人或物,表运动路径的介词在英语中一般为 from。例如,"摆脱以往形象(get away from its past)""摆脱了热情喧嚷的崇拜者(break away from his back-slapping admirers)""摆脱了大部分公务(extricate himself from most of his official duties)""摆脱殖民主义的枷锁(free itself from the shackles of colonialism)""摆脱经济危机(extricate itself from its economic crisis)"等。在英语中,还有一种 shake off 的表达法用来表示汉语的"摆脱",可以看作是 get away from 的同义词,在该类事件中,摆脱物被看作是依附在主体上的某样东西,通过主体的抖动而使摆脱物从主体上落下或离开。表示路径的词常为 off。例如,"摆脱思绪的烦扰(shake off his thoughts)""摆脱早期扮演的头脑简单的性感偶像的固定形象(shake off the early typecasting as the empty-headed sex symbol)""摆脱了跟踪者(shake off our pursuers in the crowd)""摆脱自怜自哀的情绪(shake off my self-pity)""摆脱掉腐败的阴影(shake off the taint of corruption)"等。

在这三种情况中,第二种和第三种之间没有本质的区别,只是程度的区别,使用者根据主体和摆脱物之间的依附关系而确定。第二种强于第三种,所以摆脱的意识也要强烈一些。第一种不能和后面两种换用,一般不说 get away from poverty 或 shake off poverty,因为在英语中 poverty 一般被看作一个容器,如 in poverty,相似的英语表达有 in marriage, in trouble 等。汉语则没有这些方面的区别,英语根据主体和摆脱物之间的不同空间关系选择表示不同运动路径的介词来表达。

3) 取消禁令

lift the ban

我们可以看到，英语用的 lift 这个词原意是“把……往上提”，这里表示“取消”的意思是因为英语中把“禁令”看作是罩住某人的物体，把它往上提，被束缚的人就可以获得自由。汉语则没有这一比喻。

3.3.1.6 汉英对动作程度的不同词汇化

在研究中，我们发现，汉语对于某一动作发出力量的程度要么用副词表示，要么隐含在事件之中，而英语则往往用不同的动词来加以区分。例如，

1）弹

a）他在教堂的乐队里弹吉他，度过了他的青少年时期。

He spent his adolescent years playing guitar in the church band.

b）他用力弹钢琴。

He was thumping the keys of the piano.

c）她边唱边弹吉他。

As she sang she strummed on a guitar.

在上面三句中，汉语都用动词“弹”来表示，其中第二句中动词前面用了“用力”两个字来表示动作的程度，而英语中三个句子都用不同的动词加以区分。第一句是泛指弹奏(play)，第二句用力弹(thump)，第三句漫不经心地弹，轻轻地弹(strum on)。

2）拌

a）把欧芹拌入土豆里，放至常温后再端上桌。

Stir the parsley into the potatoes and serve at room temperature.

b）加入磨碎的橙皮，再将苹果片在其中轻拌。

Add the grated orange rind and toss the apple slices in the mixture.

在第二句中，汉语的表程度的副词“轻”在英语中并没有单独表达，而是通过动词 toss(轻拌)来表示。

3）敲

a）格雷丝轻轻敲了敲卧室的门，走了进去。

Grace tapped on the bedroom door and went in.

b）他用木槌猛敲木栓顶。

He hit the peg mightily on the top with a mallet.

c）有人使劲地敲着。

Someone was thundering at the door.

d) 挖一个大点儿的洞，先把木桩敲进去。

Dig a largish hole and bang the stake in first.

除了在第二句 b)中英语和汉语一样，用副词来表示程度，在其他的句子中，英语都用单个的动词来表示动作和程度，而汉语相对来说较少用单个的动词来表达程度，汉语要么用副词来表示程度，要么就把程度隐含在语境中。

所以，汉英在对程度副词的词汇化是不一致的，汉语中的"程度副词＋动词"往往可能在英语中通过一个动词来表达。而在汉语中，动词的程度有时并不出现，而是隐含在整个句子表达的事件中，而英语需要通过另外的动词加以区分。

3.3.1.7 汉英对动作方式的不同词汇化

动作方式是指动作发出时或发出后呈现的不同状态。在整个事件中，这些伴随方式在一种语言中并不通过语言表示出来，而另外一种语言则用不同的动词加以区分。例如，

1) 摆

a) 把晚饭摆上桌

put the dinner on

b) 几片面包摆在台上

spread pieces of bread on the counter (spread，表示展开地放置)

c) 把这本火爆的书摆上架了。

Stack the red-hot book on the shelves. (stack，表示整齐地码放)

通过汉英对比我们可以看出，第一句表示"把东西摆放在某物体上"，第二、三句也是表示这个意思，但英语对于"摆放"的方式进行了区别，并通过动词表示出来，而汉语则没有在语言上加以区分，所以在学习中应注意其中的区别。

2) 打开

打开包袱

untie a bundle(使捆在一起的物体打开；解开)

打开礼物

unwrap the gifts(去掉包装打开礼物)

打开盒子

unlatched the box(解除物体上的锁或闩而打开某物)

打开几瓶香槟酒

uncorked bottles of champagne(取掉塞子打开某物)

打开了睡袋

unrolled our sleeping bags(展开卷起来的物体)

打开盖子

take off/remove the lid(拿开盖在某物体上的东西)

打开铁锁链

break open the iron shackles(用力打开合在一起的东西)

打开门锁

unlock her door(把……上锁的东西打开;开锁)

打开降落伞

slip parachute/release the parachute(把打结的东西松开)

打开茶壶的包装盒

unpack the teapot(把打好包装的东西打开)

打开地图

unfold the map/spread out the map(把卷在一起的东西展开)

上面例句中的英语选用了相关动作来表示“打开”这个过程,显然,虽然英语也可用 open 这个词来表示,但英语对各种不同打开方式都可以用不同的动词加以区分。当然,汉语中也可找到相似的同义词,如“拆开礼物”“揭开盖子”“展开地图”等。所以,我们在研究和学习中都应当加以区分。

3) 摆弄

a) 他捡起一支铅笔,无所事事地摆弄着。

He picked up a pencil and toyed with it idly.

b) 我想知道是谁在瞎摆弄这辆婴儿车。

I'd like to know who's been messing about with the pram.

c) 她稍有空闲便喜欢摆弄干花。

When she has a little spare time she enjoys arranging dried flowers.

d) 你们这有没有谁知道怎么摆弄英国车?

Do you have anyone here who knows how to deal with British automobiles?

虽然在汉语中都用一个动词来表示,但从相对应的英语我们可以看出其中的区别。第一句表示“把东西放在手里把玩”,类似的表达还有“里德利拿起一支铅笔,不停地在手里摆弄着(Ridley picked up a pencil and fiddled with it.)""她坐在那里紧张地摆弄着手提包的扣钩(She had sat there twiddling nervously with the clasp of her handbag.)""他摆弄着领带(He fidgeted with his tie.)""她眼睛盯着地板,漫不经心地摆弄着手提包的带子(She stared at the floor, idly playing with the strap of her handbag.)""他总是摆弄他的打火机(He is always trifling with his cigarette lighter.)"等。第二句表示"胡捣",类似的表达还有"男孩和女孩会喜欢摆弄各种机械装置(Boys and girls will enjoy messing about with any kind of machine.)""如果你继续瞎摆弄那枝枪,就会发生意外(If you go on fooling with that gun, there'll be an accident.)""他花了几个小时摆弄那个引擎,想修好它,但它还是不转(He's been tinkering with that engine for hours, but It'still won't go.)"等。第三句表示"以不同的方式摆放",类似的表达还有"麦格在摆弄茶桌(Meg arranged the tea table.)""你别来回摆弄那几盆花了(Don't move those flower pots back and froth.)"等。第四句表示"处理,对付"。类似的表达还有"然后我便摆弄我从火车上带下来的那个皮包(Then I tackled briefcase I had carried off the train.)"等。

3.3.2 "动作动词+不同结果宾语个体"汉英词汇化差异

在研究中,我们还发现,当动作动词后面接不同的结果个体时,汉英两种语言会选择完全不同的动词来表达。例如,

a) 搓药丸

roll a pill

b) 用线搓一根绳子

twist a rope out of threads

上面两个例句都用行为动词来表示某一物体的制作。汉语用"搓"这一动词来表示"药丸"和"绳子"的制作,因为其中都含有用力摩擦的动作。而英语在对两种物体制作的词汇化过程中所凸显的动作是不一样的。在前者中,英语凸显"滚动"这一运动轨迹,而在后者中,英语凸显"扭动,缠绕"这一运动轨迹。

从上面仅列举的两种情况可以看出,结果宾语个体差异对事件的词汇化有着巨大的影响,不同语言在词汇化过程中对于这种差异有着不同的认知,从而会选用不同的词汇来表达同一事件。

3.3.2.1 不同类型结果宾语汉英词汇化差异

在3.2.1.2中我们提到,动词后的结果宾语可以分为制作类、形成类、获得类等,汉语可能会用同一个动词来搭配,而英语则需用不同的动词来表达。例如,

a）开发票

write an invoice

b）开联名账户

open a joint account

c）开运动会

hold an athletic meet

上面三个例句中的宾语都为结果宾语，而非受事宾语，其状态没有发生变化，而是表示新事物的产生。而动词显然不只是表示一般的行为动作，而是表示“促成某事物的产生”。然而，从相对应的英语来看，三个例句中的动词完全不同，且不能互换，那三者到底有何区别呢？我们也需要对这些事件进行分解才能看出其中的奥秘。

a′）动作者$_{\text{某人}}$＋动作$_{\text{写}}$＋对象$_{\text{字}}$＋材料$_{\text{纸张}}$

致使者$_{\text{某人}}$＋致使＋[材料$_{\text{纸张}}$＋变成＋终体$_{\text{发票}}$]

b′）动作者$_{\text{某人}}$＋动作$_{\text{申请}}$＋对象$_{\text{联名账户}}$

客体$_{\text{银行}}$＋动作$_{\text{批准}}$

客体$_{\text{账户}}$＋变$_{\text{成立}}$

致使者$_{\text{某人}}$＋致使＋[客体$_{\text{账户}}$＋终状$_{\text{成立}}$]

c′）动作者$_{\text{某人}}$＋动作$_{\text{组织}}$＋对象$_{\text{场地、设备}}$

致使者$_{\text{某人}}$＋致使＋[客体$_{\text{运动会}}$＋终状$_{\text{召开}}$]

通过概念结构的分析我们可以看到，三个“开”后面的宾语都表示结果，都形成了新事物，但三者之间又有所不同，第一个是制作类的结果，相应的英语动词为 make，write 等；第二个是形成类结果，表示使什么东西成立，而不是制作什么东西，英语相应的单词为 open，start 等；第三个是活动类结果，表示使什么活动如会议、运动会等举行、召开，相应的英文动词为 hold，have 等。

3.3.2.2 不同结果宾语个体的汉英词汇化差异

在汉英对比中我们还发现，当动词接同一类型结果宾语时，由于宾语个体的不同同样会导致两种语言在动词选择上的差异，其中的缘由同样值得我们探索。例如，

1）动作＋形成类结果

a）安刮脸刀

assemble his safety razor

b）安蒸馏塔

erect a distillation column

动词后的宾语都是安装的对象，即通过把不同的部分组合在一起，形成一个新的整体。然而，上面两个例句中相应的英语动词却不同，其中的差别我们须通过概念结构的描述来进行考察：

a）安刮脸刀 assemble his safety razor

先设	刮脸刀需要组装
概念结构	动作者$_{某人}$＋动作$_{组装}$＋材料$_{刮脸刀零部件}$ 致使者$_{某人}$＋致使＋[客体$_{刮脸刀零部件}$＋终体$_{刮脸刀}$]
后续	新的刮脸刀形成

b）安蒸馏塔 erect a distillation column

先设	某地方需要安装蒸馏塔
概念结构	动作者$_{某人}$＋动作$_{组装}$＋材料$_{蒸馏塔零部件}$ 致使者$_{某人}$＋致使＋[客体$_{蒸馏塔零件}$＋终体$_{蒸馏塔}$]
后续	蒸馏塔在某地竖起

从概念结构看，虽然两者都表示设备的安装，其概念结构基本一致，但最后设备形成的形状并不一样，对于前者，英语凸显一般意义上的组装，用 assemble 表示；对于后者，英语凸显一个形体比较高的物体的竖立，采用了 erect 进行表达。

2）动作＋制作类结果

a）打一把刀

forge a knife

b）打坝

construct a dam

c）打毛衣

knit a sweater

制作类动词在英语中都能用 make 表示，上面例句也不例外。但显然，除了 make 外，每个例句中的动词都有所区别，其中的缘由得通过分析它们的概念过程来考察：

a）打一把刀 forge a knife

先设	有人想要制作一把刀
概念结构	动作者$_{\text{某人}}$＋动作$_{\text{加热}}$＋材料$_{\text{铁}}$ 动作者$_{\text{某人}}$＋动作$_{\text{敲打}}$＋材料$_{\text{铁}}$ 致使者$_{\text{某人}}$＋致使＋[客体$_{\text{铁}}$＋终体$_{\text{刀}}$]
后续	刀制成

可以看出，汉语凸显“敲打”，用敲打来表示整个制作过程；英语则凸显“加热并敲打”，所以英语用 forge 来表达。

b）打坝 construct a dam

先设	某地需要造一个堤坝
概念结构	动作者$_{\text{某人}}$＋动作$_{\text{搬运}}$＋材料$_{\text{泥、石头等}}$ 动作者$_{\text{某人}}$＋动作$_{\text{敲打、堆积}}$＋材料$_{\text{泥、石头等}}$ 致使者$_{\text{某人}}$＋致使＋[客体$_{\text{泥巴、石头等}}$＋终体$_{\text{堤坝}}$]
后续	堤坝建成

显然，汉语凸显“敲打”的动作，用“打”来表示整个建造的过程；而英语凸显“垒造”，用 construct 来表示整个建造过程。这个制作过程和上一句有着本质的区别，在英语表达上不能互用。

c）打毛衣 knit a sweater

先设	有人在织毛衣
概念结构	动作者$_{\text{某人}}$＋工具$_{\text{针}}$＋动作$_{\text{撞击}}$＋工具$_{\text{针}}$ 材料$_{\text{毛线}}$＋终状$_{\text{织在一起}}$ 致使者$_{\text{某人}}$＋致使＋[客体$_{\text{毛线}}$＋终体$_{\text{毛衣}}$]
后续	毛衣制成

显然，汉语凸显的是“撞击”，用“打”来表示织毛衣的整个过程，而英语凸显“编织”，用 knit 来表示整个制作过程。

可以看出，虽然上面三个事件都表示一个物品的制作，但其制作的过程完全不一样，汉语只凸显其中共有的一个部分即“敲打或撞击”，并用其代指整个过程，而英语则对三者制作过程的差异进行了区分，用三个不同的动词来表述。

3）动作＋获取类结果

a）打酱油

buy soy sauce

b）打鱼

catch fish

c）打柴

gather firefood

在上面三个例句中，宾语都是获取类结果，即人们通过某一行为获得某样东西，相对应的英语都可以用get来表示。但英语在上面例句中用不同的动词来区分。英语为什么用不同的动词，有待于我们对它们的概念过程进行分析。

a）打酱油 buy soy sauce

先设	有人需要酱油
概念结构	动作者$_{某人}$＋动作$_{去}$＋地点$_{商店}$ 动作者$_{营业员}$＋工具$_{瓢}$＋地点$_{缸子}$＋动作$_{撞击}$＋对象$_{酱油}$ 客体$_{酱油}$＋动作$_{进入}$＋工具$_{瓢}$ 动作者$_{营业员}$＋动作$_{装}$＋客体$_{酱油}$＋容器$_{瓶子}$ 动作者$_{某人}$＋动作$_{付钱}$ 致使者$_{某人}$＋致使＋[客体$_{酱油}$＋终属$_{某人}$]
后续	买回酱油

在这个事件的词汇化过程中，汉语凸显的是“通过瓢与酱油的撞击获取酱油”来表示整个获取酱油的过程，而英语则凸显“付钱购买”，所以用buy来表述整个过程。

b）打鱼 catch fish

先设	有人需要鱼
概念结构	动作者$_{某人}$＋工具$_{棍子等}$＋动作$_{击打}$＋地点$_{水面}$ 客体$_{鱼}$＋动作$_{出现}$ 动作者$_{某人}$＋动作$_{捉住}$＋对象$_{鱼}$ 致使者$_{某人}$＋致使＋[客体$_{鱼}$＋终属$_{某人}$]
后续	获得鱼

在这个事件的词汇化过程中，汉语凸显的是“击打，碰撞”，用“打”来表示整个获取鱼的过程，而英语则凸显“捕捉”的动作，从而用catch来表述整个过程。

c）打柴 gather firefood

先设	有人需要柴
概念结构	动作者$_{某人}$＋工具$_{刀}$＋动作$_{击打}$＋对象$_{枯树枝}$ 客体$_{枯树枝}$＋动作$_{落下}$ 动作者$_{某人}$＋动作$_{收集}$＋客体$_{落下的柴}$ 致使者$_{某人}$＋致使＋[客体$_{柴}$＋终属$_{某人}$]
后续	某人获得柴

在这个事件的词汇化过程中，汉语凸显的是“击打”，用“打”来表示整个获取柴的过程，而英语则凸显“收集”的动作，从而用 gather 来表述整个过程。

从上分析可以看出，不仅不同类型结果事件之间存在差异，同一类型结果不同个体的事件之间也存在差异，不同的语言可能采取不同的词汇化手段来表达。

3.3.3 “致使动词＋不同使事宾语个体”汉英词汇化差异

3.3.3.1 汉英对使事宾语最终状态的不同词汇化

致使动词不表示具体的行为动作，而是表示一种单纯的致使概念，表示外力致使某一对象发生了某种变化。致使动词后面所接的致使对象是无穷无尽的，但我们发现，当致使动词后出现不同的致使对象时，汉英采用完全不同的表达方式。汉语用同一个动词，而英语则在不同的情况下用完全不同的动词，其中的原因值得我们探讨。例如，

a）刺激皮肤

irritate the skin

b）刺激经济

stimulate the economy

c）一点奖金可以刺激雇员更加努力地工作。

A little bonus will give the employees an incentive to work harder.

d）他们的嘲弄刺激他作出了尖刻的回答。

Their ridicule stung him into making a sharp reply.

“刺激”的基本义为“现实的物体和现象作用于感觉器官的过程；声、光、热等引起生物体活动或变化的作用”。从该词的汉英动宾搭配我们可以看出，随着刺激对象的不同，事物受到刺激后产生的反应或最终状态是不一样的，有积极的，有消极的。汉语的“刺激”根据不同的搭配会产生不同的含义，而英语则根据不同的致使状态采用不同的动词来表达整个过程。

a）中的"刺激"表示使（皮肤或身体部位）酸或疼。后面宾语常为"皮肤或身体部位"等名词，相应动词常为 irritate 等。

b）中的"刺激"表示促进事物发展、生长或更为活跃；相应英语为 stimulate，但根据具体语境可选择不同的近义词。又如，"刺激血细胞的产生（stimulate the production of blood cells）""刺激心脏（excite the heart）""刺激本地区贸易（pep up trade）""刺激经济增长（boost the economy）""刺激经济繁荣（fuel the economic boom）"等。

c）中的"刺激"表示激励某人干某事，通过外部刺激使人受到鼓舞。又如，"自尊心刺激他去决斗（Pride spurred the man to fight.）"等。

d）中的"刺激"表示激怒某人，或使人不安，后面常接人作宾语。又如，"他的反对反而刺激她坚定了取得成功的决心（His opposition acted as a goad to her determination to succeed.）"等。

从上述分析我们可以看出，即使汉语同一个动词后接不同的致使对象时，由于不同致使对象所发生的状态变化截然不同，动词的意思也发生了很大的变化。英语则会对这些变化采用不同的动词来加以区分。

3.3.3.2 汉英对宾语为具体或抽象事物的不同词汇化

研究中我们发现，汉语动词后面的宾语可以是具体的事物，也可为抽象的对象，其差别我们难以觉察，然而其相对的英语却使用截然不同的动词，我们下面通过例句加以分析。

1）锻炼

a）他们称划船是最佳运动，它可以锻炼每一处主要肌肉群。

They call rowing the perfect sport. It exercises every major muscle group.

b）他们到农村安家落户以锻炼自己的意志。

They settled down in the countryside to steel their wills.

这两句话的概念结构可以描述如下：

a′）致使者$_{\text{划船}}$＋致使＋[客体$_{\text{肌肉}}$＋终状$_{\text{强壮}}$]

b′）致使者$_{\text{到农村}}$＋致使＋[客体$_{\text{意志}}$＋终状$_{\text{坚定}}$]

第一句中的动词后面接的宾语为具体的事物，即人的肌肉，而第二句所接的宾语为抽象的事物即人的意志，两者的变化也是不一样的，前者指使人的肌肉变得更加强壮，后者指使人的意志变得更为坚定。汉语用一个词"锻炼"表示，而英语则分别用两个不同的动词来表达。

2）美化

a）我们应该不遗余力地美化我们的环境。

We should spare no effort to beautify our environment.

b）美化战争恐怖的书

a book which glorifies the horrors of war

第一句中的宾语“环境”是一个具体的事物，“美化”表示使其变得更加美丽，英语用 beautify 来表示这一事件。而第二句中的宾语为“战争恐怖”，是一个抽象的事物，“美化战争恐怖”显然并不是表示“使战争恐怖变得美丽、漂亮”，而是表示“使战争恐怖显得冠冕堂皇”，显然英语的 beautify 没有引申出该含义，而用 glorify（to make sth seem better or more important than it really is，吹捧，赞美）来表示。

3）刷新

a）点击网页浏览器上的“刷新”按钮来刷新页面，显示最新的版本。

Click on the refresh button on the web browser to refresh the page and display the latest version.

b）他希望有一天能刷新世界纪录。

He hopes one day to surpass the world record.

两句中的“刷新”都表示“使新的东西产生”，但其中又有所不同。“刷新页面”表示“使页面更新到最新的信息”，英语使用 refresh（原意表示“使……焕然一新”，引申为“更新电脑页面信息”）来表达；而“刷新世界纪录”显然不是“把世界纪录更新到最新的状态”而是指“打破世界纪录（使新的世界纪录产生）”，英语用 surpass/beat 等来表达。

4）掀起

a）汽车掀起了一股尘土。

The car raised a trail of dust.

b）他的演说在全国掀起了怒潮。

His speech caused a tidal wave of indignation throughout the country.

第一句中的“掀起”表示“使灰尘从地面扬起”，而第二句中的“掀起”表示“导致人们的愤怒出现”，两者由于宾语的不同（一个具体，一个抽象）而使两个动词的意思完全不同，表达两个完全不同的事件。英语用不同的动词加以区分。

5）澄清

a）明矾可以澄清浊水。

Alum will settle turbid water.

b）本次初步会议的目标是澄清这些问题。

The aim of this initial meeting is to clarify the issues.

第一句中的“澄清”表示“使浊水变得清澈”，而第二句中的“澄清”表示“把问题解释清楚”，两者由于宾语的不同（一个具体，一个抽象）而使两个动词的意思有所区别，表达两个不同的事件。英语用不同的动词加以区分。

3.3.3.3 汉英对致使过程或后续状态的不同词汇化

在语料库中，我们发现，随着宾语个体的变化，表示整个事件过程动词的含义也会有一定的区别。在词汇化的过程中，英语可能会采取相应的近义词来表达，以体现不同事件的微妙差别。下面我们将对这些带不同宾语事件的概念化过程进行分析，以揭示不同事件之间的区别以及汉英两种语言在词汇化上的不同选择。

1）平息

a）他已经要求政府派军队来平息这场战斗。

He has asked the government to send in troops to end the fighting.

b）我将设法平息他们的争吵。

I will try to smooth their quarrel over.

c）凯瑟琳平静的声音使得嘈杂声平息了下来。

Kathryn's quiet voice stilled the clamour.

d）什么都不能平息他的愤怒。

Nothing could abate his rage.

e）她顺利平息了老板的怒气。

She managed to mollify her angry boss.

f）警方平息了暴动。

The police squashed the riot.

在上面汉英平行例句中，我们可以看到，上面六种情况例句中的“平息”除e)外，如果我们表达成英语的end都不会错，但每种情况中例句的英语都选用了完全不同的、不能随便替换的词来表达，其间的区别是什么？我们必须考察各句的概念过程。

a）他已经要求政府派军队来平息这场战斗。He has asked the government to send in

troops to end the fighting.

先设	有两支队伍在打仗
概念过程	动作者$_{\text{某人}}$＋动作$_{\text{采取一定手段如武力}}$ 致使者$_{\text{某人}}$＋致使＋[客体$_{\text{战斗}}$＋终状$_{\text{结束}}$]
后续	战斗结束

在这些句子里，“平息”主要表示“使……结束”，相应的英语为 end，put a stop to 等。又如，“他的女儿早该站出来平息所有这些谣言（His daughter should have stood up and put a stop to all these rumours.）”“我决定平息那些说我们正面临财政困难的谣言（I am determined to put to rest these rumours that we are in financial trouble.）”“军方因在平息示威活动时杀死了无辜平民而备受指责（The military are under a cloud for killing civilians while breaking up a demonstration.）”等。

b) 我将设法平息他们的争吵。I will try to smooth their quarrel over.

先设	两个人对某事有不同的意见或分歧，并开始争吵
概念过程	动作者$_{\text{某人}}$＋动作$_{\text{劝说}}$ 致使者$_{\text{某人}}$＋致使＋[客体$_{\text{争吵}}$＋终状$_{\text{结束}}$]
后续	争吵结束，分歧得到解决

从上分析可以看出，在整个概念过程中，“平息争吵”表示经过一定的劝说并使争吵者达成一致意见后停止，分歧得到解决。显然，该句中的“平息”和 a)的“平息”有一定的区别，所以英语凸显“矛盾的解决”，采用了 smooth over，settle，patch up 来表达。又如，“他果断地介入并迅速平息了这场争吵（He sailed in and settled the quarrel.）”。

c) 凯瑟琳平静的声音使得嘈杂声平息了下来。Kathryn's quiet voice stilled the clamour.

先设	人们发出嘈杂的声音
概念过程	动作者$_{\text{某人}}$＋动作$_{\text{说话}}$ 致事$_{\text{某人的声音}}$＋致使＋[客体$_{\text{嘈杂声}}$＋终状$_{\text{渐渐停止}}$]
后续	现场变得安静

从上分析我们可以看出 b)、c)两者的区别，虽然最终结果一样，都表示某事情的终止，但其中过程有所区别，b)表示的是两个有不同意见的人经过沟通或劝解后达成共识，从而终止争吵，所以英文用 smooth over（缓和），settle（解决）等来表示；而 c)表示某一种比较嘈杂的声音在外力的作用下逐渐停止，整个现场安静下来。英文在词汇化过程中对两者加以区别，用 still 来表示。

d）什么都不能平息他的愤怒。Nothing could abate his rage.

先设	某人由于某事发怒
概念过程	致事$_{\text{某人或某事}}$＋致使＋[客体$_{\text{怒气}}$＋终状$_{\text{缓和}}$]
后续	人变得平静

这里的“平息”表示的是“缓解；使某人的怒气变小、变弱”等，相应英语 abate，temper 等。又如，“母亲力图用温柔的话语来平息父亲的怒气（Mother tried to temper Father's anger with soothing words.）”“如此有力的说理，对平息威尔逊的怒气产生了效果，他稍平静了一些（So much enforced reasoning had hold on Wilson's rage，he was calmer。）”“他用手捂住嘴巴，力图平息内心的恐慌（His hand moved to his mouth as he tried to damp down the panic.）”等。

e）她顺利平息了她生气的老板。She managed to mollify her angry boss.

先设	某人由于某事发怒
概念过程	致事$_{\text{某人或某事}}$＋致使＋[客体$_{\text{怒气}}$＋终状$_{\text{缓和}}$]
后续	人变得平静

在这里，英语在词汇化时后面宾语一般为“愤怒的人”，凸显的是后续的状态，相应动词变为 calm，mollify 等表示抚慰的词。又如，“这并没有平息老板的怒气（That did not soften the angry boss.）”“这些古老的仪式让水中的神灵平息了怒气（These ancient ceremonies propitiate the spirits of the waters.）”“比泽先生承诺仍将公司总部设在匹兹堡，以求平息抗议（Mr Beazer tried to calm the protests by promising to keep the company's base in Pittsburgh.）”“让步根本未能平息学生的愤怒（The concessions did little to placate the students.）”等。

f）警方平息了暴动。The police squashed the riot.

先设	某地发生反对某一组织的暴动或叛乱
概念过程	动作者$_{\text{警察或军队}}$＋动作$_{\text{镇压、打击}}$＋对象$_{\text{暴动人群}}$ 致事$_{\text{某人或某物、某事}}$＋致使＋[客体$_{\text{暴动或叛乱}}$＋终状$_{\text{停止}}$]
后续	暴动等结束

当“平息”后面常暴动、暴乱等名词作宾语时，由于“暴动”等对某一组织的反抗，是一种力量的爆发，要通过打压才能压制，所以英语用表压制的动词 squash，quell，put down， quash 等来表达。又如,“使用残忍的武力平息反叛(Brute force was used to put down the revolt.)”“军队很快平息了叛乱(The rebellion was soon stamped on by the army.)”“警察奉命出动以平息一场小规模的骚乱(The police had been called in to quell a minor disturbance.)”“军队平息了叛乱(The army quashed the rebellion.)”“海军在平息这场叛乱的过程中起到了有限但却十分重要的作用(The navy played a limited but significant role in defeating the rebellion.)”等。

2) 消除

消除表示“使不存在,除去(不利的事物)”。通过汉英动宾对比我们发现,根据后面宾语个体的差异,英语采用不同的动词进行搭配。

a) 消除世上的贫困

eliminate poverty/end poverty

b) 消除心中的忧虑

clear your mind of worries

c) 消除分歧

settle their differences

要对上面各种情况的语义进行区分,我们得先分析以上句子的概念结构:

a) 消除世上的贫困 eliminate poverty/end poverty

先设	世界上存在贫困
概念过程	致事$_{\text{某人或某物}}$+致使+[客体$_{\text{贫困}}$+终状$_{\text{消失}}$]
后续	贫困不再存在

消除的宾语多为存在于世的一些不利事物,应用范围较广。英语相对应的单词有 eliminate, get rid of, remove 等。又如:

消除风险

eliminate risk

消除世上的贫困

eliminate poverty/end poverty

消除赤字

eliminate the deficit

消除文盲

eliminate illiteracy/end illiteracy and disease

消除危险性

eliminate the hazards

消除不必要的竞争现象

eliminate undesirable race condition

消除错误消息

eliminate the error message

消除火花

eliminate sparking

消除结果上的南辕北辙

eliminate divergence of results

消除商品价格的大幅度波动

eliminate the wide fluctuations incommodity prices

消除污染

eliminate pollution

消除核武器

get rid of nuclear weapons

消除打嗝

get rid of hiccoughs

消除声音的失真

get rid of sound distortion

消除这种热

get rid of heat

消除含糊不清

remove any ambiguity

消除这两条法律之间的不一致之处

remove the inconsistency

消除对同性恋的憎恶、种族歧视和性别歧视

eradicate(根除)homophobia, racism and sexism

b) 消除心中的忧虑 clear your mind of worries

先设	人为某事感到担忧
概念过程	动作者$_{\text{某人}}$＋动作$_{\text{解释、劝说}}$ 致事$_{\text{某人或某事}}$＋致使＋[客体$_{\text{忧虑}}$＋(从人头脑中)＋终状$_{\text{消失}}$]
后续	人变得清醒

这里的宾语多为人的负面情绪，如担忧、焦虑等，或不太明白、清楚的东西，如疑虑、神秘等，英语中显然更加重视对主体即人在事件中的地位，所以采用 clear，dispel 来表述对负面情绪等的清除。又如：

消除心中的忧虑

clear your mind of worries (clear sb or one's mind of sth 结构为 clear 所独有)

消除两国之间的误会

clear up misunderstandings between the two nations

消除一切滞留的疑点

clear up any lingering doubts

消除了人们对他身体健康的担心

dispel any fears about his health

消除这种看法

dispel the notion that he has neglected the economy

c) 消除分歧 settle their differences

先设	人们之间有不同的意见
概念过程	动作者$_{\text{有不同意见的人}}$＋动作$_{\text{协商}}$ 致事$_{\text{某人或某事}}$＋致使＋[客体$_{\text{分歧}}$＋终状$_{\text{消失}}$]
后续	人们达成一致意见

当宾语为"分歧"等名词时，该事件需要通过协商等途径使这个分歧消失，英语相对应的动词有 settle(解决争端)，smooth away/out(解决问题、困难等)，bridge(消除分歧、隔阂等)等，其中 smooth 和 bridge 通过隐喻而获得新的含义，后面的宾语被看作需要烫平的折痕或需要衔接的事物。又如：

消除分歧

settle their differences/iron out their differences/bridge their differences

消除皱纹

smooth away wrinkles
消除你们之间的分歧
smooth over your differences
消除同欧洲盟国之间的分歧
smooth out differences with European allies

3）解除

a）内务大臣尴尬地作出让步，解除了将其驱逐出境的威胁。
In an embarrassing climb-down, the Home Secretary lifted the deportation threat.

b）我已经解除了汤姆的参谋职务。
And I've removed Tom from the Consigliere spot.

c）分歧造成的结局是，他们解除了合作关系。
The upshot of the disagreement was that they broke up the partnership.

d）随信寄上的宣传页将说明"服保"如何能为您解除所有烦忧。
The enclosed leaflet shows how Service Care can ease all your worries.

根据《现代汉语词典》，"解除"表示"去掉；消除"的意思。从上面的汉英平行句子来看，汉语的"解除"在英语中对应四个完全不同的动词。仔细考察四个句子的概念结构，我们可发现，虽然事件的后续状态都表示"某一状态的终止"，也都可以用 put an end to 来表达，但随着不同宾语个体在事件中所发生的不同变化，致使状态终止的过程并不完全一样，汉英两种语言对同一事件的认知也有所区别，英语选用不同的动词加以区别。第一个句子表示"某人或某事致使威胁、禁令等具有一定限制和束缚的东西得到清除"，英语用 lift，raise 等来表示。其原因是英语把这些东西看作为罩盖在人身上的物体，通过把它提起而使人自由。又如，"解除版权限制（lift copyright restrictions）""解除石油禁运（raise the oil embargo）"等。

第二句中的动词后面常接职务等名词作宾语，表示使某人离开某职位，相应的英语动词为 remove，discharge 等。又如，"陪审员们被解除了职务（The members of the jury were discharged from their duties.）""他已被解除职务（He has already been released from duty.）""他因玩忽职守而被解除职务（He was dismissed from the service for his careless behaviors.）"等。

第三句的宾语常为表示某种（约定）关系，动词表示致使这种关系中断，英语相应的动词为 break off，dissolve 等。又如，"断断续续的阵雨及时解除了旱情，使冬小麦长得饱满起来（Intervening showers broke the drought in time to fill out winter wheat.）"等。

第四句中的动词后面常接“烦恼”等表示负面情绪的名词作宾语，表示使人的这些情绪得以缓解，相应的英语动词为 ease，relieve 等。又如，“我们玩游戏，来解除旅行的沉闷(We played games to relieve the tedium of the journey.)”“随信寄上的宣传页将说明‘服保’如何能为您解除所有烦忧(The enclosed leaflet shows how Service Care can ease all your worries.)”等。

上面的几个例句表明，随着宾语的变化，导致宾语个体发生变化的过程有所区别，英语显然对这些区别更为关注，采用不同的动词加以区分。

3.4 小结

我们从上面的分析可以看出，当动词搭配不同的宾语时，动词的意义或动词所表示的整个事件都有一定程度的变化。这种变化或大或小。当大的变化发生时，整个句子的概念结构以及动词的句法语义都发生了变化；当小的变化发生时，动词的句法语义性质虽然没变，但动词所涉及的事物发生了不同的变化，动词的意义也发生了一定的变化。而对于这种变化，两种语言在词汇化时并不同步，一种语言关注的是不同事件的共同之处，可能借助于同一个词来表示这些存在着某种关联但又具有不同含义的事件，另一种语言则可能选择完全不同的词来表示这些语义的区别。我们在学习中，作为汉语为母语的人，我们对动词搭配所引起的语义变化并不敏感，或者即使我们知道一个动词的多个意义，对于不同意义的搭配要求并没有非常明确的认识，所以在英语的学习中，往往会受到汉语的影响，意识不到汉英动宾搭配词汇化的不同选择，从而生成一些错误的表达式。

我们在研究中基于语料库找出了汉英动宾搭配的不对应关系，然后在分析事件概念结构的基础上观察两者词汇化的差异，对于汉英动宾搭配的研究以及汉英比较研究都起到了非常有效的指导作用。

第 4 章　汉英动宾搭配词汇化的共性

4.1　动宾搭配词汇化汉英相同语义演变

动词后面所接的宾语千变万化，当动词接不同的宾语时，动词的意思会发生不同程度的变化。在第 3 章的讨论中，一种语言采取同一个动词来搭配不同的宾语，其意思发生一定的变化，而另一种语言采用不同的动词来区分不同的语义关系。但在研究中我们发现，汉英在动宾搭配词汇化过程中也有同步之处。例如，

1）打击

a）他们沉重地打击了新殖民主义者。

They have struck heavy blows at the new colonialists.

b）他的死严重打击了军队的士气。

His death dealt a severe blow to the army's morale.

我们先对两个句子所表达的概念结构进行描写：

a′）动作者$_{\text{他们}}$＋动作$_{\text{打击}}$＋对象$_{\text{新殖民主义者}}$

b′）致使者$_{\text{他的死}}$＋致使＋[客体$_{\text{军队的士气}}$＋终状$_{\text{受到不良影响}}$]

从上面概念结构的表述我们可以看出，两个句子表达的是截然不同的概念结构，其中 a)表达的是一个动作概念结构，动作对象在事件中没有发生明显的状态变化。b)表达的是一个致使概念结构，动词“打击”已不是动作动词，而是使动动词，主语也不是施事(即动作的发出者)，而是致事，宾语不是受事，而是使事，该事件表示致事对使事造成了不良的影响。从汉英动宾搭配对比的角度看，汉语的“打击”随着搭配对象的变化在语义上发生了根本的变化，而与“打击”相对应的英语动词也发生相应的变化，a)，b)两句的英语都使用了 strike/deal a blow to，两种语言的动词都发生了相应的语义变化。

2）暴露

a）海平面下降使白令海底部的浅层大陆架暴露出来。

Lowered sea levels exposed the shallow continental shelf beneath the Bering Sea.

b）他对斯大林的指责暴露了同路人的轻信。

His denunciation of Stalin exposed the credulity of fellow-travellers.

我们先看两者的概念结构：

a′）致使因素$_{\text{海平面下降}}$＋致使＋[客体$_{\text{白令海底部的浅层大陆}}$＋终状$_{\text{让人看见}}$]

b′）致使因素$_{\text{他对斯大林的指责}}$＋致使＋[客体$_{\text{同路人的轻信}}$＋终状$_{\text{让人知道}}$]

第一句和第二句都是致使概念结构，但两句还是有区别的。第一句的宾语是具体的事物，它在一定情况下，露出水面，让大家看到；第二句的宾语是抽象的事物，在一定的情况下，让大家知道（而非看到，因为这些抽象的事物是肉眼看不到的）。显然，英语和汉语一样，都用同样的动词来表达，两者的词义演变是一致的。

3）编织

a）姑娘们忙着编织地毯。

The girls are busy weaving rugs.

b）把三个情节编织成一部小说。

He wove three plots (together) into one novel.

上面两个句子的中的"编"完全是两个不同的概念，第一个是人的一种手工的行为动作，而第二句是人的一种脑力的写作行为。"编"的具体动作义引申为"编写"这个相对抽象的含义。从表达上看，汉英在词汇的选择上是同步的。

4）践踏

a）践踏庄稼

trample on the crops

b）践踏人权

trample on the human rights

上面两个句子的中的"践踏"完全是两个不同的概念，第一句是人的动作"踩踏并毁坏”，而第二句表示人对事物的侵害。“踩踏”的具体动作义引申为“侵犯、伤害”等相对抽象的含义。从表达上看，汉英在词汇的选择上是同步的。

从上面的分析可以看出，汉英两种语言在动宾搭配的词汇化过程中有时会采取同样的词汇策略来表达，即与汉语基本义相对应的英语动词在接不同的宾语时会产生同样的词义演变，用这个动词去表达新的语义关系，动词发生同样的语义演变。了解此类两种语言的相同之处，对于语言类型学研究有一定的参考作用，也有利于我们了解两种语言的不同之处。

4.2　动宾搭配词汇化英汉共同机制

4.2.1　动词搭配不同性质宾语词汇化英汉共同机制

前一章我们提到，汉语动词在搭配不同性质的宾语时，动词会发生意义的变化，其实英语也有同样的现象，唯一不同的是英语和汉语的动词可能不是对等地发生变化。例如，

1）gather/collect

a）gather/collect your belongings

收拾你的行李

b）Give me a few minutes to gather/collect my thoughts together.

给我几分钟，让我把思绪集中一下。

显然，两个句子表达的是完全不同的事件，第一句的宾语是具体的事物，该句表示“把东西收集在一起”，是一个动作致使概念结构；第二句的宾语是抽象的事物，该句表示“使一个人的注意力集中”，是一个纯致使概念结构。英语使用 collect 或 gather 来表示两种不同的语义关系，汉语则使用不同的动词。

2）drop

a）I dropped my glasses and broke them.

我不小心把眼睛掉下来摔碎了。

b）Both the U. S. and the E. U. drop all the tariffs, barriers and subsidies. (Donald J. Trump twitter)

美国和欧盟取消所有的关税、壁垒和补贴。

和汉语一样，英语的 drop 由具体的动作义已引申为抽象的致使义。英语用同一个动

词表达两个含义，而汉语则需用不同的动词来表达。

3) heap up

a) Children are busy heaping up snowmen in the yard.

孩子们在院子里忙着堆雪人。

b) The merchant heaped up a fortune.

那个商人积累了一笔财富。

和汉语一样，英语的 heap up 由“制作”义，即“通过堆砌造一个雪人”，已引申为“获取”义，即“通过积累拥有一笔财富”。英语用同一个动词表达两个含义，而汉语则需用不同的动词来表达。

4.2.2 动词搭配不同宾语个体词汇化英汉共同机制

前面我们讨论过，在汉语中，一个动词接同一性质不同宾语个体时，相对应英语用不同的动词来表示。反过来也一样。英语中某一动词接同一性质的不同宾语个体构成的动宾短语，其对应汉语动宾短语中的动词却千变万化。比如，含 roll 一词的动宾短语有 roll a snowball，roll a dice，roll a trolley，roll a pastry，roll a machine 等，而它们对应的汉语分别是“滚雪球”“掷骰子”“推手推车”“擀酥油面皮”“开机器”等，其中英语短语中的动词都为 roll，而相对应汉语短语中的动词都不一样。笔者曾试图让学生把上面的汉语短语翻译成英语，除了第一个“滚雪球(roll a snowball)”外，后面的短语译文中基本上没有人使用 roll 一词。显然，英汉在表达同一概念时，动宾搭配的选择是不一致的，尤其在动词的选择上存在很大差异。为了考察这种差异产生的原理，我们以 roll 为例，对比含 roll 英语动宾短语及其相对应的汉语短语，分析两者在同一概念词汇化过程中的差异(王志军 2015)。

4.2.2.1 含 roll 动宾短语所表达事件的概念结构

要弄清英汉两种语言的区别，首先得弄明白英语中含 roll 动宾短语所表达的含义，尤其是动词和宾语的语义关系。根据词典，roll 的本义为“翻转”，是一个自动词。当它接宾语时表达的是一个致使事件，表示某物体在外力的作用下翻转。所以含 roll 的动宾短语表达的事件主要包括以下四个组成成分：致使者、致使力、致使客体和致使动作。在对该事件的词汇化过程中，主要凸显的是致使者、致使客体和致使动作，其中 roll 成为一个使动动词，作为句子的核心。然而，在实际使用过程中，我们发现，同为含 roll 的动宾结构，表达的事件却与上面所述的意义有所区别，比如，roll a trolley 的意思不是“使手推车翻转”，而是“使手推车移动”，那么此类意义从何而来是我们首先要搞清楚的问题。

根据认知语言学的研究，要弄清楚同一语言结构所表述的不同意义从何而来，就要对这一结构所表达事件的词汇化过程进行剖析。为了弄清楚含 roll 动宾短语的不同含义及其产生的过程，我们通过《牛津高阶英汉双解词典》《英汉大词典》《新牛津英汉双解大词典》《汉英双语语料库》等收集了所有含 roll 的动宾短语，对主要的意义类型进行了概念分解，考察了这些事件的词汇化过程，得出以下结论。

4.2.2.1.1 含 roll 动宾短语不同意义类型的概念结构

通过对所有收集到的含 roll 动宾短语进行分析，我们主要整理出 11 种意义类型；对它们的概念分解后，我们发现区分它们意义的主要成分包括致使力、致使客体、致使动作、运动路径和致使终状。如表 4－1 所示。

表 4－1 含 roll 动宾短语不同意义类型的概念结构

	致使力	致使客体	致使动作	运动路径	致使终状
(1) roll a dice		dice	turn over		
(2) roll a barrel		barrel	turn over	and over and move in a particular direction	
(3) roll a pencil		pencil	turn round	and round while remaining in the same place	
(4) roll a string (into a ball)		string	turn round	and round around sth	a ball
(5) roll the meat in the breadcrumbs		the meat	turn over	and over	the meat wrapped in the breadcrumbs
(6) roll up a carpet		the edge of a carpet	turn over	up	sth like a roll
(7) roll a pill		sth soft	roll		a pill
(8) roll a trolley	roll the wheel of a trolley	trolley	move		
(9) roll a machine	roll some part of the machine	machine	operate		
(10) roll a pastry	roll sth round on	pastry			flat
(11) roll up a window	roll the handle	window	move	up	

通过表 4－1 我们可以看出，含 roll 动宾短语表达的概念结构都有不同程度的区别，相对于其基本意义而言，动作所涉及的客体、方式、结果以及致使力都对 roll 的基本意义产

生了很大的影响，使其在不同的动宾搭配中形成了不同的意义。总的来看，根据 roll 在事件概念化过程中的作用，我们可以把以上不同 roll 动宾短语表达的事件分为典型和非典型两类。

4.2.2.1.2 典型的 roll 动宾短语所表达事件的概念结构及其变体

典型的 roll 致使结构表示致使客体在某外力的作用下发生翻转。在英语中，其中动词 roll(翻转)使动化，形成了使动意义，成为整个句子的核心来表达整个事件。我们通过对所有 roll 动宾短语进行事件的概念分解后发现，以下几种情况属于典型性的 roll 致使事件，但它们之间又存在一定程度的区别。

1) 致使者[主语]+致使客体[宾语]+致使动作[谓语]

这类事件的典型例子有 roll a dice, roll one's car 等，在这类事件中，致使客体在外力作用下发生了翻转，由于外力没有得到凸现，自动词 roll(翻转)就生成了新的意义，即"致使……翻转"。这也是 roll 所表达致使事件最基本的概念。

2) 致使者[主语]+致使客体(圆形的物体)[宾语]+致使动作[谓语]+运动路径+地点[状语]

这类事件的典型例子有 roll the barrels (onto the ship), roll the ball (across the floor)等。这一类事件和上面没有本质的区别，同样表示致使客体在外力作用下发生翻转，但客体的运动路径并不一样。这类事件中的致使客体(常为圆形的物体)不但发生翻转，并且朝着某个方向连续翻转、移动(动宾短语后常接表方向的介词短语作状语)。所以，与上一种情况相比，此类事件中 roll 的意思发生了一定的变化。

3) 致使者[主语]+致使客体(圆形或圆柱形物体)[宾语]+致使动作[谓语]

这类事件的典型例子有 roll one's eyes, roll a pencil (between one's fingers), roll a marble (between one's palms), roll the glass (between his hands)等。该类事件与 1)和 2)的不同之处在于致使客体(往往是圆形或圆柱形)在外力作用下通常在原地(或在两个平面间)不断旋转、转动。所以，roll 已融入了新的含义，主要指"使某事物旋转或转动"。

4) 致使者[主语]+致使客体(线形物体)[宾语]+致使动作[谓语]+致使终体[状语]

这类事件的典型例子有 roll the string (into a ball)等。在此类事件中，致使客体往往是线状的材料，它在外力的作用下进行转动。与前面的区别是，客体的转动往往围绕一个中心点，并且其外形发生了变化，最终成为一个球形的东西。所以，该动宾短语往往后接介词短语来表示致使客体的最终状态，roll 的意思已经融入了致使状态，变为“把……绕成团”。

5) 致使者[主语]＋致使客体[宾语]＋致使动作[谓语]＋运动路径＋致使终状[状语]

这类事件的典型例子有 roll the meat in the breadcrumbs，roll oneself in a carpet 等。在该类事件中，致使客体在外力的作用下进行转动，但与前面不同的是，致使客体是在某一物体中转动，其最终状态是致使客体裹在该物体内。所以，roll 吸收了致使终状的含义形成了新的意思，该动宾短语后一般接介词短语表范围。

6) 致使者[主语]＋致使客体的某部分[致使客体(扁形、可折叠物体)＝宾语]＋致使动作[谓语]＋运动路径[状语]

这类事件的典型例子有 roll up a carpet，roll one's jeans to one's knees 等。与前面不同的是，致使客体往往是一个扁平的物体，翻转的不是整个物体，而是它的一个边，通过使该边不停朝某一方向翻转并使其形成一个筒状的物体。所以，roll 的意思已成为“把……卷起来”。

7) 致使者[主语]＋致使客体＋致使动作[谓语]＋致使结果[宾语]

这类事件的典型例子有 roll a snowball，roll a pill，roll a cigarette 等。与前面 roll 致使事件不同的是，出现在宾语位置的不是致使客体，而是致使结果(或终体)。在整个事件中，致使客体往往是一些软的材料，它们在外力的作用下不断翻转，最后形成一些圆形或筒状的物体。但由于致使客体有翻转的动作，并且是形成致使结果的材料，我们还是把它们归入典型 roll 致使事件。

上面七种类型的事件都归入典型 roll 致使结构是因为致使客体都发生了翻转或转动，所以英语在词汇化过程中都选用了 roll 来表达这些不同的事件，但它们在概念结构上都有不同程度的区别，从而形成了 roll 七种不同的意义。而下面的几种情况中致使客体本身并没有翻转或转动，而是某物体的翻转或转动导致致使客体发生运动或变化，我们把它们都归入非典型 roll 致使事件。

4.2.2.1.3 非典型的 roll 动宾短语所表达事件的概念结构及其变体

在非典型的 roll 致使事件中，翻转在概念化过程中是致使力，而不是致使客体在外力作用下发生的动作。在英语中，由于说话者对翻转这一动作意象的重视，它在词汇化过程中被用来表示整个事件。所以，在此类事件中，roll 不再是以前“翻转”的本义了，都产生了全新的含义。

8）致使者[主语]＋致使力[谓语]＋致使客体[宾语]＋致使动作[背景化]

这类事件的典型例子有 roll a trolley 等。在这类事件中，致使客体并没有发生翻转或转动，英语之所以使用 roll 这个词，是 trolley 这类有轮子的物体在外力作用下其轮子不断转动，但它所表达的事件意为“使这些物体向前移动或滑动”。在这个事件中，roll 是致使力，它在词汇化过程中得到凸显替代了致使动作而获得新的意义。所以 roll 在整个事件中表达的意思已经不再是“翻转”本义，而是“使……移动或滑动”。

9）致使者[主语]＋致使力[谓语]＋致使客体[宾语]＋致使动作[背景化]

这类事件的典型例子有 roll a machine 等。在这类事件中，致使客体并没有发生翻转或转动，英语之所以使用 roll 这个词，是有人转动客体上的把手使其开动或运转，但它所表达的事件意为“使……开动”。在这类事件中，roll 是致使力，它在词汇化过程中得到凸显替代了动作而获得新的意义。

10）致使者[主语]＋致使力[谓语]＋致使客体[宾语]＋致使终状[背景化]

这类事件的典型例子有 roll a pastry，roll a road，roll a lawn 等。在这类事件中，致使客体并没有发生翻转或转动，而是有人把圆柱形的物体在某物上来回滚动使其变平。roll 作为致使力成为句子的核心，其表达的意思是“把……压平”。

11）致使者[主语]＋致使力[谓语]＋致使客体[宾语]＋运动路径[状语]

这类事件的典型例子有 roll up a window 等。在这类事件中，致使客体的某个部分如把手在外力的作用下不断转动致使该客体向某一方向移动。roll 作为致使力成为句子的核心，其表达的意思是“使……移动”。

从上面的分析可以看出，不论 roll 在整个事件中是主要成分（致使动作）还是边缘成分（致使力），不论 roll 所涉及的其他因素有何不同（如致使客体、运动路径、致使终状等），在词汇化过程中，英语使用者都选择 roll 动宾短语来表述整个致使事件。通过我们对其概念结构的分解与分析，我们可以清楚地看到相同语言结构下所隐含的不同意义以及决定这些意义的概念成分。

4.2.2.2　英汉词汇化过程的差异

roll 在英语使用者的概念中意象性很强，只要事件涉及 roll，都可用它来表示，从而使 roll 产生了各种不同的含义。但表示同样的概念，汉语也会采取同样的策略吗？显然不是，通过我们的比较，两者在对同一事件的词汇化过程中，采取了以下不同的策略。

4.2.2.2.1　英语凸显“翻转或转动”，汉语凸显致使力

含 roll 动宾短语都涉及“某物体的翻转或转动”这个概念。但这个事件的生成有一个不可或缺的因素——致使力。任何一个物体的转动都是在外力的作用下产生的。我们经过对比可以看出，在整个事件的词汇化过程中，英语和汉语使用者对其注意力是不一样的：在某些情况下，英语对翻转或转动本身更感兴趣，而汉语则认为致使力对整个事件的生成更为重要，例如，roll a dice 表达的事件是“骰子在外力的作用下翻转”，汉语凸显的是外力的作用，所以表达为“掷骰子”。roll a pill 表达的是“某种材料在外力的作用下不断翻转，形成药丸”，汉语凸显外力，即“用双掌来回搓某材料，使其转动成为丸药”，所以表达为“搓丸药”。roll a pencil between one's fingers 表达的是“铅笔在外力的作用下转动或旋转”，汉语词汇化过程中凸显外力的作用，即“用手指搓（捻），使铅笔转动”，所以往往表达为“用双指捻动铅笔”。相似的情况有 roll a marble between one's palms（将一粒弹子放在掌心滚搓）。roll a trolley 表达的是“手推车在外力的作用下移动”，根据我们前面的分析，roll 即“（车轮的）滚动”是车子移动的动力，在该句中引申为“使……移动”；但在该事件中，致使车轮滚动的动力是“用手去推车”，在汉语中，“车轮的滚动”在词汇化过程中并没有得到特别的重视，而是凸显直接的致使因素，所以将该事件表达为“推动手推车”。roll up a window 表达的是“窗户在外力的作用下向上移动”，由于窗户的移动涉及把手的转动，所以 roll 在词汇化中被选来表达该事件。而在整个事件中，致使把手转动的因素是“用手摇动把手”。汉语在词汇化过程中没有选择“把手转动”这一因素，而是选择“用手摇动”这一因素，所以这一事件在汉语中表达为“把窗户摇上去”。

4.2.2.2.2　英语凸显“翻转或转动”，汉语凸显致使终状

从前面的分析我们可以看出，含 roll 的致使事件可能使致使客体产生一种新的状态。英语为了凸显“翻转或转动”这一因素，这种新的致使状态往往被背景化，从而使 roll 生成新的含义；而汉语使用者则对这种新产生的状态给予充分的重视，在词汇化过程中以言语的形式表达出来，而“翻转或转动”这一因素则被隐藏起来。例如，roll the meat in the breadcrumbs 表达的是“将肉放在面包屑里滚动从而最终使肉裹在面包屑里”。英语凸显的是动作“滚动”，而汉语凸显的是终状即“肉裹在面包屑里”。所以汉语把该事件表达为“将肉裹在面包屑里”。roll up the carpet 表达的是“将地毯的一个边不断翻转最终使扁平

的地毯形成一个卷(圆柱形的物体)"。虽然不是整个地毯而只是它的一个边翻转,英语凸显"翻转",而汉语凸显终状即"形成一个卷状的东西",所以汉语把该事件表达为"将地毯卷起来"。roll a pastry 表达的事件包括"把圆柱状的东西放在面团上来回滚动使面团变成扁平的面皮"。英语凸显"滚动",而汉语凸显致使终状,把其表达为"把酥油面团擀平,或擀酥油面皮"。相似的例子有 roll a lawn(把草坪碾平)等。

4.2.2.2.3 英语凸显"翻转或转动",汉语凸显运动路径

含 roll 的典型致使事件主要是指某事物在外力的作用下发生翻转或转动,然而客体的运动路径在不同的情境下会有一定程度的区别。这种区别在英语的词汇化上没有体现出来,而在汉语中则需要不同的表达方式来加以区分,例如,roll the ball (across the floor) 表达的是"使球不断翻转并从地板的一方移动到另一方"。其中不仅包含了"翻转",还包括了"朝某个方向的移动"。而 roll 的典型意义并不包含这些成分。汉语为了表达整个过程,往往把"使圆形的东西不断朝一个方向翻转"表达为"滚动"。roll a glass (between) one's hands 表达的是"使玻璃杯自两个手指间转动"。这里的运动路径包含的是"物体在原地翻转或转动",与上面事件中客体的运动路径已有不同,所以这种情况在汉语一般表达为"转动某东西",其中转动物体一般为圆柱形的东西。roll a string (into a ball)表达的是"使线转动并形成一个团"。这里的运动路径和上面也有所区别。这里的路径往往是"使某东西围绕一个中心点不断转动",所以汉语把它表达成"把线绕成团"。

从上面的分析可以看出,不论是典型还是非典型事件,英汉在整个事件的词汇化过程中会关注不同的成分,从而在表达上采取的策略有所不同。

经过上面的讨论我们可以看到,对一个动词搭配不同名词构成的短语所表达的事件进行认知拆解,可以发现其中蕴含着巨大的差异。所以,我们在理解一个动宾短语时,非常有必要考察动词和宾语之间的语义关系,而这种语义关系的了解需建立在它们所表达的整个事件的基础上。当我们对一个事件进行分解,充分了解一个事件的概念结构后,我们就能较好地比较两种语言在词汇化过程中的差异了。上面的对比使我们很清楚地观察到英汉两种语言在对同一概念进行表达时对不同参与成分的选择,从而使我们很好地认识到为什么在英语中都用 roll 表达的动宾短语,在汉语中需要根据致使客体的形状、致使力、致使终状以及运动路径等因素的不同而选择相应的词汇进行凸显和表达。我们在英语的学习中,需要对每个动宾短语的语义结构有充分的理解,仔细观察英汉在表达上的不同以及这些不同产生的深层次原因,我们最终才可以准确地使用英语的动宾搭配。

4.3 小结

所以,不论是英语还是汉语,它们在动宾搭配的词汇化过程中都遵循一样的机制,即出于语言的经济原则,一个动词在一定的条件下可以搭配和它有某种关联的名词作宾语,

语言使用者更关心这些不同事件的共性，从而用一个动词去表达这些有某种共同点但又有一定区别的事件，从而使这个动词产生不同的意义。比如英语中的 roll 用来表述都含有 roll 运动轨迹但又意义迥异的事件，汉语的“擦”用来表达含有“摩擦”动作但意义又有很大区别的事件。然而，从英汉对比的角度来看，就某一个具体的事件而言，不同语言关注的因素并不一样，从而采用不同的词汇来表达同一个概念。

第5章 结 论

5.1 本书的主要发现

通过对一千多个汉语及物动词的动宾搭配情况及其相对应英语的对比，我们对其中的异同以及产生的动因进行了梳理、归纳以及深入的分析，主要的发现总结如下：

（1）动宾结构在形式上都由"V＋N"，即"动词＋名词"组成，但在语义上千变万化。无论是汉语还是英语，随着动词后面宾语的变化，动词的意义乃至整个事件都会有一定程度的变化。不管这个宾语是同一性质的宾语还是不同性质的宾语，宾语的变化即带来整个事件的变化。在一种语言中有时很难看出其中的差异，然而，通过两种语言的对比，我们可以清楚地看到其中的差别。例如，"擦窗户"和"擦鞋子"从结构上很难看出有何差别，然而其相对应的英语分别为 clean the window 和 shine/polish the shoes，从此我们可以看出，两个事件还是有区别的，前者表示"擦干净"，而后者表示"擦亮"。

（2）通过对汉英动宾短语词汇化过程的对比我们发现，汉语和英语都遵循同样的动宾搭配规律，即出于语言的经济原则，每一种语言都会借助于已有的词汇来表达与之相关的新概念，一个动词在一定的条件下可以搭配任何和它有某种关联的名词作宾语。语言使用者更关心的是这些不同事件的共性，从而用一个动词去表达这些有某种共同点但又有一定区别的事件，从而使这个动词产生不同的意义。但这种规律落实到汉英两种不同语言中每个动词的使用时，有时汉语动词和与其基本义相对应的英语动词会发生同步的语义延伸和搭配变化，但在绝大多数情况下，汉语动词及其搭配的变化与被认为与之相对应的英语动词及其搭配的变化并不一致。一种语言关注不同事件之间的某个共同点，用同一个动词表达这些虽然不同但又有着某些共性的事件，而另一种语言则关注这些事件之间的区别，用不同的动词来表达这些事件。所以我们看到，汉英动宾搭配在动词选择上差异是非常大的。通过概念结构的描写与词汇化过程的分析，我们可以非常清楚地认识到这些差异以及差异产生的原因。

5.2 本书的实用意义

5.2.1 对汉语词典编撰的启示

和英语词典的释义相比，汉语对动词不同意义的描述比较笼统，而通过对比，我们可以从所搭配宾语情况对汉语动词的不同意义进行更为精确和丰富的描述。例如，“打破”一词在《现代汉语词典》里的释义包括①物件受到突然或猛烈的一击而出现缺口或裂为碎片或几部分，②突破原有的限制和约束，③使突然结束，④没有遵循或遵守。如果我们对语料库中包含“打破”的汉英平行例句以及参考相关英语词典，我们发现，“打破”的意义可以描述为以下情形：

(1) 打破；摔碎。When an object breaks or when you break it, it suddenly separates into two or more pieces, often because it has been hit or dropped. 例如，

那个窃贼打破窗子，进入屋内。

The thief break the window and got into the house.

(2) (与……)决裂；断绝(联系)；放弃。If you break with a group of people or a traditional way of doing things, or you break your connection with them, you stop being involved with that group or stop doing things in that way. 例如，

明仁天皇在1959年打破皇室传统，娶了一位平民女子为妻。

In 1959, Akihito broke with imperial tradition by marrying a commoner.

(3) 结束(困难或不利局面)；打破(僵局)。If someone breaks something, especially a difficult or unpleasant situation that has existed for some time, they end it or change it. 例如，

内政大臣力图打破贫困和犯罪之间的恶性循环。

The Home Secretary aims to break the vicious circle between disadvantage and crime.

(4) 破坏，违反(规则、承诺或协议)。If you break a rule, promise, or agreement, you do something that you should not do according to that rule, promise, or agreement.

例如，

他在自己的绘画艺术中打破了科学的直线透视法规律。
In his art he broke the laws of scientific linear perspective.

(5) 打破(沉默)。If someone or something breaks a silence, they say something or make a noise after a long period of silence. 例如，

休打破了沉默，问道："她总是迟到吗？"
Hugh broke the silence. "Is she always late?" he asked.

(6) 打破(纪录)。If you break a record, you beat the previous record for a particular achievement. 例如，

卡尔·刘易斯已经打破了百米赛跑的世界纪录。
Carl Lewis has broken the world record in the 100 metres.

(7) 破坏。To destroy or make sb/sth weaker。例如，

他的书打破了君主政体的神秘感。
His book destroyed the mystique of monarchy.

(8) 证明某种说法是错误的。To prove that something is wrong. 例如，

电力私有化打破了关于廉价核能的神话。
Electricity privatisation has exploded the myth of cheap nuclear power.

通过对比我们发现，根据动词所搭配的宾语，"打破"的定义有八种之多。这八个意思的同义词之间都不能相互替代。如我们可以说"他的书破坏了君主政体的神秘感"，但不能说"卡尔·刘易斯已经破坏了百米赛跑的世界纪录"。

在研究中，我们发现这样的例子比比皆是，如"渲染"一词的用法及其英语表达：

(1) 夸大事实，相对应英语为 play up, sensationalize 等。例如，

各报又在大肆渲染石油危机了。

The papers are playing up the oil crises again.

当地的新闻机构因为对此事大肆渲染而备受指责。

Local news organizations are being criticized for sensationalizing(使……引起轰动) the story.

(2) 使……扩大,相对应英语为 reinforce, heighten 等。例如,

这样的笑话容易渲染种族偏见。

Such jokes tend to reinforce racial stereotypes.

轻快的舞蹈给这场戏渲染了欢乐气氛。

The lively dance heightened the joyous atmosphere of the scene.

32 页的目录尽是些渲染节日喜庆的东西。

The 32-page catalog is chock-full of things that add fun to festive occasions.

(3) 使故事等更为有趣,更吸引人,相对应英语为 colour up, embellish, embroider 等。例如,

一些西方记者喜欢用人们私生活中耸人听闻的细节来渲染自己的报道。

Some Western journalists like to colour their stories up with lurid details of people's private lives.

我对自己旅程的描述进行了渲染。

I embroidered the story about my trip.

他以种种虚构的细节来渲染他的叙述。

He embellished his account with fictional details.

根据《现代汉语词典》,"渲染"作动词只有一个意思,即"夸大的形容",而根据我们基于语料库的汉英对比,"渲染"至少有以上三个意思。

5.2.2 语言理论的应用

在我们的研究中,认知语言学的理论起到了很好的指导作用。句子概念结构的描写、事件组成要素的拆分对于动宾搭配词汇化的分析起到了至关重要的作用;基本概念结构的描写使我们对动词不同意义有了更为深刻的认识,事件组成要素的拆分,使我们可以看到词汇化过程中汉英两种语言不同的选择,也进一步认识到汉英两种语言在动宾搭配上的区别。

5.2.3 对英语学习的启示

5.2.3.1 避免错误的英语动宾搭配

在英语学习中，我们很容易把一个英语动词和一个汉语动词对应起来，而通过汉英动宾搭配对比研究，我们可以认识到两者在搭配上有着某些相似之处，同时存在着巨大的差异。搞清两者在搭配上的异同对于我们学习和正确使用英语动词及其搭配有着巨大的帮助。

学习英语词汇时我们必须注意动词意义的演变规则，更好地认识英汉的个性与共性，从而能准确到使用英语。例如，烧柴(burn the wood)与烧水(boil the water)是属于两个有着一定区别的事件，前者中的宾语是动作作用的直接对象，而后者的宾语是动作作用的结果，表示"通过烧而生成开水"。了解它们的区别有利于我们正确使用英语的动宾搭配。

5.2.3.2 汉语动宾搭配相对应英语的多样化表达

我们的语料表明，英语在动词的表达上有着非常丰富的同义词词汇，同一个汉语动词可以对应许多不同的英语动词。这些词汇的意义都由不同的词汇引申而来，值得我们学习。例如，

1) 报名

劳埃德已经报名参加星期六盛大的赛马了。

Lloyd had entered for the big race on Saturday.

老师给所有的学生都报名参加考试。

The teacher entered all his students for the examination.

我想报名参加跳高比赛。

I want to enter my name down for the high jump.

你打算报名参加比赛吗?

Are you going to enter yourself for the contest?

请登记我的名字，我报名参加这次比赛。

Please enroll me in the contest.

人们可以报名参加这所大学语言培训机构的自主学习课程。

Individuals can enrol on self-study courses in the university's language institute.

学校每次开运动会，我报名参加三个项目。

Each time the school had a sports meeting, I signed up for three events.

我报名参加学习戴水肺潜水。

I signed up to learn how to scuba dive.

小伙子们争先恐后地报名参军。

The young lads are vying with one another in signing up for military service.

许多学生报名学习这些课程是为增加技能。

Many students register for these courses to increase skills.

从上面的例句可以看到，表示“报名”的动词有 enter，enroll，sign up，register，可以替换使用。

2）积累

多渠道筹集和积累社会保障基金。

We should try various channels to raise and accumulate social security funds.

官员说这些期权会给投资者提供更长的利润积累期。

Officials say the options will offer investors a longer time in which to accrue profits.

他买卖旧汽车积累了一笔财富。

He accumulated a fortune buying and selling used cars.

他积累起大笔财产。

He rolled up a huge fortune.

那个商人积累了一笔财富。

The merchant heaped up a fortune.

我们进行了一个又一个的实验，也积累了经验和数据。

We carried on experiments one after another and piled up experience and data as well.

上面例句中表示积累的单词都可以相互替换使用，只不过有的更正式，如 accumulate，accrue，而有的比较口语化，如 roll up 等。

3）插手

他不愿插手这事。

He would not touch the matter.

—当然，他还是有可能不插手此事的。

—是啊，太阳还能打西边出呢。

—There’s a chance he won’t get involved in this，of course.

—And pigs might fly.

主席觉得自己有责任插手调停那两个委员之间的争执。

The chairman felt that it was his place to intervene in the disagreement between two of his committee members.

丘吉尔确实有插手军事的倾向。

It is true that Churchill tended to interfere in military matters.

绝不要插手你不了解的事物。

Never dabble with things of which you have no knowledge.

数学家们自己也插手这些活动。

Mathematicians themselves took a hand in this activity.

在海外,克林顿依然能够插手外交政策。

Overseas, Clinton still has his fingers in foreign policy.

不要插手那些与你无关的事,别管闲事。

Don't meddle in matters that don't concern you; mind your own business.

为什么你总是喜欢去插手别人家的事情?

Why do you always stick your nose in other families' business?

詹姆斯开始插手我的事情。

James began poking about in my business.

我们不准备插手公司的福利政策,所以说他们不可能成功。

They were not going to be engaged in corporate welfare, so that they can succeed.

上面的例句说明,英语用于"插手"的单词有许许多多,我们在学习时需要了解和掌握。

5.3 小结

研究汉英动宾搭配对于我们来说是一个不小的挑战。所幸的是语料库给我们提供了足够的素材,使我们可以对汉英动宾搭配的异同进行观察和梳理,而认知语言学的基本概念结构和词汇化理论给我们的分析提供了科学的理论框架。基于语料库提供的客观、丰富的素材以及语言理论的科学指导,我们对汉英动宾搭配的异同有了清晰的认识,也找到了其中隐藏的规律,为我们的语言学习提供了非常直接的、有现实意义的保障和指导。我们后面的附录将为英语学习者学习英语动词以及搭配提供全面的素材。

附录一

动词	具体义	抽象义
拔	拔钉 pull out a nail	拔据点 capture the enemy's stronghold 拔寨 seize an enemy fortress
把持	把持这些发亮的东西 hold the shiny stuff	这俱乐部被知识分子小集团把持着。 The club is dominated by a small clique of intellectuals.
把握	紧紧把握着它 have a strong hold over it	把握这次免费旅行的机会 seize on the offer of a free trip 极力把握现实 keep a grip on reality 把握党在性行为方面禁欲主义的内在意义 grasp the inner meaning of the Party's sexual puritanism.
摆	把晚饭摆上桌 put the dinner on	摆出事实 set out the facts 摆出道理反对对法律的任何修改 reason against any changes being made in the law 摆事实 present facts
搬	搬这些家具 move the furniture	搬用外国的经验 take over the experience of foreign countries
包	包礼物 wrap presents	把这条新路的铺设工作包出去 contract out the work on the new road
包围	包围别墅 surround a villa	那种怪异恐怖的感觉包围了我。 That eerie feeling came over me.
保证	詹姆斯保证会改过自新。 James promised to reform.	保证公平竞争 ensure fair competition 保证言论自由 guarantee free speech

续 表

动词	具体义	抽象义
背	我父亲背我上了山。 My father carried me up the hill.	我背不起这样的责任。 I can't shoulder such a responsibility.
编织	编织地毯 braid rugs	他把三个情节编织成一部小说。 He wove three plots (together) into one novel.
表达	表达愤恨 express resentment	这首诗表达了他对大自然的深深崇敬之情。 The poem conveys his deep reverence for nature.
表明	表明她的想法 articulate her thoughts	种种迹象表明选举将会是非暴力的、公正的。 The signs suggest that the elections will be non-violent and fair.
拨	拨号码 dial the number 拨着吉他的弦 pluck the strings of his guitar	拨资金 allocate funds 拨了 5 名青年工人到我们车间。 Five young workers have been assigned to our workshop.
裁	裁军服 tailor a uniform 把这张照片水印以下的部分裁掉 crop the picture just above the water line 将空白部分裁切掉 trim off any blank area	裁岗位 shed jobs 裁掉 50 个职位 eliminate 50 positions 裁掉 200 名员工 sack 200 employees 裁军 demobilize the troop
拆	把那些旧车拆掉取零件 break up the old cars	拆散这一对 part the couple 拆班 divide the class
操纵	操纵机器 operate the machine	操纵话语权 dominate the conversation
尝	尝葡萄酒 taste the wine	尝到了成功的滋味 taste success 尝到辛酸 suffer hardships 尝到了胜利的欢乐 experience the joy of victory 尝到官僚们硬要他办某件事情的压力的滋味了 undergo his experience of the bureaucratic steamroller 尝出了话里的钉子 sense a rebuke in these words 尝到了失败的痛楚 feel the sting of defeat

续 表

动词	具体义	抽象义
炒	将蔬菜煸炒 stir-fry the vegetables 炒些鸡蛋 scramble the eggs 炒洋葱 fry the onions 炒盘鸡蛋 cook up a simple egg dish	炒股票 trade stocks 炒我鱿鱼 take my work away
传播	传播疾病 carry diseases 传播疾病 spread infections 传播传染 transmit the infection 传播病毒 pass the virus on	传播欧洲的社会民主与经济制度 spread social democracy and economics from Europe 传播理想家庭的一种假象 propagate a false image of the ideal family 传播讯息 disseminate information 传播消息 retail the news 向大众传播文化 bring culture to the masses
冲破	冲破堤岸 burst its bank	冲破羞怯 overcome her timidity
出卖	出卖苗木 sell trees	出卖朋友 betray friends
传递	传递文件 move files 传递了情报 pass information	传递错误信息 give false information 她拍的每一张照片中都传递出一种临场感。 In every one of her pictures she conveys a sense of immediacy.
创建	创建一幢漂亮的新楼 create a beautiful new building 创建了圆桌骑士团 found the Fellowship of the Round Table 创建了一所学校 establish a school	创建一种独特的共产主义模式 forge a unique model of communism 创建项目 initiate projects
催	我真不想催你。 I hate to rush you. 他催她快做决定。 He pushed her to make a decision.	春风催绿。 The spring wind speeds the greening of the plants.

续 表

动词	具体义	抽象义
挫伤	挫伤了腿 bruise his leg	挫伤消费者的信心 damage consumers' confidence 挫伤信心 dent/puncture/dampen one's confidence 挫伤学生的积极性 demotivate students
打破	打破窗子 break the window	打破纪录 beat the record
带动	带动水泵 drive the pumps	带动就业 create employment
抵制	抵制莫斯科奥运会 boycott the Moscow Olympics	抵制诱惑 resist the temptation
钓	钓鱼 fish	那荡妇每周末都钓不同的男人。 That vamp picks up new guys every weekend. 钓我们的午餐 catch our lunch
订	他把报纸订在一起。 He bound the newspapers together.	订了最早一班船的铺位 book a berth on the first boat 订的更小型号 order the smaller model
丢	丢传单 drop leaflets 把手绢揉成一团，丢在了他的脚边 ball the handkerchief up and throw it at his feet	他们把我的 X 光片弄丢了。 They'd lost my X-rays. 在本赛季的 6 场比赛里已经丢了 12 个球 has now conceded 12 goals in six games 丢下死者 leave their dead 丢下土地 abandon their lands
锻炼	锻炼每一处主要肌肉群 exercise every major muscle group 锻炼我的大脑和身体 strengthen both my mind and my body	锻炼他们的意志 steel their wills 锻炼人们的性格 train a person's character 艰难锻炼了他那冷酷性格。 His cold character was molded by hardship.

续 表

动词	具体义	抽象义
夺取	夺取政权 take power 夺取莫斯科的政权 seize power in Moscow	夺取金牌 win gold 夺取冠军 win the championship 夺取冠军宝座 take the championship
发动	发动引擎 run the engine	发动群众 mobilize people
发现	发现一处迷宫似的地道 find a labyrinth of tunnels under the ground 发现问题，解决问题 discover problems and solve them 发现炸弹 spot a bomb	调查发现一层地下的横梁大面积腐烂。 Investigations had revealed extensive rot in the beams under the ground floor. 把用铰链连接的座位抬起来后，就会发现下面有一个实用的储物空间。 The hinged seat lifts up to reveal a useful storage space.
放松	把那里的绳索放松 slack off those ropes there 解结之前先将绳索放松 slack the rope before trying to untie the knot	使肌肉放松 relax muscles 放松情绪 relieve tension 放松警戒 relax their vigilance 放松对国家的控制 relax his grip over the nation 放松对新闻界的限制 ease up on the press restrictions 放松出口限制 ease restrictions
粉碎	粉碎文件 shred documents 粉碎石头 crush the rock up 蚯蚓粉碎土壤中的无机物碎片。 Earthworms comminute the mineral fraction of soils. 人们还用这些机器来粉碎旧轮胎、地毯、注射器甚至蟹壳。 Old tires, carpet, syringes and even crab shells are routinely pulverized in these machines.	粉碎他们所谓的经济奇迹 explode their so-called economic miracle 粉碎了敌人的抵抗 bear down the enemy's resistance 粉碎了他的阴谋 smash his intrigues 诡计被警察粉碎了。 The dodge was coopered by the police. 彻底粉碎传闻 shoot the rumour down 两个大国的最后希望都被粉碎了 ruin the last hopes of two great nations 粉碎派头和“体面” shatter airs and “respectability” 粉碎了残存的抵抗力量

续 表

动词	具体义	抽象义
		break down what resistance remained 粉碎了我的最后的希望 quench my last hopes 粉碎了敌人的通信、补给及其迁移 disrupt the enemy's communications, supplies, and mobility
践踏	践踏草地 walk(trample)on the grass 践踏庄稼 tread on the crops	你的行为践踏了文明准则! Your actions violated civilized canon!
解开	解开后背的衣服 undo my dress at the back 渔夫解开绳缆。 The fisherman cast off the rope.	警察大概能解开这个谜。 Perhaps the police will be able to clear up this mystery.
解散	解散一捆柴 open a fresh bundle	叛乱分子会在 6 月 10 日前全部解散。 The rebels were to have fully disbanded by June the tenth. 所有的武装团体都将被解散。 All the armed groups will be disbanded. 解散议会 dissolve the Parliament 解散武装 demobilise 解散整个城市的警察 shut down a major metropolitan police force
解说	解说他的新角色 explain his new role 解说这个问题 address this question	选用一些图来解说主题 reproduce a few figures to illustrate aspects of the subject
开辟	要在这丛林里开辟道路很困难。 It's difficult to cut out a path in this jungle.	另外一些人认为应该开辟更多的公交路线,因为公共汽车载客多。 Others argue that more bus routes should be opened up because buses can accommodate more passengers. 他和他弟弟流亡到北方开辟新家园。 He and his brother fled to the north to establish a new society.
猛攻	猛攻敌阵 launch a fierce assault on the enemy line 猛攻敌人阵地 storm an enemy position	猛攻那些讲义和书籍 devour those lecture notes and texts

续 表

动词	具体义	抽象义
扭转	扭转身子 twist herself 扭转门把手 wrench at the door-handle	扭转下滑的运势 reverse its sliding fortunes 扭转了这场比赛的败局 pull the game out of the fire 扭转了局面 turn the situation
扑	那只豹扑向猎物。 The leopard bounded on the prey.	她一心扑在事业上。 She flung herself into her career. 他一门心思都扑在学生身上。 He's quite dedicated to his students. 他一心扑在这项计划上。 He was fully bent upon the project. 他全心全意扑在工作上。 He put his heart and soul completely in his work.
收买	收买旧碎布 buy old rags	收买工人 bribe workers
刷新	刷新了西贡的面貌 clean up Saigon	刷新世界纪录 surpass the world record 他刷新了他去年的记录。 He bettered his last year's record. 刷新了他以前的成绩 improve on his previous performance
砍	砍树 chop down a tree	砍价 bargain
推翻	推翻桌子 tip the table up	推翻说法 invalidates his version of events
挖	挖洞 dig a hole 挖贝类 dig for shellfish 挖蚯蚓 dig up worms 挖地 pick up the ground	挖客户 poach customers
围攻	围攻特洛伊城 besiege the city of Troy 围攻京城 lay siege to the capital	围攻市长 pelt the mayor 围攻总统 bombard the President
吸收	吸收水分 suck water	吸收投资 attract investment

续 表

动词	具体义	抽象义
栽培	栽培核桃 grow walnuts	我栽培了他。 I made him.

附录二

动词	动词+受事宾语	动词+结果宾语
安装	安装花洒 install a shower	安装安全刮脸刀 assemble his safety razor 安蒸馏塔 erect a distillation column
包	包礼物 wrap presents	包饺子 make dumplings
办	办事 do sth.	办一个爵士乐研习班 run a jazz workshop 办了一场非常精彩的晚会 lay on a superb evening
编	编辫子 plait (or braid) one's hair/twist one's hair into plait 她用花编了一个花环。 She wreathed flowers into a garland. 她把花编结成花环。 She twined the flowers into a wreath.	编辫子 plait braids;编沙滩鞋 plait sandles;编篮子 weave a basket/make baskets;编书 compile a book;编计算机程序 write a computer program;编歌曲 compose songs;编一段谎话 manufacture a false story/cook up a story;为该书编索引 index the book
搓	搓手 rub one's hands together/wring his hands/chafe her child's cold hands 搓着胳膊 rub one's arms 把床单搓成绳子 twist the bed sheets into a rope 把那封信搓揉成一团 crumple the letter into a ball	搓药丸 roll pills;用手搓揉成面团 use hand to knead and form dough;搓泥球 ball mud up;用双掌把它搓成小卷儿 curl them between his palms

续 表

动词	动词＋受事宾语	动词＋结果宾语
雕刻	他雕刻大理石的速度比任何石匠都快。 He carved marble faster than any mason.	一位艺术家按实际大小雕刻了一个她的头部模型。 An artist sculpted a full-size replica of her head. 史密斯先生在钻石上雕刻小平面的精湛技巧真是了不起。 The skill with which Mr. Smith faceted the diamond is remarkable. 他用一块木头雕刻了一个娃娃。 He carved a doll from a block of wood. 他恨不得雕刻出一个天使的头。 He wanted to carve an angel's head.
钓	我喜欢在假期中钓鲈鱼。 I like fishing for perch on vacation.	他钓了一条大鱼。 He hooked a large fish. 我钓了一条大鳟鱼。 I landed a big trout. 我们昨天去钓鱼，而我钓了三条。 We went fishing yesterday and I caught three fish. 那荡妇每周末都钓不同的男人。 That vamp picks up new guys every weekend. 我们要在这里钓我们的午餐。 We're here to catch our lunch.
订	他把报纸订在一起。 He bound the newspapers together.	他在订计划。 He's making a plain.
考取	她对女儿考取牛津大学的消息感到高兴。 She was gratified with the news that her daughter had been admitted to Oxford.	考取一张社会学专业文凭 obtain his diploma in Social Studies 考取国家首批品牌管理师职业资格证书 get 1st national brand manager career certification
捞	捞救命稻草 catch at a straw 她拿勺捞起鸡骨头。 She scooped the chicken bones.	捞本 recover his losses 捞一笔 cash in 捞了一笔钱 clean up a profit 捞回全部或大部分的债务 claw back all or most of the debt
捧	她捧起疏松的泥土。 He gathered loose soil. 她双手捧着它。 She held it.	捧得欧洲联盟杯 win the UEFA Cup 他得意洋洋地捧回奖品。 He brought home the prize in triumph.
洗	洗碗 wash the dishes	洗相片 develop the film negatives

续 表

动词	动词+受事宾语	动词+结果宾语
研制	研制完善的新颜料配方 work on the perfection of their new paint formula 研制新型燃料 work with new fuels	研制一个模型来模拟地球全年的气候 develop one model to simulate a full year of the globe's climate

附录三

动词	动词＋受事宾语	名词动化＋对象宾语
安装	安装中央供暖系统 install central heating 安装雨水檐沟和排水管 install rain gutters and downspouts	给窗户安挡风条 weatherstrip the windows 给新房屋安装电线 wire the new house for electricity 在他办公室安装窃听器 bug his office 大城市将安装有线电视。 Major cities are soon to be cabled. 办公室安装了隔音设施。 Our office was soundproofed. 安装窗帘 curtain the house 给窗户安玻璃 glaze the windows
颁发	你知道有多少种专利颁发给用来监视人的设备？ You know how many patents are issued for devices to monitor people?	政府给这家新航空公司颁发了许可证。 The government chartered the new airline. 政府向批发商和零售商颁发从业执照。 The government licensed wholesalers and retailers.
编	编辫子 plait (or braid) one's hair/ twist one's hair into plait	为该书编索引 index the book 给所有这些书编目录 catalog all these books 编页码 number the pages 编代码 code sth.

续 表

动词	动词＋受事宾语	名词动化＋对象宾语
剥	剥下香蕉皮 strip the skin from a banana 剥墙上的灰泥 peel plaster off the wall 剥去硬壳 remove the shells	剥掉洋葱皮 peel the onion 剥几个坚果 shell a few nuts 剥牡蛎 shuck oysters 剥鱼鳞 scale fish 将这些体形庞大、身披绒毛的白色动物剥皮 flay the great, white, fleecy animals
剥夺	剥夺他们的生计 deprive them of subsistence	剥夺她的继承权 disinherit her 连年内战剥夺了我们所有人的人性。 The years of civil war have dehumanized all of us. 在历史的长河中，女性一直是被剥夺了权利的。 Women have been disempowered throughout history. 剥夺黑人的公民权 disenfranchise Negroes
擦	擦桌子 wipe the table	擦地板 mop the floor；擦鞋 shine the shoes；擦黑板 erase the balckboard；擦灰 dust the table；擦粉 powder one's face
糊	我们在房子的里墙上糊纸。 We put paper on the interior walls of our house.	墙上糊着带条纹和玫瑰花图案的壁纸。 The walls were papered in a pattern of ribbon and roses. 房间打扫干净并糊上了壁纸。 The rooms were cleaned and wallpapered.
拆除	拆除战术核导弹 remove all tactical nuclear missiles	拆除了该爆炸装置的引信 defuse the devices 拆除所有连接电缆 unplug all connected cables
刺	一种叫做套管针的工具在腹壁上刺了一个孔。 An instrument called a trocar makes a puncture in the abdominal wall.	路上的玻璃刺破了我的新轮胎。 Some glass on the road punctured my new tyre.
刺	凶手用刀刺他。 The killer stabbed him with a knife/stabbed a knife into him.	罪犯用刀刺了被害者。 The criminal knifed his victim. 他用马刺刺马。 He spurred his horse.
担任	担任过各种学术职务 hold a variety of academic posts	他担任电子工程系主任。 He heads the electronic engineering department.

续 表

动词	动词＋受事宾语	名词动化＋对象宾语
钓	钓鱼 fish	钓了条大鱼 hook a large fish
钉	钉钉子 drive in a nail	钉马掌 shoe horses 钉了一张通告 pin up an announcement
揉成一团	把信搓揉成一团 twist the letter up into a ball	她把手绢揉成一团。 She balled the handkerchief up.
讲话	代表他的同事发表了讲话 speak on behalf of his colleagues	向全国发表了讲话 address the nation over the radio
绘制	绘制一个程序框图 draw a flow chart	绘制了月球表面的地图 map the surface of the moon 绘制一幅田野树木画 paint a field and some trees
挤	挤牙膏 to squeeze a tube of toothpaste	挤母牛的奶 milk the cows
记载	有大量的商业文献详细记载了他们的产品。 There is ample commercial literature available describing their products in great detail.	历史记载了历代重要的事件。 History chronicles important events of the past.
寄	他把这些文件寄给了法国记者。 He mailed the documents to French journalists. 除了寄给业主的常见垃圾信件之外，再没有其他邮件了。 There was no mail except the usual junk addressed to the occupier. 我给他写了封信，并马上寄了出去。 I wrote him a letter and posted it straightaway.	将包裹以快件寄出了 express the package 把它用航空快件寄到伦敦 fly it to London

续 表

动词	动词＋受事宾语	名词动化＋对象宾语
剪	剪草 cut the grass 剪去了所有的枯枝 prune all the dead branches	剪羊毛 shear their sheep
浇	用水浇他的脸 splash water over his face	浇花 water the plants
缴	缴回装备 turn in your equipment	缴了对手的械 disarm his opponent
捆	用细绳捆包裹 tie the parcel with twine	用皮带捆皮箱 strap his trunk
洗	洗脸 wash one's face	用水管冲洗一辆豪华轿车 hose down a limousine 洗车 hose the car down

参考文献

爱词霸句库,http://dj.aiciba.com/.

北京大学计算语言学研究所,2003,《汉英双语语料库》,http://www.chineseldc.org/doc/CLDC-LAC-2003-006/intro.htm.

北京外国语大学英语系《汉英词典》组编,1995,《汉英词典》(修订版),北京:外语教学与研究出版社.

陈昌来,2002,现代汉语动词的句法语义属性研究,上海:学林出版社.

陈小荷,1999,动宾组合的自动获取与标准,《计算语言文集》,北京:清华大学出版社.

程琪龙,1995,试论语义的基本概念结构,《外语与外语教学》,第3期,1-18.

程琪龙,2001a,《认知语言学概论:语言的神经认知基础》,北京:外语教学与研究出版社.

程琪龙,2001b,致使概念语义结构的认知研究,《现代汉语》第2期,121-132.

程琪龙,2005,谓元·语义结构·概念框架,《外国语》第5期,10-16.

程琪龙,2011,《概念语义研究的新视角》,上海:上海外语教育出版社.

程月,2008,现代汉语动宾搭配多角度考查及其自动识别,南京师范大学硕士论文.

格朗热,2007,《基于语料库的语言对比和翻译研究》,外语教学与研究出版社.

郭继懋,1998,谈动宾语义关系分类的性质问题,《南开学报(哲学社会科学版)》第6期,73-80.

李斌,2011,《动宾搭配的语义分析和计算》,北京:世界图书出版公司.

李德裕,1998,《现代汉语词语搭配》,北京:商务出版社.

李葆嘉,2007,《语义语法学导论:基于汉语个性和语言共性的建构》,北京:中华书局.

李临定,1988,《汉语比较变换语法》,北京:中国社会科学出版社.

李临定,1990,《现代汉语动词》,北京:中国社会科学出版社.

林杏光 等,1994,《现代汉语动词大词典》,北京:北京语言学院出版社.

陆谷孙,2007,《英汉大词典》,上海:上海译文出版社.

路丽梅,2009,汉英常用动词动宾搭配的比较及其对语言教学的启示,河北师范学院硕士学位论文.

卢卫中,2015,基于认知的英汉词义对比研究:关于对比认知词义学的构想,《外国语》,第

3 期，33－40.
马庆株，1992，《汉语动词和动词性结构》，北京：北京语言学院出版社.
孟琮等，1987，《动词用法词典》，上海：上海辞书出版社.
牛津英语搭配词典，2006，北京：外语教学与研究出版社，Oxford：Oxford University Press.
任鹰，2000，《现代汉语非受事宾语句研究》，北京：中国社会科学出版社.
孙曼均，1989，动词对宾语褒贬选择的语义分析，《研究与探索》第 2 期.
谭景春，1995，材料宾语和工具宾语，《汉语学习》第 6 期，28－30.
唐义均，2012，白皮书英译文本中动宾搭配调查与汉英翻译策略：一项基于汉英对比语料库的研究，《上海翻译》第 3 期，26－29.
王克非，2003，英汉、汉英语句对应的语料库考查，《外语教学与研究》第 6 期，11－17.
王文斌，2001，《英语词汇语义学》，杭州：浙江教育出版社.
王砚农，焦庞颙，1984，《汉语常用动词搭配词典》，北京：外语教学与研究出版社.
王勇，2001，《汉英常用动词搭配词典》，上海：上海三联书店.
王志军，2014，汉英动宾搭配词汇化过程中对边缘成分的不同敏感度研究，《外国语》第 5 期，11－17.
王志军，2015，英汉动宾搭配的词汇化差异研究，《复旦大学外国语言文学论丛》，春季号.
卫乃兴，2002，语义韵研究的一般方法，《外语教学与研究》第 4 期，300－307.
卫乃兴，2003，搭配研究员 50 年：概念的演变与方法的发展，《解放军外国语学院学报》第 2 期，11－15.
卫乃兴，2011，基于语料库的对比短语学研究，《外国语》第 4 期，32－42.
吴云芳等，2005，动词对宾语的语义选择限制，《语言文字应用》第 2 期，121－128.
杨惠中，2002，《语料库语言学导论》，上海：上海外语教育出版社.
杨天戈等编，1990，《汉语常用词搭配词典》，北京：外语教学与研究出版社.
于根元，1987，动宾式短语的类化作用，中国社会科学院语言研究室编，《句型和动词》，北京：语文出版社.
袁毓林，1998，《汉语动词的配价研究》，南昌：江西教育出版社.
詹卫东，2000，《面向中文信息处理的现代汉语短语结构规则研究》，北京：清华大学出版社.
张寿康，林杏光，1992，《现代汉语实词搭配词典》，北京：商务印书馆.
张云秋，2004，《现代汉语受事宾语句研究》，上海：学林出版社.
赵元任著，吕叔湘译，1979，《汉语口语语法》，北京：商务印书馆.
朱德熙，1984，《语法讲义》，北京：商务印书馆.
中国社会科学院语言研究所词典编辑室，2016，《现代汉语词典》(第 7 版)，北京：商务印书馆.

Anderson, John. 1971. *The Grammar of Case: Towards a Localistic Theory*. Cambridge: Cambridge University Press.

Anderson, S. 1971. On the role of deep structure in semantic in semantic interpretation. *Foundations of Language* 6. 386 - 387.

Croft, William. 1991. *Radical Construction Grammar: Syntactic Theory in Typological Perspective*. Oxford: Oxford University Press.

Croft, William & Alan Cruse. 2004. *Cognitive Linguistics*. Cambridge: Cambridge University Press.

Dowty, D. 1991. Thematic prot-roles and argument selection. *Language*, Vol. 67 (3): 547 - 619.

Fillmore, C. J. & B. T. Atkins. 1992. Toward a Frame-Based Lexicon: The Semantics of RISK and Its Neighbors. In Adrienne Lehrer and Eva Feder Kittay (ed.), *Frames, Fields, and Contrasts*. Hillsdale, NJ: Lawrence, 75 - 102.

Geeraerts, D. 2010. *Theories of Lexical Semantics*. Oxford: Oxford University Press.

Goldgerg, Adele. 1995. *Constructions: A Construction Grammar Approach to Argument Structure*. Chicago: The University of Chicago Press.

Goldgerg, Adele & Ray Jackendoff. 2004. The English resultative as a family of constructions. *Language* 80: 532 - 568.

Halliday, M. A. K. 1994. *Introduction to Functional Grammar*. London: Edward Arnold.

Halliday, M. A. K. 1966. Lexis as a linguistic level. In *In Memory of J. R. Firth*. Bazell, Catford Halliday & Robins (eds.). London: Longman, 148 - 162.

Hornby, A. S., 2004.《牛津高阶英汉双解词典》(第六版),北京:商务印书馆.

Jackendoff, Ray S. 1990. *Semantic Structures*. Cambridge, MA: The MIT Press.

Jackendoff, Ray S. 2002. *Foundations of Language: Brain, Meaning, Grammar, Evolution*. New York: Oxford University Press.

Jackendoff, George & Mark Johnson. 1999. *Philosophy in the Flesh*. New York: Basic Books.

Lakoff, G. & M. Johnson 1980. *Metaphors We Live By*. Chicago: The University of Chicago Press.

Langacker, R. W. 1990. *Concept, Image, and Symbol: The Cognitive Basis of Grammar*. Berlin: Mouton de Gruyter.

Langacker, R. W. 2004. *Foundations of Cognitive Grammar, Vol.* 1, 2. Stanford:

Stanford University Press, 1987/1991. 北京：北京大学出版社.

Levin, Beth. 1985. Lexical semantics in review: An introduction. In B. Levin (ed). *Lexicon Project Working Papers* 1. Center for Cognitive Science, MIT, Cambridge, MA.

Levin, Beth. 1993. *English Verb Class and Alternations*. Chicago: The University of Chicago Press.

Levin, Beth & T. Rapoport. 1988. Lexical subordination. *CLS* 24, Part 1. 275 - 289.

Pearsall, Judy (eds.). 2007,《新牛津高阶英汉双解大词典》,上海：上海译文出版社.

Sinclair, J. 1999. *Corpus*, *Concordance*, *Collocation*. Oxford: Oxford University Press, 上海：上海外语教育出版社.

Stubbs, M. 1995. Collocations and semantic profiles: On the cause of the trouble with quantitative methods. *Functions of Language*, (1): 23 - 55.

Talmy, Leonard. 1976. Swmantic causative types. In Shibatani, M. (ed.) *Syntax and Semantics*. Vol. 6. New York: Academic Press.

Talmy, Leonard. 1983. How language structures space. In Herbert L. Pick, Jr. & Linda P. Acredodo (eds.) *Spatial Orientation*: *Theory*, *Research and Application*. New York: Plenun Press, 225 - 282.

Talmy, Leonard. 1985. Force dynamics in language and thought. *CLS* 21. Part 1. 293 - 337

Talmy, Leonard. 1988. Force dynamics in language and cognition. *Cognitive Science* 12: 49 - 100.

Talmy, L. 2000. *Towards a Cognitive Semantics* (*Vol*. 1): *Concept Structuring System*. Cambridge, MA: The MIT Press.

Talmy, L. 2001. *Towards a Cognitive Semantics* (*Vol*. 2): *Typology and Process in Concept Structuring*. Cambridge, MA: The MIT Press.

Xiao, R., L. He & M. Yue. 2010. In pursuit of the third code: using the ZJU Corpus of translational Chinese in translation studies. In Xiao, R. (ed.) *Using Corpora in Contrastive and Translation Studies*. Newcastle: Cambridge Scholars Publishing, 182 - 214.

索　引

H

J

K

Q

S

X

Y

Z

在一定的社会经济形态下，有社会分工和商品生产，就会有市场。市场随着商品经济的发展而发展。市场是联结消费者与经营者的一条纽带，是商品经营者和生产者活动的舞台，旅游市场也不例外。

旅游市场是市场经济发展的产物，是旅游业赖以生存和发展的条件，是旅游经济运行的基础和实现旅游供求平衡的重要保证。学习研究旅游市场，对于促进旅游业发展具有十分重要的意义。

第一节　旅游市场概述

一、市场与旅游市场的概念

市场是生产力发展到一定阶段的产物，是随着商品生产和交换的发展而发展的，“市场”这个概念在不同的时期和不同的场合具有不同的内涵。

最早的市场概念是指商品交换的场所，即具备买卖双方进行商品交换活动所需条件的地点，是从有形的“物”的角度描述市场的。这种说法至今在某些场合仍在使用，如集贸市场、超级市场等。不过，随着经济的发展，商品交换活动不再仅仅局限于同一时间、地点，由买卖双方直接完成了，其内容和形式都发生了深刻的变化。由于生产力水平的提高，特别是劳动分工的深化，交换活动日益渗透于整个现代经济，成为联系现代经济体系的纽带。因此，广义的市场概念是指以交换过程为纽带的现代经济体系中的经济关系的总和。这是从无形的“关系”角度对“市场”进行的描述。美国市场学家菲利普・科特勒在《营销管理》一书中将“市场”定义如下：“一个市场是由那些具有特定的需要或欲望，而且愿意并能够通过交换来满足这种需要或欲望的全部潜在顾客所组成的。”从这个狭义的市场定义可以看出，市场学中关于市场的一般要领是建立在“消费主体”即“人”的基础上的。换言之，市场就是在一定的时间、一定的地点的条件下，对某种产品或劳务具有潜在购买欲望和购买力的消费主体集合。

与一般商品市场相比，旅游市场是社会分工进一步深化、商品生产发展到一定阶段的产物。旅游活动是在英国工业革命发生 70 年后、商品经济市场体系确立之后、商品生产和商品交换获得高度发展的情况下得到发展并且商品化了的。一方面，社会中出现了大量的旅游者；另一方面，一些从前为旅行活动提供便利条件的私人家庭、小旅店、骡马车店进一步扩大，形成了经营性的企业，并共同组成了专门为旅游者提供服务的旅游业。这样，便出现了以旅游者为一方的旅游需求和以旅游经营者为另一方的旅游供给，它们之间经济联系的主要形式就是进行交换——一种具有完全商品性质的交换。所以，旅游市场是在商品生产和商品交换充分发展的基础上，实现旅游产品需求者与旅游产品供给者之间经济联系的场所。所以说，狭义的旅游市场是指一定的时期内，某地区存在的对旅游商品具有支付能力的现实和潜在的购买者。简言之，狭义的旅游市场就是旅游需求市场或旅游客源市场。而广义的旅游市场则是指旅游产品交换过程中所反映的各种经济现象和经济关系，它不是仅限制为旅游产品交换的场所，而且还涉及一定范围内旅游产品交换中供求之间各种关系的总和。

视频：旅游市场定位策略

二、旅游市场的划分

（一）旅游市场划分的概念和意义

旅游市场划分也称为旅游市场细分化。所谓旅游市场细分是指旅游企业根据旅游者群之间的不同需求把旅游市场划分为若干个分市场，从中选择自己的目标市场的方法。

和一般商品市场相似，旅游市场也同样存在着一个市场细分的问题。旅游经济要进一步发展壮大，就必须分析市场，研究中外旅游消费者的需求，细分市场，力推特色线路和特色旅游产品。旅游企业在设计产品、拓展市场时，也必须进行旅游市场的细分，充分满足旅游者消费多样化以及消费者的个性化需求，并通过科学的市场细分与旅游产品的开发创新，推动旅游经济的发展，实现旅游业可持续发展。

实际上，潜在的旅游资源并不等于现实的旅游消费市场。从严格意义上讲，衡量旅游市场的大小并不是资源的丰厚与否，而是它所产生的现实的经济规模及其效益。在很多人的眼里，旅游常常是一个空间的或者说是地域性概念。例如，北京、上海、东京与伦敦等城市的名称成为旅游的代名词，“到此一游”是很多消费者的旅游观念。旅游企业进行旅游产品开发与组织旅游团队时，都自觉不自觉地以地域作为对象与目标。这种把地域与旅游捆绑在一起的做法，在认识与实践上都是不适宜的。从实践上看，把旅游的多样性与个性化需求压缩到单一的地域性观光，既难以满足旅游的多样性与消费者的个性化需求，更不能引导整个社会的旅游消费需求，开拓旅游市场。具体而言，在地域性观光旅游中，消费者的旅游消费指向或者说兴趣爱好存在很大差异：有喜欢上街购物的，有喜欢休闲度假的；有喜欢自然风光的，有喜欢人文景观的；有喜欢体育运动的；有喜欢探险猎奇的；等等。兴趣差异之大，不但旅游企业难以兼顾，而且消费者更无法尽兴。很多参加过地域性观光旅行团的消费者都有这种感觉。同时，由于以地域为旅游对象，旅游企业所安排的旅游项目常常固定不变，从而使消费者产生了“到此一游”不想再游的一次性旅游消费观念。其实，这种地域性观光消费只能是蜻蜓点水，难以体验各地丰富多彩的旅游生活。这种状况不尽快改变，不但消费者的旅游意愿会淡化，而且旅游市场也会逐渐萎缩。因此，应强化旅游市场的细分，充分发挥旅游资源丰富的优势，创新产品，提高旅游综合经济效益。

一般来讲，旅游市场细分的意义主要表现在以下 3 个方面。

1. 有助于选定目标市场

旅游目的地和旅游企业在对市场进行细分的基础上，便于分析各细分市场的需求特点和购买潜力，从而可以依据自己的旅游供给或经营实力有效地选定适合自己经营的目标市场，来增加销售量，扩大市场占有率。

2. 有助于设计旅游产品

市场的细分可以消除旅游市场的混沌状态，能够根据消费者自身条件与兴趣爱好不同，以及各地旅游资源的特点，来设计不同种类与档次的旅游产品。市场细分意味

着旅游种类的增加与消费者选择余地的扩大,它可以适应旅游的多样性与消费者的个性化需求,从而激发消费者更大的旅游兴趣,进而增大市场容量,促进旅游经济的发展。

3. 有利于有针对性地开展促销

对于旅游目的地和旅游企业来说,开展促销工作毫无疑问是非常重要的,因为再好的旅游产品如果不为旅游消费者所知,也无异于该产品不存在。但是,无论是一个旅游目的地还是一个旅游企业,其营销经费都是有限的。因此,如何利用有限的促销预算获取最大的促销成效也就成了旅游经营工作中重要而现实的课题。此外,为不同的消费者提供不同的旅游产品,制定特定的市场营销策略,由于市场细分,市场面小,旅游企业就比较容易觉察和分析旅游者的反应,有利于企业根据新的情况及时采取有效的措施,可避免因盲目促销而造成的浪费,也有助于提高促销的成效。

(二)旅游市场的划分方法

旅游产品的市场是由其购买者或者有支付能力的需求者所构成的。在这些众多的购买者或需求者中,有些人往往具有某些相同的特点或共同之处。这些相同的特点或共同之处也就成为对旅游市场进行划分或细分的标准。

旅游市场的划分标准很多。李天元在其《旅游学概论》中将这些标准归纳为四大类,即地理因素、旅游消费者的特征(人口统计因素)、对产品及服务的需求和购买行为特点、旅游消费者的心理特点。由于其中具体的划分标准很多,不同的旅游目的地,特别是不同的旅游企业,应根据自己的情况和需要,选用对自己的经营工作具有实际意义的划分标准。此外,同一个旅游企业所采用的市场划分标准随着时间和市场条件的变化也可能发生变化。因此,对市场划分标准的选用应因时因地加以修订。这里仅就最为常见的旅游市场划分方法介绍如下。

1. 以地理因素为标准进行划分

用作旅游市场划分标准的地理因素有若干种不同的表现形式。

世界旅游组织根据自己研究工作的需要,并根据世界各地旅游发展的情况和国际旅游客源的集中程度,将全世界国际旅游市场划分为六大市场,即欧洲市场、美洲市场、东亚和太平洋市场、非洲市场、中东市场和南亚市场。这是一种传统的、重要的市场划分。世界旅游组织每年均按此划分口径公布每个区域市场的统计数字,这对于了解各地区旅游业发展情况,把握世界旅游市场的动态具有重要价值。它反映了当今世界旅游市场的基本格局。

从旅游输出国与旅游接待国之间的距离看,分为远程旅游市场和近程旅游市场或称为近邻国旅游市场。一般地说,远程旅游需要时间较长,旅游消费较高,旅游者多属于经济比较富裕、休假时间充裕、生活条件十分优越的中上层人士。由于他们在一个国家或地区停留时间长,消费支出较高,就会给旅游目的地带来较高的旅游收入。随着交通工具日趋现代化,旅游空间距离和时间距离的相对缩短,远程旅游也有逐渐发展的趋势。近程旅游是指旅游客源国和目的国之间距离短,甚至相邻国家间的旅游活动。近程旅游由于旅途的时间短,旅途消费也相应减少。因此常被那些空闲时间短、收入水平较低的旅游者所采用,如欧洲各国之间的国际旅游活动,近 10 年来除了地区相邻和交通方便外,国家之间制定了很多旅游政策,如国家之间互免签证、简化出入境手续，使旅游者消费与国内旅游相同的支出却能享受异国情调。因此，近邻国旅游市场是各旅游区旅游市场中最为活跃的国际旅游市场。

各国际旅游接待国则往往根据其国际旅游者来源的数量主次，按旅游者来源的国别或地区，将其划分和排列为不同的客源市场。这种划分有助于了解世界旅游客源的分布状况，从而促使人们进一步研究和发现某些地区和国家产生旅游者多，而另一些地区和国家产生旅游者少的原因。旅游接待国或地区则可根据这些情况，研究和分析自己的现实与潜在目标市场区域，为制定自己的旅游营销战略和决策提供信息基础。

2. 以旅游消费者的某些特点为标准进行划分

常用的这类标准有以下几方面。

（1）人口统计因素。

人口统计因素划分是根据旅游者的年龄、性别、家庭规模、婚姻状况、家庭生命周期、收入水平、职业、文化程度、民族、种族、宗教信仰、社会阶层等因素进行细分。

① 按年龄细分。根据旅游者的年龄结构，可将旅游市场细分为老年旅游市场、中年旅游市场、青年旅游市场、儿童旅游市场。

② 按性别划分。可细分为男性旅游市场和女性旅游市场。男性旅游者与女性旅游者对旅游服务和项目的需求表现出一定的差别，女性喜欢结伴出游，喜好购物，对价格较敏感。女性旅游者将成为旅游市场的重要客源目标。

③ 按照收入、职业、受教育程度细分。可自由支配收入是旅游的必要条件，从这一点来看，对于旅游者，收入在很大程度上决定其旅游活动的最终实现，同时也会影响其对于旅游目的地和消费水平的选择。职业对旅游需求的影响也较大，主要影响旅游时间和方式的选择。如教师、学生一般会利用寒暑假旅游，管理人员、技术人员、商务人员则多具有公务和商务旅游的需求。个人受教育程度对旅游的需求也有影响，受教育的程度越高，旅游需求的层次越高。

④ 按家庭结构细分。家庭是消费的基本单位，家庭结构、规模和总收入等状况都会直接影响旅游者的旅游需求。

⑤ 按社会阶层细分。各社会阶层的区别主要表现在各自具有不同的心理行为，也就是说，每个阶层的成员都具有类似的价值观、兴趣和行为，不同的阶层对旅游活动、旅游消费水平和档次的选择也有所不同。如上层旅游者是最富有的阶层，他们希望获得他人的承认，希望旅游活动能反映出他们日常的生活水平，喜欢和具有同等社会与经济地位的人一起旅游。中层是旅游者中最广泛的阶层，是旅游市场中的主要客源组成。

（2）按旅游心理特征细分。

按旅游心理特征细分是指按消费者心理动机细分市场。此类划分的依据主要是消费者的性格、生活方式、旅游目的、购买时间等。

① 按旅游者的出游目的细分。按旅游者出游的主要目的，将旅游市场细分为以下 4 个部分。

a. 观光旅游市场。这类旅游者的旅游动机主要是了解异国他乡的历史、文化、风俗民情以及参观游览当地的自然景观。观光旅游市场是传统的旅游市场。

b. 会议、展览、商务旅游市场。这类旅游者的需求量受价格影响较小，消费水平高，目的地以大城市为主。

c. 休闲度假旅游市场。休闲度假旅游是当今旅游市场中的主流旅游活动方式，主要目的是休养身心。这个市场的旅游者停留时间长，重复旅游者占很大比例。

d. 探亲访友旅游市场。这类市场的旅游者的目的是探亲访友或寻根祭祖，受各种营销活动的影响不大。

此外，旅游形式和内容的多样化是当今旅游业的一大特点，除了以上传统旅游市场外，又出现了一些新兴的旅游市场，如满足旅游者健康需求的体育旅游市场、疗养保健旅游市场和狩猎旅游市场等；满足旅游者业务发展需求的修学旅游市场、学艺旅游市场等；满足旅游者享受需求的豪华（邮轮、火车、汽车）旅游市场、美食旅游市场等；满足旅游者寻求刺激心理需求的探险旅游市场、秘境旅游市场、惊险游艺旅游市场等。

② 按生活方式细分。按生活方式来细分旅游市场，主要根据人们的不同生活习惯、消费倾向，对周围事物的看法及人们所处生命周期来决定。由于人们生活方式不同，必然带来旅游需求的差异性。因此，把生活方式雷同的旅游者作为一个市场群体，有计划地提供符合该市场需求的旅游产品和服务，有针对性地满足其需求，从而可以扩大市场占有率。

③ 按性格细分。性格也是影响旅游动机的重要因素之一。在划分市场时，按性格划分有助于我们根据旅游者的不同需求来开发新的旅游项目，如针对部分性格刚强、敢于冒险的旅游者，可以开发探险与猎奇旅游项目，以满足这部分旅游者的需要。

（3）按旅游消费行为和方式细分。

按旅游消费行为和方式细分，即根据旅游者出游的时间、购买旅游产品的渠道及旅游方式来细分旅游市场。

① 按旅游购买方式划分，旅游市场分成团体和散客两种。购买方式是指旅游者购买旅游产品过程的组织形式和所通过的渠道形式，依此可分为团体旅游市场和散客旅游市场。团体旅游市场是指以组团形式参加旅游活动的旅游者群体。一般来说，旅游团人数在 15 人以上，大多数由旅行社组织接待。团体旅游的优点是节省旅游者时间、精力，并且比较安全。但是团体旅游缺乏个性，不能满足旅游者个人的兴趣和爱好。散客旅游市场是指以非团队形式参加旅游活动的旅游者群体。散客旅游市场是目前旅游市场发展的一大趋势。但与团体旅游相比，散客旅游可能单项的支付价格较贵。

散客旅游市场是否发达已成为衡量一个国家或地区旅游业是否成熟与发达的重要标志。在现代旅游市场中，团队旅游市场的比例有下降的趋势，散客旅游市场迅速增长，散客旅游已发展成为世界旅游市场的主体，这个市场的旅游形式也日益复杂多样，包括独自旅游、结伴同游、家庭旅游、小组旅游、驾车旅游、徒步旅游等。

② 按购买时间和方式细分。由于旅游活动的时间性、季节性非常突出，按购买时机、频率、数量等可以分为淡季旅游市场、旺季旅游市场和平季旅游市场。还可分为寒暑假市场以及节假日市场（如春节、元旦、双休日等）。

③ 按旅游者消费水平划分。根据消费者的消费水平，一般可将旅游市场划分为高档旅游市场、标准旅游市场和经济旅游市场。高档旅游市场主要由社会上层组成，他们不太关心旅游产品和服务的价格。标准旅游市场主要由中产阶层组成，他们既关

心旅游产品和服务的价格又关心旅游产品和服务的质量。经济旅游市场主要由低收入者组成,他们尤其关心旅游产品和服务的价格。针对这三类旅游市场,旅游产品的经营者可以设计生产出不同的旅游产品以满足不同市场的旅游需求。

以这类标准对旅游市场进行的划分是在已经确定了已有或潜在的市场地域的情况下,用于对该地客源市场的进一步细分。这主要是因为某个地理区域内的人口不太可能都成为某个旅游产品的忠实购买者,故而需要使用更为详细或具体的标准做深入细分。例如,《中国旅游统计年鉴》中除了使用地理因素对海外来华旅游市场进行划分之外,还分别按照来华旅游者的年龄、职业、性别以及入境旅行方式做了划分。

一般而言,站在旅游目的地的宏观角度去考虑旅游市场划分问题时,一般多使用地理因素标准。而对于具体的旅游企业来讲,则更宜采用以旅游者的某些特点为标准的方法去划分市场。

第二节　世界旅游客流状况

一、世界旅游业发展状况

现代旅游业的真正崛起,是在第二次世界大战以后。战争结束后,西方发达国家经历了一个持续稳定的发展和增长时期,国际环境的相对稳定、科技的高速发展、人们生活和消费观念的改变、交通运输业的发达、人们收入的大幅度提高、带薪休假的产生和兴起,使人们的旅游需求日益高涨,旅游业得到了蓬勃发展。1946 年 10 月,国际官方旅游组织联合会在瑞士的日内瓦应运而生。到 1950 年,旅游观光事业已经成为世界上的一个新兴产业。这一年,全球国际旅游过夜人数达 2 530 万人次,国际旅游外汇收入达 21 亿美元。1958 年,喷气式客机在世界上正式启用,经济型客舱也正式出现,从欧洲到北美洲的旅行时间由 24 小时缩短为 8 小时,为国际观光旅游的起飞奠定了基础。

从 1950 年开始,世界旅游业便以每年 7.1%的速度增长。1960 年,全球国际旅游人数达 6 930 万人次,是 1950 年的 2.74 倍,平均每年增长 10.6%。国际旅游收入达 69 亿美元,是 1950 年的 3.29 倍,平均每年增长 12.6%,远远高于当时世界经济的平均增长率。这种发展趋势,在以后 30 多年中继续巩固发展。到 1990 年,全球国际旅游人数达 4.59 亿人次,是 1960 年的 6.63 倍,平均每年增长 6.5%。国际旅游收入达 2 678 亿美元,是 1960 年的 38 倍多,平均每年增长 12.9%,亦远远高于这 30 多年中世界经济的平均增长率。加上比国际旅游外汇收入高出 2~3 倍的国内旅游收入,所以,到 20 世纪 80 年代和 90 年代,旅游业已经成为世界上最大的产业之一。世界旅游组织最近公布了最新数据,2017 年全球旅游总人次(包括国内旅游人次和国际旅游人次)达到 118.8 亿人次,为全球人口规模的 1.6 倍;全球旅游总收入达 5.3 万亿美元,占全球 GDP 比重达 6.7%。2017 年全球旅游总人次和总收入增速分别为 6.8%和 4.3%,其增速超过制造业(4.2%)、零售业和批发业(3.4%)、农业、林业和渔业(2.6%)和金融服务业(2.5%)。旅游业增速已连续7年超过全球经济增速,成为全球增长最快的行业。

二、世界旅游市场格局

按照世界旅游组织的传统划分方法,世界旅游业划分为六大区:欧洲地区、美洲地区、东亚及太平洋(其中包括澳大利亚和东南亚在内)地区、非洲地区、南亚地区以及中东地区。由于现代旅游业是在欧美发源的,北美及西欧国家发达的经济、便捷的交通、不断简化的入境手续,使欧美地区无论在入境旅游还是出境旅游方面,长期以来都高居世界榜首。1960年,欧洲接待的国际旅游者占世界总数的72.6%,美洲接待的国际旅游者占全球总数的24.1%,两者相加,合计占当时全球总数的96.7%,可以说绝对垄断了当时的国际旅游市场。这一年,东亚及太平洋地区(包括中国内地、中国香港、中国澳门、中国台湾、泰国、马来西亚、新加坡、印度尼西亚、菲律宾、越南、老挝、柬埔寨、缅甸、文莱、日本、韩国、澳大利亚、新西兰、关岛)总共只接待了国际旅游者68万人次,只占全球份额的1%。但在1950年至1998年间旅游接待增长最快的地区是东亚及太平洋地区,该地区在1950—1998年间国际旅游接待人次的年均增长率为13.45%,其他年均增长速度高于全球平均水平的地区依次是南亚、中东和非洲。美洲和欧洲在此期间的增长率则低于全球年均增长率,不过,它们仍然保持全球的主导地位。1998年,尽管这两个地区的国际旅游接待人次占全球国际旅游接待人次的近80%。但是,自1960年以来,这两个地区所占份额(尤其是欧洲)却以每10年减少5个百分点的速度下降。迄今为止,旅游开发和发展最为成功的是东亚及太平洋地区,它们在过去几十年间发展迅速,其国际旅游接待人次的市场份额从1960年不起眼的1%、1970年的3%发展到1998年的13.6%。而2002年的统计显示,世界旅游业的格局发生了根本性的变化,欧洲仍然稳坐第一位,但是东亚及太平洋地区的接待量第一次超过美洲而跃居世界第二位。现在国际旅游市场已由过去传统的“北美到西欧,欧洲到美洲”两大主流逐渐转移到欧洲、东亚及太平洋地区和美洲三足鼎立的市场格局。

从2005年世界旅游市场各大板块分析,欧洲因为集中了全球最多的工业化国家,经济较发达,旅游市场相对成熟,欧洲入境旅游者数量达到4.42亿人次,同比增长4%,旅游者占世界整个旅游市场份额的一半以上,达到54.6%,继续成为全球最大的旅游市场。东亚及太平洋地区主要国家经济近年来保持两位数的较高增长率,旅游市场十分繁荣,入境旅游者因此获得同步增长,旅游者总数达到1.57亿,同比增长7.8%,占全球市场份额的19.4%。随着东亚及太平洋地区各主要国家经济综合实力的迅速增强,该区域有望成为今后几年拉动世界旅游业增长的重要引擎。非洲与中东地区入境旅游者人数占世界旅游市场份额的4.9%。世界旅游组织认为,中东与非洲地区的旅游业还有很大的上升空间。美洲地区入境旅游者达到0.37亿人次,同比增长10%,占据世界市场份额的4.9%。美洲地区的增长点主要集中在中美洲与南美地区。从全球各大地区所占世界旅游市场份额变化的情况可以看出,经济越发达、经济增长率越高,那么旅游业的规模越大,发展水平也越高。

而到了 2007 年，欧洲仍然是世界最主要的旅游目的地，2007 年吸引了 4.8 亿旅游者，占全球入境旅游者总人数的 50%以上。在欧洲国家中，旅游接待人数增长较快的是土耳其，占 18%。尽管中东地区局势紧张，但 2007 年中东地区国际入境旅游者人数仍达到4 600 万，其中沙特阿拉伯和埃及的增长速度最快。东亚及太平洋地区 2007 年吸引了 1.85 亿国际旅游者，增长速度最快的是马来西亚，达到 20%，中国的增长率为 10%。2007 年，非洲旅游业取得显著成绩。非洲的国际旅游者达到 4 400 万，北非的增长速度为 8%，撒哈拉以南的非洲也越来越成为国际旅游的目的地，南非由于在 2010 年举办世界杯足球赛而成为吸引国际旅游者的重要因素。美洲旅游业 2007 年的增长速度比 2006 年翻了一番，由于来自美国的旅游者人数保持稳定，同时欧元升值也为该地区带来了大量的欧洲旅游者。

2017 年全球旅游三足鼎立格局明显：欧洲份额缩小，美洲保持稳定，亚太持续扩大。

从各大板块 2017 年旅游总人次和旅游总收入在全球所占份额来看，欧洲板块比例持续下降；美洲板块旅游人次份额有所下降，旅游收入所占份额略有上升；亚太板块份额继续显著上升。

从旅游总人次方面看，2017 年亚太地区旅游人次占全球总人次的比例为 66.6%，与 2016 年的 65%相比增长了 1.6 个百分点；从 2016 年到 2017 年，美洲板块份额从 16.5%下降到 15.8%，下降了 0.7 个百分点；欧洲板块份额从 15.6%下降到 14.9%，下降了 0.7 个百分点；中东板块份额下降了 0.1 个百分点；非洲板块份额保持不变。总体而言，欧洲、美洲和亚太市场占据全球旅游总人次的 97.3%。

从旅游总收入方面看，从 2016 年到 2017 年，亚太地区所占份额从 32.3%增长到 33.1%，增长了 0.8 个百分点；美洲板块份额从 30.7%增长到 30.9%，略微增长了 0.2 个百分点；欧洲板块份额从 32%下降到 31%，下降了 1 个百分点；中东和非洲板块份额保持不变。总体而言，欧洲、美洲和亚太地区的旅游总收入占全球的 95%。

在区域发展情况比较上，自战后以来全世界国际旅游客流的格局发生了一定的变化，各地区增长速度不一预示着未来格局的发展趋势，欧美的份额在下降，东亚及太平洋地区的份额在增长，并被国际旅游界普遍认为是“未来最有发展前景的旅游目的地”。造成这一变化趋势的原因可能主要有以下 4 个。

（1）随着亚太地区经济的迅速崛起，该地区将产生更多的区内客源。同时，该地区旅游业的不断发展也会吸引更多的区外旅游者来访。

（2）欧美地区进入 20 世纪 80 年代以来经济增长速度明显放缓，加之有些国家的出国旅游市场规模已接近“封顶”程度，因此出国旅游的增长速度很难提高。欧美地区的国际旅游客源主要为区内客源以及欧美互为主要客源，因此在接待国际旅游数量方面不会有太大的发展。

（3）欧洲区内产生的国际旅游者由于对欧洲区内主要旅游目的地旺季时的拥挤和不便感到不满，因此在条件允许的情况下将可能到亚太地区旅游。近几年欧洲出国远程旅游的增长趋势在一定程度上证明了这一点。

（4）随着近年来恐怖事件在欧美地区不断升级，许多旅游者将目光放在相对比较安全的东亚及太平洋地区，比如日本来华旅游者人数的逐年上升和到美国旅游的人数的大幅度下降正印证了这一点。

三、国际旅游客流来源、规律与发展前景

世界旅游组织曾经对世界主要地区国际旅游支出情况进行分析，结果表明，欧洲不但是世界上国际旅游的中心接待地区，而且也是最重要的国际旅游客源地。另外，美洲也是世界上国际旅游的重要客源地。在产生客源方面居第三位的是东亚和太平洋地区。中东地区各国虽然在经济上较富，但由于人口基数小，加之居民的旅游传统问题，所以在客源市场中占有的比例不大。旅游最发达的国家是美国、西班牙、法国、意大利、德国、英国、日本、沙特阿拉伯、奥地利、荷兰、挪威、加拿大、瑞典、瑞士、科威特、澳大利亚、委内瑞拉、丹麦、比利时、墨西哥等国家。这些国家的国际旅游支出大约占世界国际旅游支出总额的 78%。

通过对第二次世界大战以后国际旅游发展情况的基本分析，可以发现世界旅游客流有以下一些流动规律或倾向。

（一）近距离旅游占绝大比重

在全世界国际旅游中，近距离的出国旅游，特别是前往邻国的国际旅游，一直占据绝大比重。以旅游人次计算，这种近距离出国旅游约占全世界国际旅游人次的 80%。以 20 世纪 80 年代上半期全世界国际旅游人次的分布情况为例，美洲出国旅游者中有 70%是在美洲地区各旅游目的地旅游，前往美洲以外目的地的只有 30%。在东亚和太平洋地区（包括东南亚国家在内），出国旅游人次总计的 75%是在本地区内的旅游目的国游览，去区外目的地旅游的人次仅占 25%。在欧洲的比例则分别为 79%和 21%。

造成这种情况的主要原因如下。

（1）前往邻国或近距离目的地的国际旅游费用较小，所需时间较短，有这种支付能力的人数量较大。

（2）入境手续和交通情况较为便利，如欧洲的旅游者在欧洲内陆旅游时很多人都是自己驾车出游。

（3）生活习惯或语言及文化传统比较相近，旅游过程中的障碍较少。并且随着各国家地区间交流和协作的加强，国家之间制定了很多有利的旅游政策，如国家之间互免签证，简化出入境手续，使旅游者消费更加方便。

这种近距离的国际旅游大多具有逗留期短和消费相对较低的特点。虽然按旅游人次计算，这种近距离的国际旅游人次占同期国际旅游总人次的 80%，但是若以在旅游目的地的过夜次数（或逗留天数）和旅游消费额计算，则分别只占同期全部国际旅游夜次（或天数）和消费总额的约 43%和 37%。

（二）欧美是重要旅游地

在流动态势上，特别是就远程国际旅游而言，从 20 世纪 50 年代至今，欧美一直是世界上最重要的国际旅游客源地和目的地，并且这两个地区彼此互为重要客源目的地。无论是在旅游人次上，还是在消费额上，这两个地区一直都占据着统治地位。因此，它们之间的客流也是国际远程旅游中最主要的客流。

（三）亚太地区的崛起

随着亚太地区社会经济的不断发展，该地区在世界国际旅游中的位置（无论从客源产生量还是接待量看）迅速提高。目前已经形成欧洲、美洲和东亚及太平洋地区三足鼎立的格局。

虽然国际旅游业已经由快速增长走向缓慢增长，但世界旅游市场仍拥有相当大的发展潜力和广阔空间。

世界旅游组织曾对未来的国际旅游作了预测，他们认为，在未来几年里国际旅游业将保持良好的发展势头，2030 年全球游客总数将达到 18 亿。2020—2030 年，旅游业将以每年约 3.3%的速度持续增长。东亚及太平洋地区也将成为世界第二大国际旅游目的地，中国将成为最大的国际旅游目的地国家，与此同时，也将成为第一大旅游客源国。

【拓展阅读】

疫情影响下 2021 年世界旅游收入和人次出现下降

世界旅游城市联合会与中国社会科学院旅游研究中心共同发布了《世界旅游经济趋势报告（2022）》。报告显示：2021 年全球旅游总人次（含国内旅游人次和国际旅游人次，下同）达到 66.0 亿人次，全球旅游总收入（含国内旅游收入和国际旅游收入，下同）达到 3.3 万亿美元，分别恢复至 2019 年的 53.7%和 55.9%，不足 60%。2021 年全球旅游总收入相当于 GDP 的比例为 3.8%，与疫情前（2019 年占比 6.9%）相比，下降了 3.1 个百分点。可见，旅游对全球经济增长的贡献远未恢复到疫情前水平。

报告对全球旅游的未来进行了展望，指出全球旅游业的结构性复苏将呈现四个趋势性变化。一是复苏产生变局：以新兴经济体、亚太板块驱动旅游经济增长的格局已被打破，旅游业更加依赖于城市，主要依托于城市间交换的旅游网络正在形成。二是复苏产生断层：国家、企业间的断层、差异正在加深加剧。三是产业集中度提升：世界旅游业的集中度在快速上升，旅游经济向公共医疗水平高的国家集中，旅游市场向国内和周边集中，产业资源向城市集中，旅游行为向近程集中，产业链的掌控力向旅游平台集中。四是复苏伴随技术、认知和可持续变革：在新的传播手段和环境下，市场在重新认识目的地和吸引物，可持续旅游已由疫情前的可选项变为必选项。

［资料来源：世界旅游经济趋势报告（2022）］

第三节　中国旅游业与海外客源市场

一、我国旅游业海外客源市场的变化

（一）新中国成立初期海外客源市场的状况

新中国成立后的中国海外客源市场非常有限，而且随着国内、国际政治形势的变化而不断地发生变化。新中国成立初期，西方一些国家对中国实行遏制、封锁政策，西

方国家来华人士甚少。当时我国接待的海外旅游者主要有三部分。一是为了扩大统一战线和贯彻侨务政策,接待了一些海外侨胞回国探亲和观光。二是在社会主义国家和资本主义国家两大阵营形成后,接待了大量来自社会主义阵营国家苏联和东欧国家人士,20 世纪 50 年代,这部分客源占很大比重。1957 年接待的国际旅游者中,来自苏联、蒙古、东欧各国的旅游者占总数的 95%。三是 1955 年 4 月亚非会议(万隆会议)前后,我国与亚非地区很多国家的关系得到发展,这些国家的一些人士前来观光旅游。

20 世纪 60 年代,由于中苏关系恶化,苏联、东欧国家来华旅游者减少,西方国家来华旅游人数有较大增长。同时,第三世界国家访华人数也在不断增长。70 年代,中国与西方国家关系改善,来华旅游有了相对有利的国际环境,大量人士来华访问,西方资本主义国家已成为我国旅游的主要客源市场。后来受"文化大革命"的影响,华侨华人前来旅游观光访问人数大为减少。

从新中国建立至 20 世纪 70 年代后期,旅游业在缓慢发展,旅游接待的政治意义远远超出经济意义。这个时期,客观上缺乏旅游业大发展的国际、国内环境和条件,主观上也没有把旅游作为一个重要的经济产业部门加以重视。国内旅游市场还没有得到培育开发,国际旅游市场也只是被动接待,没有主动开发。主要客源国和旅游客源市场还很不稳定,与客源国之间的客源交换也非常有限。

(二)海外客源市场的现状与基本格局

自 1978 年中国改革开放 40 多年来,中国旅游业也全方位向世界开放。与此同时,世界局势进一步缓和,和平与发展成为当代世界的主题。中国与一些周边国家关系实现了正常化,与西方国家和广大的第三世界国家关系进一步发展,这些都为大量国际旅游者来华观光访问提供了客观条件。从 20 世纪 80 年代至今,中国旅游海外客源市场逐步发展,并形成了较为稳定的基本格局,一些国家和地区作为中国旅游主要客源国(地区)的地位也较为稳定。

海外客源市场可以从旅游者的身份来分析,既可以从客源产生区域来划分,也可以按国家来排列。我国的香港、澳门和台湾地区在旅游学研究统计中,通常也被归入海外客源市场之内,这一是由于祖国还未完全统一,即使统一后还有"一国两制"方针政策的实施;二是通常港澳台同胞来内地旅游多支付外汇。所以我们对海外客源市场的分析,仍然沿用惯例,将港澳台地区和港澳台同胞归入海外客源市场。

从客源看,中国海外客源市场分为两个部分:一部分是香港同胞、澳门同胞、台湾同胞及华侨,另一部分是外国人(包括已加入外国国籍的海外华人)。近十多年来 ,港澳台同胞和华侨一直是中国海外客源市场的主体。从 2018 年累计入境旅游人数情况看,香港同胞为 7 937 万人次,同比下降了 0.5%;外国旅游者人数为 3 054 万人次,同比增长 4.7%。此外,澳门同胞为 2 515 万人次,同比增长 2.0%;台湾同胞为 614 万人次,同比增长 4.5%。

从区域看,根据入境旅游人数,中国海外客源市场分为亚洲市场、大洋洲市场、欧洲市场、北美市场。目前,中国海外客源市场主体为亚太地区,其次为欧洲和北美市场,这种格局自 1979 年一直延续至今。2018 年,我国累计接待的海外旅游者中,亚洲旅游者人数最多,占累计接待海外旅游者总人数的 76.3%;欧洲旅游者人数次之,占 12.5%;美洲旅游人数位列第三,占 7.9%;大洋洲和非洲分别占 1.9%和 1.4%。

从国籍看,20 世纪 70 年代以前,客源国主要是日本、苏联及东欧国家。20 世纪

80 年代以后，随着中国改革开放不断深入，中国海外客源市场打破了过去狭窄的地域分布格局，中国客源国数量剧增，遍布世界各大洲，其中日本、美国、俄罗斯、英国、法国、德国、菲律宾、泰国、马来西亚、新加坡成为中国十大稳定的客源市场。进入 20 世纪 90 年代，世界政治经济形势进一步发生变化，中国客源市场也发生了较大变化。2005 年列入前 20 位的客源国依次为：韩国、日本、俄罗斯、美国、马来西亚、新加坡、菲律宾、蒙古、泰国、英国、澳大利亚、德国、加拿大、印度尼西亚、法国、印度、哈萨克斯坦、意大利、荷兰、朝鲜。2017 年列入前十的旅华客源国分别是：缅甸、越南、韩国、日本、俄罗斯、美国、蒙古、马来西亚、菲律宾、印度。综合来看，入境客源市场结构已显露出优化趋势，“一带一路”沿线国家在入境旅游市场中的活跃度正持续上升。

从旅游目的看，外国旅游者来华旅游的主要目的是观光休闲、参加会议及从事商务活动。2018 年，我国累计接待的外国旅游者中，以观光休闲为目的的旅游者人数最多，占累计接待外国旅游者总人数的 33.5%；以会议/商务为目的占比 12.8%；以探亲访友、服务员工和其他为目的分别占 2.8%、15.5%和 35.3%。

从性别看，2018 年，我国累计接待的外国旅游者中，男性旅游者占累计接待外国旅游者总人数的 59.6%，女性旅游者占累计接待外国旅游者总人数的 40.4%。

从年龄上看，中青年仍是中国海外旅游客源市场的主力军。2018 年，累计接待的外国旅游者中，25~44 岁的旅游者人数最多，占累计接待外国旅游者人数的 49.9%；45~64 岁的次之，占 28.4%；15~24 岁的青少年旅游者占比 13.7%；14 岁以下的少年儿童和 65 岁以上的老人最少，各占累计接待外国旅游者人数的 3.4%和 4.6%。

从旅游者入境方式看，乘飞机仍是主要入境方式。2005 年来华的外国旅游者中，乘船舶的为 239.64 万人次，占 11.8%；乘飞机的为 1 154.52 万人次，占 57.0%；乘火车的为74.36万人次，占 3.7%；乘汽车的为 316.15 万人次，占 15.6%；徒步的为 240.83 万人次，占 11.9%。

从旅游者在华消费水平看，从高到低依次为外国人、香港同胞、台湾同胞、澳门同胞。

从职业看，入境旅游者的成分比较复杂，分布比较广泛，其中商人偏多，这也正说明前来从事商贸活动者较多，是中国经济快速发展的反映。

从入境旅游者停留时间看，与旅游业发达的国家相比，还较短。一般而言，我国入境旅游者人均停留 6.1 天，其中外国人、台湾同胞停留时间较长，香港同胞、澳门同胞停留时间较短。

从入境旅游月份来看，旅游者较多集中在 8—11 月，是旅游旺季，特别是 10 月份形成旅游高峰。而 1 月、2 月、12 月较少，是旅游淡季。

从入境旅游者的流向看，据对入境旅游者抽样调查资料显示，在入境旅游者中，只到中国“一日游旅游者”和以中国为最终目的地的旅游者居主导地位，80%的旅游者离境后直接返回各自的国家和地区。近程市场多数是只到中国旅游的“一日游旅游者”，占 85%以上。欧美、大洋洲等远程市场，出境呈现多样性，超过 30%的旅游者离境后前往其他国家旅游。

对国内 8 个入境旅游典型城市的调研结果显示，入境游客中首次到访中国的游客居大多数；网站论坛和亲友介绍是最主要的信息来源；旅游交通/天气等生活信息、旅游景区接待情况、旅游产品和服务介绍、特色文化娱乐活动等是入境游客最为关注的出行决策参考要素；文物古迹、山水风光、文化艺术、美食烹调是入境游客最为喜爱的旅游项目；入境游客的消费水平依然偏低，超过80%的入境游客消费集中在1 001美元到5 000美元之间。入境游客的消费评价整体较好，但仍有部分服务短板存在。

二、我国旅游业的主要海外客源市场

（一）客源市场分析

经过改革开放以来的发展，中国逐步形成了具有中国特色、符合旅游业持续发展需要的海外客源市场组合。

1. 持续增长且基数大的亚洲客源地

亚洲各国是中国最重要的海外客源市场，20世纪90年代中期以来，是亚洲各国来华旅游人数的快速增长时期。除1997年、1998年亚洲金融危机冲击外，其增长速度均在20%以上，并且形成了日本、韩国、东南亚五国及蒙古等主要客源国。尤其是日本，因为与中国隔海相望的地理位置、悠久的历史渊源和经济文化交流传统，使其一直是中国最大的客源国之一。进入20世纪90年代后，由于中韩两国邦交正常化，使来华旅游很快进入超常发展阶段，到2005年韩国成为中国第一位的客源国。东南亚五国作为中国的近邻，也一直是中国传统稳定的客源国，特别是20世纪90年代以来，随着经济的发展，旅华市场进入快速发展时期。蒙古是随着中蒙边境贸易的兴旺而逐步发展起来的一个主要客源国，其旅游者多为边境旅游者。但由于受到1997年东南亚、东亚的金融危机影响，各国来华旅游不同程度地出现了负增长，受到2003年的“非典”和2004年的禽流感等因素的影响，各国来华旅游速度放慢，但是2005年中国旅游业全面振兴，进入高速发展时期。

2. 发展基本平稳的欧洲客源地

欧洲是中国仅次于亚洲的重要客源市场。作为东亚地区的重要旅游目的地，中国在欧洲旅游者的远程旅游中扮演着重要的角色。20世纪90年代中期以来，欧洲各国来华旅游人数不断增加，1997年我国香港回归，欧洲旅游者出现高速增长。其他年份欧洲旅游者平稳增长，其旅游人数占来华旅游者的比例达20%以上。来华旅游人数由1990年的44.63万人次增加到2005年的478.49万人次和2018年的599.37万人次，并且形成了英、德、法、俄、意等主要客源国。

3. 持续平稳增长的美洲客源地

美洲，尤其是北美客源国是中国第三个重要的客源市场。美国和加拿大是中国在美洲的两个主要客源国，20世纪90年代中期以来它们占据了美洲市场份额的90%左右，来华旅游呈现平稳增长，人数由1990年的28.08万人次增加到2005年的198.52万人次，特别是美国一直是中国十大稳定的客源国之一。

4. 发展中的大洋洲与非洲客源地

对于中国海外客源市场而言，大洋洲与非洲国家属于发展中的客源市场。2005年，非洲来华旅游人数为23.80万人次，大洋洲为57.36万人次。2012年，澳大利亚来华旅游达77.3万人次，是大洋洲最重要的中国海外客源国，如表6-1所示。

表 6-1 2017 年我国主要客源国入境旅游情况

序号	国家	入境旅游人数占比/%
1	缅甸	22.05
2	越南	15.20
3	韩国	9
4	日本	6.2
5	俄罗斯	5.5
6	美国	5.4
7	蒙古	4.3
8	马来西亚	2.9
9	菲律宾	2.7
10	新加坡	2.2
11	印度	1.9
12	加拿大	1.9
13	泰国	1.8
14	澳大利亚	1.7
15	印度尼西亚	1.6
16	德国	1.5
17	英国	1.4
18	法国	1.1
19	意大利	0.7

（资料来源：中国旅游研究院）

【知识链接 6-1】

2018 年中国蝉联全球最大的出境旅游客源国

中国旅游研究院、携程旅游大数据联合实验室联合发布了《2018 年中国游客出境游大数据报告》，双方专家团队基于携程 3 亿会员、线下 7 000 多家门店，以及业内规模最大的跟团游、自由行订单数据，对出境游市场情况和游客预订消费行为进行了全面监测。

在过去的十年中，中国出境市场持续保持两位数，甚至 20%以上的增长，成为全球最大的出境旅游客源国和旅游消费支出国。出境旅游已经从少数人的享受进入了大众的日常生活；不只是美丽风景，而且美好生活和时尚感正在引领旅游的未来；定制旅游将进入市场成熟期，个性化的需求会进一步突显。

携程出境游研究专家表示，2018 年我国出境旅游进入了“消费升级”的阶段，旅游者增加支出购买更优质的旅游产品，从观光旅游转向深度体验享受海外目的地生活环境和服务。2018 年中国将继续蝉联全球最大出境游客源国这一位置。

2018 年，居民对服务消费需求持续旺盛。随着旅游市场消费环境日趋改善和旅游产品多样性不断提高，旅游市场持续升温。在收入增长和旅游消费升级推动，以及签证、航班等便利因素影响下，我国出境旅游热度持续攀升。特别是二三线城市新增了大量国际航线和签证服务中心，出国越来越方便。

随着“一带一路”建设的不断推进，我国公民出境旅游目的地国家不断增加。数据显示，2018 年，有来自 200 多个国内主要城市的数百万旅游者，预订携程跟团游、自由行、定制游、邮轮、当地向导、当地玩乐等度假产品与业务，到达全球 157 个旅游目的地国家。我国大型旅游公司比如携程等也在日本、新加坡、美国、欧洲等地布局投资，以服务中国游客。携程旅游 2018 年预定数据显示，通过携程旅游平台在春节、五一、端午、国庆等节日期间报名出境跟团游、自由行、定制游、私家团、当地玩乐等产品的游客同比去年增长超四成。

（资料来源：人民网，2019 年 3 月 15 日，沈文敏）

（二）客源国特征分析

总体而言，中国海外旅游客源国主要有以下 4 个方面的特征。

1. 客源地分布广泛，少数重要客源国居主要地位

中国海外客源国广泛分布于亚洲、欧洲、美洲、大洋洲、非洲各地，客源地的组成具有地域多样性。但从客源国所占来华旅游市场的份额来看，少数重要的客源国提供了大部分客源，居主导地位。具体表现为亚洲居多，欧洲与美洲次之。主要客源国客源输出量累计占外国客源总数的 70%左右，其中前五大客源国占 50%以上，且近年来这一比例仍不断上升，反映出主要客源国的作用越来越明显。

这种少数重要客源国居主导地位的格局，在一定的时期内还会有所强化，并维持相当长的一段时间。同时，重要客源国地域上的广泛性，又为中国防范区域性的危机或其他偶发事件影响旅游业提供了条件，易于促成东方不亮西方亮、此消彼长的局面，从而有利于中国旅游业健康平稳地发展。

2. 各大洲分布不均，亚洲客源市场扮演重要角色

近年来，在中国入境旅游客源市场上，亚洲国家始终扮演重要角色，比重超过 50%，呈快速上升趋势，而欧洲、美洲、大洋洲、非洲比重依次下降。同时，邻国市场如日本、韩国、俄罗斯、蒙古、东南亚各国为主要客源国。

中国地处东亚，发展亚洲客源市场具有优势。一方面距离近，在旅游交通费用在旅游花费中占有较大比例的前提下，这种优势往往被强化；另一方面有相近的文化传统以及频繁的经济往来、国与国之间往来限制的放宽、手续的简化等。此外，日本、韩国及东南亚各国人口密集，在其经济快速发展的背景下，已成为世界上重要的客源输出国。特别是对于这些国家的大多数初访者来说，中国是一个较为理想的旅游目的地。因此，拓展亚洲客源市场，尤其是深层次拓展邻近国家客源市场，对于中国入境旅游业的发展，是一件事关全局、意义深远的事情。

3. 客源国构成与世界主要客源输出国基本相对应

从世界旅游市场的大背景来看，世界主要客源市场依次为欧洲、亚太地区、美洲、中东、南亚地区及非洲。从主要客源国看，主要为德国、日本、美国、英国、法国、荷兰、加拿大、俄罗斯、意大利等。而对于中国海外旅游市场而言，德国、日本、美国、英国、法国、加拿大、俄罗斯等国家已是主要的客源地，荷兰、意大利来华旅游也发展相当迅速。但由于这些客源国都是远程市场，其来华旅游受到一定的限制，因此日本、韩国、蒙古、

新加坡、泰国等近程客源市场仍将是中国的主要客源地。显然,这种客源市场格局是符合世界旅游市场发展规律的,它将在相当长的时间内支持中国国际旅游业的持续发展。

4. 潜在客源地发展前景乐观

受经济发展水平、距离和国民旅游习惯等多种因素的影响,南亚、中东地区、南美、非洲国家来华旅游的人数很少,但是他们是中国潜在的客源国,在这些地区,近年来出国旅游市场发展较快,其迅速发展的势头已引起业内人士的关注。例如,中国近邻印度是一个特别值得注意的潜在市场,10亿人口的背景和中产阶级的迅速崛起,使出国旅游需求迅速膨胀。据预测,这种膨胀速度在今后10~20年内仍有加快的趋势,而使印度成为重要的客源国之一。20世纪80年代末,印度来华旅游人数为1万人次左右,1995年达到5.5万人次,1999年达到8.43万人次,2000年达到12.09万人次,跃入中国前20位客源国之列。2007年达到46.25万人次,比上年增长14.2%,2017年达到61.02万人次,比上年增长0.6%,已跃为中国第11位客源国。

【知识链接6-2】

2018年出境游人数达1.5亿,国内旅游人数增长10.8%

2018年国内旅游市场基本情况:全年国内旅游人数55.39亿人次,比上年同期增长10.8%;入出境旅游总人数2.91亿人次,同比增长7.8%。其中,中国公民出境旅游人数14 972万人次,比上年同期增长14.7%。

文旅部数据显示,2018年国内旅游市场持续高速增长,入出境旅游市场稳步进入缓慢回升通道,出境旅游市场平稳发展。全年实现旅游总收入5.97万亿元,同比增长10.5%。初步测算,全年全国旅游业对GDP的综合贡献为9.94万亿元,占GDP总量的11.04%。旅游直接就业2 826万人,旅游直接和间接就业7 991万人,占全国就业总人口的10.29%。

(资料来源:文化和旅游部官网)

第四节　旅游产品与旅游营销

一、旅游产品

(一)旅游产品的概念

旅游产品是一个内涵十分丰富的概念,不同的研究者从不同的角度给出了不同的定义。本书采用的是谢彦君在其《旅游学概论》中的定义:旅游产品是指为了满足旅游者审美和愉悦的需要而被生产或开发出来以供销售的物象与劳务的总和。

这个定义包括以下内涵。

(1)旅游产品是专门为出卖给旅游者而生产或开发出来的,是商品,所以,旅游产品与旅游商品同义。

（2）旅游产品的生产有两种方式：一种是依赖于旅游资源所做的开发，从而生产出一种资源依托型旅游产品；另一种是凭借拥有的人力、财力、物力资源而仿造或创造的旅游产品，从而生产出一种所谓的资源脱离型旅游产品。

（3）旅游产品主要供旅游者购买，在功能上具有可观赏性，在空间上具有地域性。

（4）旅游产品既可以有物质实体，也可以仅仅是某种现象。

（5）旅游产品都或多或少地含有人类的劳动投入，绝不能没有人类的劳动投入。

（6）各种媒介要素不是旅游产品，但它们可以构成旅游产品利益的附加组成部分。

简而言之，旅游产品具体是指旅游业者通过开发、利用旅游资源提供给旅游者的旅游吸引物与服务的组合。旅游吸引物是指旅游地吸引旅游者的旅游对象资源和旅游设施等因素。其中，通过开发利用的旅游对象资源是对旅游者首要的、核心的旅游吸引物，是刺激、产生旅游需求与旅游行为的客体根源。适宜的旅游基础设施也是重要的旅游吸引物，在具有类似旅游对象资源的区域旅游业竞争中，甚至成为决定性的旅游吸引物。而旅游业人力资源提供的旅游服务则是旅游产品中不可或缺的一部分，只有与凝结了一般人类劳动的相应服务结合才构成旅游产品。如果没有这种结合，旅游业中的劳动力也不能提供旅游服务。

（二）旅游产品的价值和定价

1. 旅游产品的价值

凝结了一般人类劳动的部分旅游对象资源、旅游设施与旅游服务组合成的旅游产品具有价值，这是传统经济理论所公认的。那么，没有人类劳动参与的构成旅游产品部分的自然旅游对象资源是否具有价值呢？当然，作为自然资源系统构成部分的自然旅游对象资源同样具有价值，这种价值首先取决于它的有用性，其价值的大小则取决于它的稀缺性和开发利用条件。同时，随着经济与人口的增长，污染物排放不断增加，资源不合理开发与生态环境的破坏日益严重。随着旅游业本身的迅速发展，许多旅游地旅游环境容量“过饱和”，这都造成了旅游地环境与旅游景观的污染、破坏，降低了旅游对象资源的价值，严重制约了旅游业的持续发展。树立正确的自然资源价值观，实行资源的有偿占有、使用制度，这对旅游环境保护与改善，对旅游对象资源的保护与更新，实现旅游业的持续发展，无疑具有重要意义。

2. 旅游产品的定价原则

（1）能反映旅游产品的价值。在市场经济条件下，价值规律的作用要求旅游产品的定价以价值为基础，要反映出价值量的高低，它和旅游产品的质量要求是一致的。旅游产品的质量主要表现在旅游对象资源的吸引力大小、旅游设施的完善程度和旅游服务水平的高低上。旅游者期望获得的是与价格相当的质量水平的旅游产品。以价值为基础确定的价格，只是旅游产品的基本价格，是旅游企业随市场环境变化而进行价格调整的依据。

（2）追求最大利润。旅游企业经营的最终目标是获取利润，而且是追求最大利润。旅游价格决定着旅游企业的获利水平。旅游价格对旅游企业的经营和发展是至关重要的，它不仅影响旅游企业的长期收益和资金回收，而且决定着企业短期的资金流动。但这并不意味着定高价,企业追求的应当是长期总利润的最大化。如果一味地追求短期最大利润,则可能因价高而失去客源,同时可能因价高利厚吸引竞争者接踵而至,最终失去扩大市场的机会。争取长期总利润的最大化是指企业的全部产品线的总利润最大化,这就要求企业全部产品线的各种旅游产品项目的价格总体最优,而不是每一种旅游产品都定高价。相反,旅游企业应当经常将少数几种产品的价格定得很低,吸引旅游者,以此带动其他旅游产品的销售,使其所经营的全部旅游产品总利润最大化。

(3) 市场条件及环境。在完全竞争的市场条件下,价格完全由产品的供求关系决定。在现代市场经济中,供求关系虽然不是价格的唯一决定因素,但价格在很大程度上取决于旅游供求关系的变化。旅游产品的供给在某种程度上来说是不易变动的,而在国际旅游市场中旅游需求的波动非常大,特别是需求弹性也大,旅游产品的供求矛盾运动共同作用于价格。对供不应求的旅游产品,如某条旅游热线,产品价格就会较高;而需求不足的旅游产品,价格则较低。

(4) 差别定价与旅游优惠价。旅游产品因购买者、地区、时间、质量等因素的差异,必然形成一定的旅游差价。

视频:旅游心理定价策略

旅游产品的销售,不完全是在生产者与消费者之间直接进行的,相当一部分是通过旅游中间商(以旅行社为主)进行的。而旅游中间商又有批发商与零售商之分,显然二者对旅游产品的定价应当是不同的。旅游饭店、航空公司、租车公司等旅游产品经营者对批量购买的旅行社和少量购买的散客定价也是不同的,对批量购买者会实行一定的数量折扣。同一旅游产品对不同的购买者定价可以不同,这是从旅游者潜在的需求特征和购买力的差异考虑的,如对国内旅游者和国外旅游者实行差别定价。

不同地区的旅游对象资源、旅游设施和服务水平,无论是在数量、质量还是特点上,都会有较大的差别,从而对旅游者产生不同的吸引力,导致了旅游需求上的差异,这种差异反映在旅游产品的价格上必然形成地区差别。

旅游活动随季节、节假日等时间因素的变化往往会出现淡季、旺季的波动,那么旅游产品的定价也应随之调整,以调节不同时间的旅游需求和提高企业效益。同类旅游产品的质量、价值不同,满足旅游者需求的程度就不同,因而应制定不同的价格,这和能反映旅游产品价值的定价原则要求是一致的。

旅游优惠价格是指在明码公布的旅游价格的基础上,给予旅游者一定比例的折扣或其他优惠条件的价格。旅游优惠价主要有 3 种:一是给予同行业者的优惠;二是根据旅游者购买数量的多少实行优惠;三是对老顾客和经常有业务往来的单位的优惠。旅游优惠价是旅游企业争取市场、应付竞争的有力手段,便于旅游企业和旅游者与客户保持长期良好的关系,这也是服务业市场营销取得成功的关键。旅游企业在经营过程中如果能恰当地运用旅游优惠价格这个营销工具,那么不仅能保持稳定的市场份额,稳定销售,而且能加强与客户的关系,获得有利于企业的口头宣传效果。

(5) 与产品、分销和促销策略相协调。旅游产品定价必然与产品组合策略、分销渠道的选择和促销手段的运用相协调、相配合,才能为实现企业经营目标服务。

此外,旅游价格还受竞争状况、不同国家的币值和汇率、一个国家的通货膨胀情况及一个国家或地区政府政策等因素的影响。旅游企业在进行价格决策时,需要全面考虑,以适当的产品价格参与市场竞争,最终达到企业的经营目标。

二、旅游产品的特性与整体旅游产品

（一）旅游产品的特性

1. 综合性

旅游产品的综合性表现为它是由多种多样的旅游对象资源与旅游设施和多种多样的旅游服务构成的，其中不仅包含了劳动产品，而且包含非劳动的自然创造物，既有物质成分，又有社会精神成分，是一种组合型产品。旅游产品的综合性是由旅游活动的性质与要求决定的。旅游是一种综合性的社会、经济、文化活动，其主体是旅游者，旅游者的需要是多方面的，不同旅游者的需求是有差异的。在市场经济条件下，旅游业者经营旅游产品，是为了通过满足旅游者的多种需要而获取利润，因此，旅游产品包含的内容必然十分广泛。

旅游产品的综合性决定了生产或提供旅游产品的部门与行业众多，除包括旅游业中各部门与行业外，还涉及不少旅游部门外的其他部门与行业。旅游业在促进了自身发展的同时，通过扩散效应带动了关联产业的发展，而且还促进了人类活动、生产要素的空间集聚，形成了一定规模的旅游中心，推动了城市化进程，扩展了人类经济社会活动的空间，带动了区域经济社会的发展。

2. 时间上的不可储存性

旅游产品被生产出来的另一个原因，是生产者希望凭此获得更多的交换价值。与一般产品不同的是，旅游产品的交换价值体现为时间的累积。也就是说，旅游产品不能像一般商品那样被有效地储存起来，以备将来出售。随着时间的流逝，旅游产品如果没有实现对应时间上的交换价值，那么此期间为生产该种旅游产品所付出的人力、财力、物力资源就是一种浪费，并且损失的价值永远也得不到补偿，因为机会已经丧失，折旧已经发生，人力已经闲置，资金已经占用。认识到这一点，对旅游企业的经营管理人员有非常重要的意义。

3. 所有权的不可转让性

旅游企业在出卖旅游产品时，转让的仅仅是旅游产品在一定时间内的使用权，而不是像销售一般消费品那样同时转让所有权。旅游者在购买这种使用权的同时，不仅不能将旅游产品的基本部分带走，而且要承诺在使用期间保持旅游产品物质和非物质构成的完好无损。旅游产品的这个特点，往往造成旅游产品促销和销售的困难，因为消费者对购买某个旅游产品可能怀有较高的风险预期。事实上，许多以服务为主体成分的产品在销售时都多少面临着这样的问题，所以，如何使顾客克服消极的心理预期，促进销售，是服务企业共同面临的一个营销难题。目前，在西方一些国家，很多服务企业开始推行“会员制度”，以此巩固顾客与企业的关系。

4. 生产和消费的同步性

由于服务活动的完成需要生产者和消费者双方参与，因此旅游产品一般都是在旅游者来到生产地点的时候，旅游产品才开始产生生产效果。例如，旅游者在购买旅行社的产品之后，旅行社会派出导游和司机为旅游者服务，从加入团队的那一刻起，旅游者就开始了旅游消费。再如，旅游饭店餐饮部的工作人员，在顾客进入餐厅的那一刻起就开始了饭店旅游产品的生产，这里面既包括无形的服务，也包括有形的菜肴等物质产品。当旅游者所购买的旅游产品的使用期限终结时，与旅游产品消费过程同步而且统一的生产过程也便结束了。这个特性使旅游产品与一般消费品表现出巨大的差异，也给旅游产品的开发与管理带来了严峻的考验。

（二）整体旅游产品

随着科学技术的进步和生产力水平的提高，买方市场出现并不断发展，人们的消费需求日益多样化，出现了基于满足消费者整体需要的所谓“整体的产品”概念，它包含 3 个层次，即形体产品、实质产品和延伸产品。旅游产品具有一般产品的共同属性，也应包含这 3 个层次。

1. 形体产品

形体产品是指企业向市场提供的产品实体或服务的外观。旅游产品的形体产品层次表现为其出现于市场时的面貌。

首先，旅游对象资源和旅游设施作为旅游吸引物总具有一定的形态、特征。例如，人们通常所说的“黄山奇、华山险、雁荡秀、青城幽”就是从各山的形态、特征加以描述的（见图6-1）。

图 6-1 华山苍龙岭

其次，以旅游对象资源和旅游设施为凭借提供给旅游者的服务，也具有一定的形态、特征和质量。例如，旅游从业人员的操作技能、衣着修饰、形态礼仪、语言表达、服务态度和精神风貌等。

此外，旅游产品是否需要品牌与包装？回答应该是肯定的。在消费者购买力日趋提高，旅游市场竞争日趋激烈的情况下，旅游企业为自己的旅游产品设计品牌，以区别于竞争者，实施名牌战略，对提高竞争能力与市场占有率已日显重要。不同旅游地和旅游企业的旅游产品总有各自的竞争优势与不足，因此，旅游产品的包装应是“掩瑕见玉”“趋利避害”的包装。说到底，这种包装应是旅游产品或旅游企业进入市场时的一种形象策划与实施。

2. 实质产品

实质产品是指通过形体产品提供给购买者的基本效用或利益。顾客购买某种产品并不是为了获得产品本身，而是为了得到形体产品提供的效用和利益，满足某种需要。形体产品不过是实质产品的实现形式，顾客购买产品不是因为它是什么，而是因为它有什么作用。因此，市场营销人员的根本任务在于向顾客推销产品的实际利益。

旅游者购买旅游产品是为了得到它所提供的“观赏和享用”的实际利益，满足自己“旅游感受”和“旅游经历”的需要。它应是旅游产品的促销重点，特别是在激烈的市场竞争中与竞争者的旅游产品相比较时，更应如此。

3. 延伸产品

延伸产品是指顾客在购买产品时所能获得的形体产品以外的利益，即顾客需要的产品的延伸部分与更广泛的服务，包括提供信贷、产品知识介绍、技术培训、安装、运输、维护、修理以及售前售后的服务保证等。现代市场上，产品日益繁多，购买者希望得到产品效用的可靠保证，这是消费者需要深入发展的客观要求。消费者的需要形成了一个系统，企业也应提供相应的系统销售。旅游产品也存在延伸产品层次，它应包括融资、旅游产品知识介绍、咨询和培训，旅游产品的宣传、报道、旅游地环境保护与维护，售前售后的服务保证等。

三、旅游营销

旅游营销由旅游者、产品、推销、价格这 4 个主要部分组成，它是一个国家或地区的旅游业或旅游企业为了使自己的产品获得市场和保持市场，并确保将自己的全部产品推向这些市场的全部活动。具体地讲，包括市场调研、产品设计与开发、推销宣传、销售、营销工作的检查与评价等一系列周期性活动内容，其核心是市场。市场营销观念作为一种有意识的经营实践活动，是在一定的经营思想指导下进行的。它是企业营销活动的一种导向、一种哲学。市场营销观念不是固定不变的，它在一定的经济基础上产生和形成，并随着社会经济的发展和市场形势的变化而发展变化。市场营销观念正确与否对景区、企业经营的成败兴衰具有决定性意义，对企业营销管理的成败关系也很大。近年来，随着整个社会经济技术水平的提高，全球经济一体化的趋势加强，许多国家传统上具有的战略优势，包括自然资源、规模经济、资金与技术等重大战略影响因素的差距正在逐步缩小，加上市场信息系统不断完善，市场运作规范不断建立，旅游企业在产品、价格、分销及促销等营销操作层面上的竞争加剧。面对激烈的竞争，现代旅游企业如何经受严峻的挑战呢？

（一）以区域内市场作为重点，重新寻找市场目标

旅游目标市场的选择，是旅游业发展的关键，是决定整个营销成败的核心。在现代旅游市场发展过程中，已经出现了市场细分化的趋势。区域旅游将成为世界旅游的主流，并且这种格局在短期内不会改变，各国旅游业都将区域旅游客源作为自己国家旅游市场开发的主要目标。纵观亚洲主要旅游接待地 20 世纪 90 年代的市场开发计划，一个突出的特点是，各国和地区不约而同地重新调整市场营销策略，把重点目标放在区域内市场。日本、新加坡、中国台湾、马来西亚、泰国分别互为目标市场，中国也被新加坡、马来西亚、韩国列为将来重点开发的市场，新加坡、韩国已相继在中国开设了旅游办事处。在选择目标市场上，各国和地区又进一步进行市场细分，各有侧重，新加坡、中国香港地区更注重商务旅游、会议、奖励旅游。马来西亚、印度尼西亚下力气开发生态旅游、探险旅游等。出于对市场形势、供给与需求趋势的再评估，泰国、中国香港地区已经着手重新塑造旅游形象。

【案例链接 6-1】

辽宁与内蒙古携手打造休闲度假旅游目的地

2022 年 7 月 14 日，辽宁省文化和旅游厅、内蒙古自治区文化和旅游厅在沈阳联合举办“内蒙古—辽宁文化旅游区域合作宣传推广活动”。活动旨在探索丰富地区间产品供给，创新合作方式，尽快形成双向流动的旅游客流，助力蒙辽两地旅游业尽快恢复实现高质量发展。

辽宁省文化和旅游厅相关负责人表示，按照国务院提出的“把东北建设成世界知名的生态休闲旅游目的地”要求，在后疫情时代，我们将立足扩大内需，促进区域合作，特别是进一步加强与内蒙古自治区文化和旅游部门合作。两省以此次为契机，开启‘草原与大海相约’的区域旅游合作新篇章，搭建起两地景区互动、旅行商互助、自驾游互联、优势资源互补、旅游线路共推的合作平台，为两省文化和旅游融合发展创造新机遇，为两地游客打造新的旅游目的地。

内蒙古自治区文化和旅游厅相关负责人表示，希望以本次旅游推介会为契机，进一步推进蒙辽两地加深了解、增进友谊，在旅游线路开发、旅游市场开拓、区域旅游协作等方面加强合作与交流，为两地人民追求美好生活创造良好环境，提供更多产品和服务。

活动中，辽宁省文化和旅游厅与内蒙古自治区文化和旅游厅进行合作签约，呼伦贝尔市文旅局与沈阳市文旅局、兴安盟文旅局与大连市文旅局、通辽市文旅局与锦州市文旅局、满洲里市文旅局与鞍山市文旅局也分别进行了合作签约。

（资料来源：文化与旅游部官网）

（二）以新产品开发为营销先导，设计差异化产品

随着产品在市场营销中的实际作用日益突出，越来越多的目的地旅游主管部门将注意力转向旅游产品的开发与促销。企业要想在旅游市场上争得一席之地，只靠以前单一的以游为主的产品设计是不够的，旅游企业要同时生产许多产品以形成自己丰富的产品体系，满足不同阶层的人的不同需求。因此，优化产品组合，设计特色产品成为现代旅游营销者要予以重视的决策。旅游产品可以有很多创新的模式，例如“旅游+培训”“旅游+修学”“旅游+爱情”“旅游+研讨”“旅游+探险”等。

当然，在产品设计上也不能胡乱组合，要考虑旅游消费者的需求、旅游企业的生产能力、旅游企业的目标市场、竞争企业的状况等因素。同时，要注意产品组合的广度、深度和关联度，并在产品投向市场时进行追踪反馈，根据产品销售率、市场占有率、企业利润率 3 个指标不断地对产品进行修正和改进。

旅游产品没有特色在于没有进入门槛，不能申请专利保护。任何新线路，不管多么有特色、有创意，只要一投向市场，马上就会有人以更便宜的价格跟进、模仿，甚至连广告都一字不漏地照搬了，这对旅游营销者来说确实是一个令人头疼的问题。因此，针对特定的消费人群设计出差异化的旅游产品，抢先制定游戏规则，并利用规模、资源、契约、企业实力等优势使别人无法模仿，这种营销战略应成为一种行之有效的营销方式。

（三）扩大促销主体和资金来源，加大促销力度

要特别加大国内外一级市场的促销力度，在市场促销中传播旅游目的地形象。建立

评估各种促销方式的内部机制，及时调整促销方式。随着国际旅游市场竞争的日趋激烈，各国旅游界都加大了促销力度。例如，澳大利亚旅游委员会的促销经费在20世纪90年代翻了三番。从年投入3 000万澳元增长到1亿澳元。随着促销经费的增加，这些旅游目的地的促销规模、覆盖范围均相应加大，在国际旅游市场上越来越活跃。

当然，促销资金是促销工作中最大的问题。由政府出面进行促销以及由政府提供促销经费是一般旅游城市都会采用的方式，这种类型的促销一般比较稳定。政府定期到某些目的地进行促销，其促销的资金来源也比较稳定，因此这类促销属于常规型的促销。其优点在于，政府促销的重点明确，长期对重点景区和城市的形象进行促销，效果比较显著，且由于促销资金稳定，有利于形成长期效应。但通常政府主导型的促销由于资金限制，对新景点和新线路的宣传不足。

联合促销包括企业与政府的联合、企业之间的联合以及当地政府与外地政府的联合。企业运作的促销方式一般较政府主导型的促销要灵活，形式也更多样，但企业资金有限，难以进行大规模的促销。企业与政府联合的方式，可以采用政府提出要求，提供资金，由企业进行具体操作。企业之间的联合可以是旅行社与酒店、景区的联合，宣传某条线路，或者是酒店之间联合进行接待会议旅游的宣传等。企业联合的目的在于增大促销的规模，节约促销的成本。

（四）采取高新技术进行市场营销

几十年来，国际航空、旅游、饭店业市场销售历经了几次大的变革：第一次是1978年美国推出航空价格管制取消法案；第二次是计算机预订系统的兴起与普及；第三次是旅行社结账法的实行。目前，世界范围的航空和酒店计算机网络预订系统建设方兴未艾。几年前亚太地区几乎无人通过国际互联网进行营销，而今天国际互联网正成为传播信息和营销的主要手段。计算机网络预订方式的革命使旅游中间商首先感到生存危机。据统计，在接受调查的美国经常性出国观光者中，使用互联网服务的占32%，商务旅行者使用网络的占52%。亚洲的一些航空公司，如泰国、马来西亚的航空公司已经建立电子售票系统。在由手工操作到计算机操作的升级过程中，所有的旅游企业都有一个适应的亲身体验过程。当然，新技术的完善将迫使旅游企业改变其传统的经营方式来求得生存。

当前，区域性发展的竞争性日趋激烈，在经济方面主要体现为对人流、物流、资金、企业、人才的竞争。如何使一个城市、区域的知名度更大，吸引更多的人前来本地消费，以带旺人气是一个关键问题。实现这个目标，旅游营销是一个区域或城市很重要的手段之一。同时，旅游者的需求始终决定市场的变化，因此必须树立以满足顾客需求为中心的营销观念，要研究需求，顺应需求，满足需求。要在质和量的方面把握旅游者需求的重点。要做到这一点应该采取的战略对策主要有以下几方面。

1. 搞好市场调研

(1) 形成在主要客源市场做抽样调查的系统工程。调研工作是市场营销工作的基石，对制定营销战略影响极大。各地区都应该经常（至少每年一次）对到本地区的入境旅游者进行全面的调查。同时还应该到主要客源国，对未到过旅游目的地的居民进行调查，了解他们想来或不想来的原因，他们通过什么渠道了解旅游目的地，影响他们选择旅游目的地的因素是哪些，等等，以便有针对性地制定市场开发战略。每年选择一个或两个重点市场进行调查，争取在一定的时期内覆盖主要市场。然后，依次再对各主要市场做抽样调查，并再次提出相应的市场开发建议。如此这样每隔一段时间重复循环，形成系统工程。

（2）加强对细分市场的调研。要对客源市场进一步细分，这样有助于企业经营者分析和选准目标市场。通过对细分市场的调查研究，找出每个细分市场的特点，以此来指导经营者组织生产专项旅游产品。如表6-2所示为桂林旅游促销中的市场细分与定位的现状和问题。

表6-2 桂林旅游促销中的市场细分与定位的现状和问题

旅游者市场	潜力	现阶段的情况	对现阶段的评估
日本、韩国及中国港澳台	一级目标市场	间断性的人员促销活动；计算机网络促销（日文）；电视、广播、报纸、杂志	日本、韩国的上网率低；韩国人的英文水平低影响计算机网络促销；电视、广播、报纸的促销针对性不明确，只是一般性地提高知名度和美誉度；没有长驻机构（港澳台）；近期内应加强促销
东南亚、西欧、北美市场	二级目标市场	偶发的人员促销活动；计算机网络促销（英文）	东南亚国家人员的英文水平低影响计算机网络促销； 西欧、北美市场人员的上网率高，但网上信息量小，实用性例如交通、预订功能差
其他海外市场	机会市场	间断性的人员促销活动；计算机网络促销	无针对性，效果差
广西本区及广东	一级目标市场	计算机网络促销；电视、广播、报纸、杂志促销；人员促销	与旅游者的重要性相比，促销的相对规模过小；针对性不够；应该加强人员促销力度
湖南、湖北、长江三角洲及北京	二级目标市场	计算机网络促销；电视、广播、报纸、杂志	针对性地促销差
一级市场、二级市场以外的其他地区	机会市场	间断性的人员促销活动	针对性地促销差

（3）注意新市场的调研。新市场是否会持续发展，能不能把它作为重点市场，怎样去满足它，这些都要进行调查，并提出调研报告。

（4）建立信息资料库。要将各主要客源国出境市场、主要竞争国市场及营销战略的数据、资料输入计算机，并与相关的部门、企业联网，做到信息共享，形成可随时更新、随时查阅并有可比性的系统。

2. 新产品开发

产品战略是未来旅游市场营销战略的重点，产品开发应该遵循适合世界旅游需求发展的原则，始终指向世界旅游市场的主体。具体策略如下。

（1）提高现有观光旅游产品的档次，加速观光旅游产品的更新。例如，在我国相当长的一段时间里，文化观光型旅游仍是来华旅游者的主体，这是我们永久的优势所在，但是不能在低水平上重复开发，要对老产品进行重新包装、完善和优化。第一，要尽快更新传统产品，对传统线路不断地增加新的内容，在观光产品中开发出具有深刻文化内涵的内容，并有一定的参与性活动。第二，不断地推出新的有吸引力的新线路。要不断地开发新景点、新活动。第三，不断地改进已具有一定的接待能力的线路的综合条件，尽快对确有吸引力但综合接待能力尚不完善的线路进行再完善。第四，积极开发度假、娱乐等对回头客有吸引力的项目。

（2）积极开拓主题旅游产品。如果把旅游产品局限在单一型观光旅游产品的范畴，会造成市场风险大，市场层面狭窄。因此，必须开发出丰富多彩的旅游产品，建立复合式、多重式产品结构。开发主题旅游产品是改变中国旅游总体结构，扩大来华客源的一个重要途径。例如，热带风光摄影旅游、特种动植物考察旅游、民族节日旅游、少数民族服饰考察旅游等，并且还应在会议、奖励、健身疗养、汽车、生态、滑雪旅游等方面下功夫。

（3）迅速推出散客产品，加速形成成熟的散客市场。近年来，各国的散客增长已超过团队占据主导地位，散客增多是大势所趋。大力发展散客业务并逐步实现产品标准化、办公自动化、全国网络化、预订国际化，只有这样才能适应日益增长的散客市场的需要。

散客产品有别于团体产品。团体购买组合完整的旅游产品；而散客则是分散购买产品的个别项目，再加以随意组合。因此，旅游企业应努力设计多种旅游产品供旅游者选择，在产品结构上，可以采取零星委托式、自选式、组合式、定制式等多种模式，由散客按其所需自由组合。例如，黑龙江的冰雪旅游可以开发出不同的专题旅游，如以冰灯游园会为中心，推出以冰雪艺术、冰雪娱乐、冰雪文化、冰雪体育、冰雪经贸为内容的哈尔滨冰雪节，旅游者可以不受团队旅游集合时间的限制，时间充裕，充分领略冰雪旅游的魅力（见图 6-2）。以冰雪为专题也可以组织镜泊湖、桃山、亚布力等地各具特色的冰雪旅游项目。镜泊湖的冰瀑与桃山、亚布力的高山滑雪场具有不同于平地人工冰景的意韵，可以丰富冰雪旅游的内容，使旅游者有充分的选择余地。

图 6-2　哈尔滨冰雪节

传统的全包价旅游形式,随着旅游市场的开放和发展,已受到日益严峻的挑战。例如,我国全包价旅游的直观报价高于海外旅游商普遍实行的半包价旅游的报价,给海外旅游者以中国旅游高价位的错觉,从而影响了海外客源市场的开拓。散客旅游的支付方式是“现付现享,零付零享”,对价格变化的敏感度也高于团体。因此,散客市场的开发在价格策略上主要应发挥好价格杠杆的良性调节作用,采用灵活的定价方式。此外,一些过去只对团队的价格策略也可以经过改造而移植到散客市场上来。① 区别不同时间实行差价。如对散客,旅游淡季、旺季实行浮动价,淡季客房优惠,连续住宿越多,价格越优惠。景点门票周末价高于平时等。② 区别不同空间实行差价。如旅游热点、温点、冷点实行不同的定价。③ 小包价团。主要是指旅游者预付部分费用,由组团社提供四项基本服务和选择性游览项目。四项基本服务是指接送、订房、早餐和交通票,选择性游览项目分一日游、半日游等。选择性项目单列,不计入综合包价中,旅游者可以根据需要自行处理。④ 一地成团。主要是指旅游者可以根据组团社提供的路线和游览项目,按指定的地点和日期,汇集成团队进行旅游,汇集前费用则由旅游者自理。⑤ 零星委托。主要是指提供给个人旅游者的单项服务,如代订客房、交通票、文娱节目、接送等。

3. 销售渠道

营销渠道的正确选择,也是营销战略的一个重要环节。

(1) 开辟新的销售渠道。营销渠道不要太单一,要多种渠道并用,特别是要加强与一些专业团体的联系,开展一些适合其需要的旅游活动才能广招客源。例如,一些文化交流组织、宗教团体、同乡会、大集团公司及各种特殊兴趣爱好者俱乐部,都可能成为客源。

(2) 发展专业旅行社。专业旅行社由于有行业背景,有自己的专项产品,如农业部门、文化部门、体育部门、外事部门、教育部门及一些总公司都有国际旅行社。可以利用各专业旅行社的优势开展与自己的行业有关的特色旅游。如教育部门下属的旅行社可以开展“教育修学游”。

(3) 积极采用先进的技术手段促销。随着越来越多的人通过互联网预订酒店、机票、购物等,必将对旅游企业的业务产生重大影响,网络预订方式的革命使旅行商首先感到生存危机。所以,旅游行业必须提早做好准备,迎接现代技术对旅游营销所带来的挑战,如果不能适时地改变传统的销售手段和操作方式,那么被市场所淘汰将是不可避免的。

4. 促销

(1) 广告促销。广告促销活动首要的任务是根据本企业旅游产品对旅游消费者的特殊优势,确定在市场竞争中的方位、地位,并依此设计广告内容。它建立在对旅游产品和旅游消费者两个方面分析研究的基础上。通过突出旅游产品的特点和优点,使目标顾客产生稳固的印象,刺激需求,促使旅游消费者购买或反复购买。而对旅游产品特点和优点的确立,又要建立在了解旅游消费者的基础上。因此,广告定位可分为针对旅游产品的定位和针对旅游消费者的定位两种类型。针对旅游产品的广告定位要求在广告中突出宣传旅游产品的特色和给旅游者带来的利益。较常用的方式有:①功效定位。即在广告中突出宣传旅游产品的特殊价值、特异功能。②品质定位。即在广告中突出宣传旅游产品的优良质量、良好服务。③价格定位。即企业旅游产品在质量、性能、用途等方面与竞争者相近时，广告中突出强调价廉的特点。④档次定位。即在广告中宣传旅游产品属于高档、中档、低档产品的哪个类型。针对旅游消费者的广告定位是在旅游企业进行市场细分和选定目标市场的基础上，在广告中宣传某旅游产品是为什么人生产的，购买该旅游产品的是哪一类旅游者等。

广告是通过传播媒体向潜在旅游者传递有关信息的，作为现代商务活动不可或缺的促销手段，其策划主要是选择广告媒体。

第一类广告媒体主要包括电视、广播、报纸、杂志4种。由于广告费用普遍昂贵，因此在规划期内不提倡大规模广告宣传，而应多采取专题报道、专题片（文章）的形式。后者费用较低，而且信息量远大于前者（缺陷在于冲击力不强）。

第二类广告媒介主要包括招贴画、手册等宣传资料。可以通过与主要目标市场相关的飞机、火车、轮船等交通工具，星级宾馆、饭店发送宣传资料。也可以向主要目标市场的居民直接发送宣传资料等。这类广告媒介的优势在于成本低，覆盖面广，但不足之处是不够直观，仅凭书面的文字和照片不足以引起顾客的注意力，很难产生诱导、培养和创造新的消费要求的作用。

可供旅游企业选用的广告媒体很多。不同的广告媒体有不同的适用范围和优缺点，其影响范围、程度和效果各异，而企业又受经济条件、目标市场等制约，因此，正确选择广告媒体是保证广告成功的重要条件。企业选择广告媒体的基本原则是广、快、准、廉。根据旅游产品和旅游需求的特点，旅游企业选择的广告媒体以电视、报纸为主，以其他媒体为辅。根据旅游者目标市场的地域分布，所选媒体的传播范围应与其一致。根据媒体的影响程度、企业促销目标与广告费用预算，确定国家还是地方的不同级别的具体媒体。

（2）营业推广。营业推广主要是通过人员促销来实现的。人员促销是指旅游组织或企业派出人员直接与旅游者（包括现实的旅游者和潜在的旅游者）和旅游中间商接触、洽谈，或者把有关人士请进来宣传介绍旅游产品，以达到促进销售目的的活动，人员促销中商业联系是重点。人员促销成本高，目的性不强；人员促销受经费制约，促销活动不连续，信息的及时性差影响促销效果；缺少对人员促销方式的评估。尽管如此，作为直接与顾客交流的方式，也是一种较有成效的促销手段。

针对旅游消费者的营业推广方式主要有：① 向旅游消费者散发旅游宣传品。② 赠品销售，即通过向旅游者赠送能够传递企业及其旅游产品信息的小物品，如印有企业名称、地址、电话号码、企业口号、景点等的日历、招贴画、打火机、小毛巾、纪念卡、纪念币、小玩具等，以刺激旅游者的购买欲望。③ 有奖销售。即旅游者购买旅游产品后发给一定量的兑奖券，销售金额达到一定的数量时，公开抽奖，或购买一定货币量的旅游产品后，当场摸奖。④ 价格折扣。即对一次性购买旅游产品达到一定量的旅游者实行价格折扣。如某旅游地有许多旅游景点，若旅游者全部游览，可购买通票，在各景点门票标价的基础上给予一定比例的折扣。若选择性游览，则应按门票标价购买。另外，对与企业业务关系密切的长期顾客和不经旅游中间商的团体旅游者，也可实行价格折扣。⑤ 展销。即旅游企业联合或单独举办展销会，向旅游者宣传企业及其产品，增加销售机会。⑥ 服务促销。即根据整体旅游产品概念，向旅游者提供系统销售。

(五)绿色营销、健康理念与旅游业可持续发展相结合

随着生活水平及自身素质的双重提高,人们已不再满足于消费传统意义上的商品及服务,要求消费健康化、自然化,“绿色产品”更是成为人们的新宠。绿色旅游是近年来国际休闲旅游新的发展趋势,要求旅游营销应特别重视“绿色”概念,同时在营销策略上注重“绿色情怀”,重视“绿色包装”,提供“绿色服务”,做到天人合一,健康营销。为了实现旅游业的可持续发展,旅游企业和政府旅游机构在开展旅游活动的同时,必须不断改善旅游环境质量,树立环保观念,开展绿色营销,把企业、政府、旅游者和环境等方面的利益协调起来,实现旅游业持续发展。进行绿色营销,企业的出发点不仅仅是市场的消费需求,同时也将满足这种需求可能造成的环境后果作为企业营销的出发点,营销的重点是企业、市场与环境之间的关系,以达到企业利益、社会利益与环境利益的一致。

【案例链接 6-2】

2019 年海南旅游走进柏林精准促销

为进一步提高海南国际旅游岛的国际知名度和美誉度,深度展示海南丰富的旅游产品和相关政策,加强国际旅游交流合作,2019 年 3 月 6 日至 7 日,由省旅游和文化广电体育厅组织的海南旅游促销团赴德国参加 2019 年柏林国际旅游交易会(ITB)。

ITB 是全球规模最大的国际型旅游展会。今年海南·三亚馆设计突出展现热带海洋风光、黎苗风情、原味美食等旅游元素,向嘉宾们展示“阳光海南,度假天堂”的海南旅游形象。

展会中,开放、便捷的海南 59 国人员入境免签政策对来宾产生巨大的吸引力。德国游客对海南的旅游资源充满期待,但目前海南和德国之间缺乏直飞航线,交通的不便很大程度限制了德国市场客源入境海南旅游。为此,参展期间,省旅文厅组织旅行商、酒店、景区代表与欧洲重点旅行商、航空公司进行一对一洽谈,为海南德国直飞航线的开拓做足准备。

借展会契机,在省旅文厅的指导下,海口和三亚旅游部门还分别举办了海南海口(柏林)旅游座谈会、海南三亚旅游柏林专场推介会。两地嘉宾就海南与德国如何开展航空、旅游、文化等合作进行了深入交流,达成一系列资源共享、互利共赢的共识。今年,三亚将继续与德国途易集团合作,通过途易的国际营销资源和渠道优势,在欧洲市场提升三亚作为国际旅游目的地的影响力。

此次赴德宣传推广活动是省旅文厅开拓欧洲旅游市场、加强海南旅游品牌海外输出的重要一步,对提升海南国际旅游岛国际化知名度,提高海口、三亚参与国际旅游市场的竞争力具有重要意义。下一步,我省将不断开展类型更多样、内容更为丰富、辐射范围更为广泛的海外推介与传播活动,推动海南入境旅游更进一步发展。

(资料来源:海南日报,2019 年 3 月 9 日)

本章小结

本章阐述了旅游市场的概念以及对旅游市场进行划分的原因、意义和常用的划分标准，揭示了全球国际旅游客源和客流的地区分布格局、流动规律以及我国旅游业海外客源市场状况。当然，旅游市场本身就是一门独立的课程，旅游市场学是旅游学与市场学的交叉学科。而旅游市场营销作为为了满足人们的旅游需求和欲望而进行的潜在交换活动是研究旅游市场不可缺少的内容，本章对这些内容进行了一定程度的阐释。

同步练习

一、填空题

1. 所谓旅游市场细分是指____。

2. 旅游产品具有一般产品的共同属性，包含三个层次，即________、________和________。

二、单项选择题

1. (　　)不但是世界上国际旅游的中心接待地区，而且是最重要的国际旅游客源地。

A. 欧洲　　B. 美洲

C. 南亚　　D. 东亚及太平洋地区

2. 我国旅游业的第一国际客源国是(　　)。

A. 美国　　B. 韩国

C. 日本　　D. 缅甸

三、多项选择题

1. 一般来讲，旅游市场细分的意义主要表现在(　　　　)。

A. 有助于选定目标市场　　B. 有助于设计旅游产品

C. 有利于有针对性地开展促销　　D. 有助于提高市场占有率

2. 旅游产品定价原则主要有(　　　　)。

A. 能反映旅游产品的价值　　B. 追求最大利润

C. 市场条件及环境　　D. 与产品策略、分销策略和促销策略相协调

四、简述题

1. 为什么要对旅游市场进行细分？其意义何在？
2. 简述划分旅游市场的常用标准。
3. 简述全球国际旅游客流的基本规律。
4. 在全球国际旅游人次总量中，近距离的国际旅游为什么会占较大比重？
5. 简述我国旅游业海外客源市场的基本现状。
6. 旅游产品有何特性？旅游产品定价要注意哪些方面的问题？
7. 旅游企业面对激烈的市场竞争，该如何应对？

实训项目

“焦作现象”的思考

过去的焦作市因煤而立，因煤而兴。外界对焦作的印象大多以“煤城”定位，滞后的城市建设以及人们潜意识中由“煤城”联想到的是脏、乱、差，在很大程度上影响着焦作的对外形象和开发步伐。

自 2000 年起，在短短的 4 年多的时间里，焦作市以鲜为人知、丰富独特的旅游资源为依托，大力

发展旅游业，不仅创造了惊人的发展速度，并且赢得了可喜的发展业绩。从景区“创 A”到城市“创优”，再到申报云台山世界地质公园，一步一个脚印，一步一个台阶，从而最终实现了由“煤城”到“优秀旅游城市”，由“黑色印象”到“绿色主题”的成功转型。焦作的成功在业界称为“焦作现象”。

有人说焦作旅游业之所以能创造奇迹，是因为它有一个世界地质公园——云台山。那么，你认为这种说法对吗？为什么？

第七章　旅游对经济、社会文化和环境的影响

学习目标

知识目标

- 全面认识旅游业在国民经济中的地位和作用。
- 理解旅游对目的地经济的积极影响和消极影响。
- 认识旅游活动对目的地的社会文化的影响。
- 了解旅游和目的地环境之间的相互作用。

能力目标

- 能解释旅游业经济作用的表现。
- 能说明旅游业社会影响的表现。
- 能解释旅游业文化影响的表现。

第七章素养目标

【关键概念】

旅游目的地经济　旅游目的地文化
旅游目的地环境　旅游出口创汇
可持续发展　可持续旅游

思维导图

旅游对经济、社会文化和环境的影响
- 第一节　旅游业对经济的影响
  - 一、旅游业对国民经济的积极作用
  - 二、旅游业对国民经济的消极作用
  - 三、全面认识旅游业在国民经济中的地位
  - 四、旅游业经济影响的衡量
- 第二节　旅游业对社会文化的影响
  - 一、旅游对社会文化的积极影响
  - 二、旅游对社会文化的消极影响
  - 三、文化、文明与旅游现象
- 第三节　旅游业对环境的影响
  - 一、旅游对环境的积极影响
  - 二、旅游对环境的消极影响

旅游业是经济社会文化发展到一定历史阶段的产物，旅游业的发展反过来对经济、社会和文化以及环境产生较大的影响。这些影响既有积极的一面，也有消极的一面。我们要发挥旅游业对于经济、社会、文化以及环境的积极作用，努力克服可能带来的消极影响。

第一节　旅游业对经济的影响

旅游既是一种社会文化现象，又是一种社会经济现象，各种类型的旅游活动几乎都伴有消费行为的发生。来访旅游者在旅游目的地的消费行为不仅为当地的旅游企业提供了直接的商业机会，而且通过其继发效应对当地经济中的其他方面产生直接或间接的影响，当然对旅游客源地的经济也会产生不同程度的影响。全面考察旅游与社会经济的关系，提高对旅游活动的认识，将对旅游业的快速健康发展起到积极推动作用。

第二次世界大战以后，随着国际和平环境的来临、世界经济的日益繁荣和国际交往的不断扩大，作为第三产业的国际旅游业迅猛发展。根据世界旅游业理事会发表的年度报告，自 1992 年起，世界国际国内旅游收入超过了石油、汽车工业等产业而成为世界规模最大的产业之一，不论从它的总收入、就业、增值、投资还是纳税等方面，旅游业的发展为世界和各国经济的发展都作出了重大的贡献。

一、旅游业在国民经济中的积极作用

（一）对经济拉动作用十分突出

旅游业资源消耗低、关联产业多、带动作用大。从我国旅游业的发展过程看，其对经济的拉动作用十分突出。

1. 拉动了经济增长

2017 年，旅游业综合贡献 8.77 万亿元，对国民经济的综合贡献达 11.04%，旅游总收入 5.4 万亿元，期中，国内旅游收入为 4.57 万亿元。2018 年，国内旅游人数达 55.4 亿人次，收入 5.13 万亿元，同比分别增长 10.76% 和 12.3%；入境旅游人数预达 1.4 亿人次，收入约 1 270 亿美元，同比分别增长 0.5% 和 3%。中国公民出境旅游人数达1.48 亿人次，同比增长 13.5%；实现旅游总收入 5.99 万亿元，同比增长 10.9%。2018 年，国民旅游消费需求旺盛，全域旅游聚焦美好生活，旅游与文化、创意、科技的融合创新备受关注，品质提升与绩效改善趋势愈发显现。国内旅游增长稳定，入境旅游市场稳中有降，出境旅游市场平稳发展。

2. 促进了社会消费

旅游业对社会效益、生态效益的综合带动作用十分明显：一是促进了社会就业。2017 年，旅游直接就业 2 825 万人，旅游直接和间接就业 8 000 多万人；二是促进了社会主义新农村建设和城乡统筹发展。2017 年，全国乡村旅游 25 亿人次，旅游消费规

模超过 1.4 万亿元。近三年，推出 280 个全国旅游扶贫示范项目，累计培训 3 450 名村干部、旅游带头人。

3. 促进了先进文化传播

旅游业发展促进了中华传统文化的保护和传承，一些地方开展的红色旅游已经成为国民接受爱国主义教育和革命传统教育的大课堂。近三年，全国红色旅游接待游客累计 34.78 亿人次，综合收入达 9 295 亿元。

4. 促进了生态文明建设

旅游增强了人民群众生态保护意识，生态旅游、低碳旅游正在成为旅游消费者的自觉行为。一些荒山、荒地、荒坡、沙漠、盐碱地、资源枯竭矿山等通过发展旅游业得到综合利用。截至 2017 年年底，全国共建成旅游厕所 7 万座，超额完成“厕所革命计划”。

5. 为外交作出了贡献

作为我国与世界各国交流的重要桥梁和纽带，增进了中国人民与世界各国人民的相互了解，促进了我国与其他国家的政治互信和经济共赢。经过多年发展，我国旅游业的总体规模已经不小，关键是优化结构、提高效益、节约资源、保护环境，要走质量型、效益型的旅游发展之路。

（二）增加外汇，平衡国际收支

旅游的这项功能是针对发展国际旅游产业，接待国际入境旅游而言的。一个国家拥有外汇的多少，标志着这个国家经济实力的大小和国际支付能力的强弱。接待国际入境旅游可以增加一个国家的外汇收入。外汇就是国际用于经济结算的支付手段，包括外币和以外币表示的支票、汇票、有价证券等票据。一个国家获得外汇收入主要有两条途径：一是对外贸易的外汇收入；二是非贸易的外汇收入。前者是指物质商品出口所带来的外汇收入，后者则指国际间有关保险、运输、旅游、利息、居民汇款、外交人员费用等方面带来的外汇收入。用接待国际入境旅游的方法增加外汇收入即旅游创汇属于非贸易创汇。从创汇意义上说，接待国际入境旅游与向国外出口商品是一样的，因此接待国际入境旅游也是一种出口，通常称为旅游出口。和传统的商品出口有所不同的是，旅游出口创汇不发生旅游产品的位移，旅游者与支付款项的流动方向相同，而传统的商品出口与支付款项的流动方向却是相反的，如图 7-1 所示。

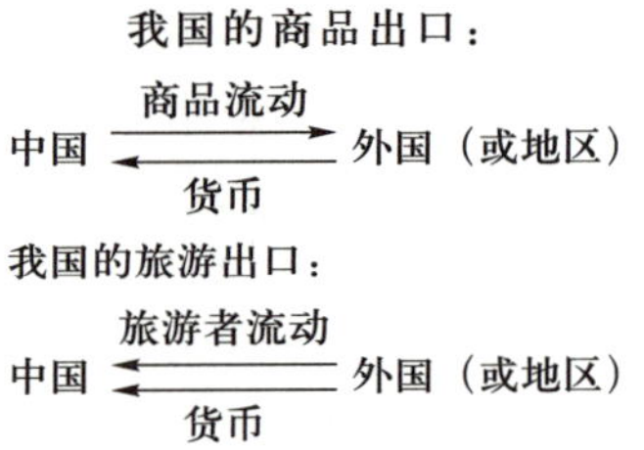

我国的商品出口：

商品流动
中国 ⇄ 外国（或地区）
货币

我国的旅游出口：

旅游者流动
中国 ⇇ 外国（或地区）
货币

图 7-1　我国的商品出口与旅游出口

像中国这类发展中国家进行现代化建设需要大量外汇，在国内物质产品并不充裕的情况下，仅靠压缩国内市场需求出口换汇有局限性，而发展旅游业在很大程度上是出口风景、出口劳务、出口商品，不必挤占国内紧缺物质而创汇，并且旅游业具有创汇能力强、换汇成本低、耗能少的特点。与传统的商品出口相比，旅游创汇具有如下优势。

1. 旅游出口是一种无形贸易,国际上称为“无烟工业”

旅游业提供的是无形的服务产品,不必付出很多物质产品,而且旅游出口可以省掉商品外贸过程中所必不可少的运输费用、仓储费用、保险费用、有关税金等项开支以及与外贸进出口有关的各种繁杂的手续,只要旅游者来到旅游产品的生产地点进行消费,不需消耗很多能源即可创汇,可以使资金迅速周转、增值,符合像中国这样的发展中国家的经济增长方式。根据国家统计局数据显示,2018 年中国国际旅游外汇收入达 1 271 亿美元。此外,省去诸多环节的旅游换汇的成本明显低于贸易出口的换汇成本,一般仅为贸易换汇成本的 2/3 左右。以我国的情况为例,虽然国家公布的外汇牌价是 1 美元兑换 7.028 元人民币(2019 年 11 月 28 日),但实际上在我国的外贸出口中,往往需要高于 7.028 元人民币的商品价值才可换回 1 美元。而国际旅游者在我国旅游时,其外币则需完全按照我国公布的外汇牌价兑换成人民币。因此,与传统的出口换汇的情况相比,旅游产品换汇率较高,换汇也要合算得多。

2. 创汇便利,资金回笼速度快,风险较小

旅游产品除了不必包装、保险和储运外,也不必长期等候对方付款和办理繁杂的进出口。在旅游出口中,买方(旅游者)往往要采用预付或现付的方式结算,因此卖方即接待国能立即得到外汇,不像外贸商品出口从发货到结算支付往往要间隔很长时间。显然外汇结算支付时间的长短,不仅有利息差额的问题,而且也会影响所得外汇的使用效益。

3. 就地创汇,不受对方国家或地区贸易保护的限制,也免受进口国关税壁垒的影响

在传统商品进口中,进口国往往会对进口商品实行配额限制,超过这一数额,便会提高进口商品的关税。此外,在对进口商品没有配额限制的情况下,为了控制商品进口量,进口国也会以调高进口关税为常用手段。这就是所谓的关税壁垒。关税壁垒是最古老的贸易壁垒,却也是最直接的限制工具,有的国家限制进口保护国内产业都会采用这一措施。而在旅游产品出口方面,通常不存在客源国实行类似的关税壁垒的问题。

世界上一些旅游发达的国家和地区,利用旅游的外汇收入来弥补贸易逆差,平衡国际收支,收到了良好的效果。国际收支是指一个国家或地区在一定的时期(通常为一年)与其他国家或地区经济往来的全部收支。在国际经济往来中,收入大于支出时,国际收支差额表现为顺差或剩余。反之,国际收支差额则出现逆差或赤字。造成国际收支失衡的原因是多种多样的,像中国这类发展中国家,一方面由于经济技术发展滞后,物质商品出口量有限;另一方面为了发展经济又必须进口先进的技术和设备,国际收支出现赤字是难免的。因此,发展旅游创汇,弥补贸易逆差,平衡国际收支,对于发展中国家更有意义。以我国为例,根据国家外汇管理局发布的《2006 上半年中国国际收支报告》,旅游服务贸易在所有服务贸易的进出口总额、出口额以及进出口差额 3 项中都位列第一,分别为 261.73 亿美元、146.83 亿美元和 31.39亿美元。旅游服务贸易是我国服务贸易中发展规模最大、出口规模最大、服务贸易出超最多的项目。而到了 2018 年,我国旅游业发展势头良好,三大市场保持稳

定增长，其中全年共接待入境游客入境旅游人数预计达 1.4 亿人次，收入约 1 270 亿美元，同比分别增长 0.5%和 3%。这笔巨额外汇对避免贸易逆差、平衡国际收支的作用是举足轻重的。

（三）回笼货币，促使良性循环

这项功能是就发展国内旅游产业来说的。为了使经济社会正常运行，社会上流通的货币量必须与流通的商品量协调一致。因为在商品投放量增加不大的情况下，如果市场上流通的货币量过大，超过市场上商品价格的总和时，就会出现通货膨胀，产生货币贬值，引起社会问题。人们手中货币量的增加，意味着其购买力的扩大。当人们的购买力过大时，就势必对市场造成压力，致使物价不稳，扰乱市场秩序，即使人们将积蓄的钱存入银行而暂时不投入市场，由于这些钱可以自由存取，仍会对市场构成一种潜在的威胁。如果有效的商品供给不能增加，则这种存款的数量越大，其潜在的威胁也越严重。所以，国家投放货币后，都要设法将其回笼，有计划地投放和回笼货币是一个国家或地区经济社会正常运行的前提。回笼货币的途径有多种，比如财政回笼，即通过征税回笼货币；信用回笼，即通过吸收存款、收回贷款、发放国债等回笼货币；商务回笼，即销售商品回笼货币；服务回笼，即服务收费回笼货币。其中，以服务收费回笼货币最为有益。发展旅游产业，刺激旅游消费，就属于服务收费回笼货币。在商品投放能力有限，难以满足市场需求的情况下，发展国内旅游产业，转移人们的购买趋向，鼓励消费旅游产品，既可加速货币回笼，稳定货币流通量和商品供应量之间的比例，又能减轻市场压力，稳定物价，更能为国家建设积累资金。

（四）增加就业，保障社会稳定

就业是民生之本，在扩大就业的功能上，旅游对国民经济的贡献要超出其他的很多行业，也超出了旅游对国内生产总值的贡献。旅游产业可为劳动者提供更多的就业机会，这主要是因为以下几方面。

1. 能提供大量的直接就业机会

旅游业属于劳动密集型的产业，在旅游接待工作中，许多工作需靠员工手工操作，且需要直接面对旅游者提供富有人情味儿的服务，因此需要大量的劳动力。以饭店业为例，在低工资成本地区，如在亚洲和非洲，每增加一间客房，可为 1.2~2 人提供直接就业机会。

2. 就业层次较多，就业门槛较低

旅游业的就业岗位层次众多，一方面需要高素质的管理与技术人才，另一方面很多工作，尤其是旅游交通、旅游餐饮、旅游商品、旅游景区等行业的大多数工作并不需要很高的技术，对年龄要求也不十分苛刻，能为尚不具备技术专长的青年和下岗职工提供就业机会。当然，这并不是说旅游就业不需要知识和技术。为了保证旅游产品的质量，也需要对从业人员进行适当的教育和训练。但与技术程度要求较高的制造业等就业相比，旅游业就业门槛较低，只需短期培训即可很快胜任。据一些发达国家的统计，旅游业安排就业的平均成本要比其他经济部门低 36.3%。

3. 能给相关的行业提供就业机会

旅游业是个具有关联带动性的产业，不仅自己可以直接提供就业机会，而且能够连带其他行业提供就业机会。根据世界旅游组织专家的测算，发达国家旅游业每增加

3万美元的收入，将增加1个直接就业机会和2.5个间接就业机会。对于旅游资源丰富的发展中国家，旅游业每增加3万美元的收入，将增加2个直接就业机会和5个间接就业机会。而旅游业每年增加1个直接就业人数，就可增加5个与之相关联的间接就业机会。

4. 受经济衰退的影响较小

由于旅游业具有广泛性和多样化特点，在经济不景气时，旅游业比物质生产行业相对稳定。

我国人口众多，就业问题始终是个需要解决的社会问题。现在，新生劳动力迅速增加，农村剩余劳动力大量涌入城市，下岗待业人口将持续以较大规模存在，等等。所有这些交织在一起，势必演变成非常突出而又十分严重的社会问题。由于第一产业和第二产业吸收待业人口的能力有限，解决就业问题的出路在于加速发展就业成本较低的劳动密集型产业。在这种情况下，发展旅游产业，解决就业问题，有其重要的现实意义。发展旅游业作为中国解决和实施再就业工程的一项措施是非常有效的。

（五）提高收入，缩小地区差异

旅游的发展有助于平衡国内各有关地区经济发展，缩小地区差异。如果说国际旅游可引起旅游客源国的财富向旅游目的国转移，在一定程度上使世界财富进行再分配，那么国内旅游则能把国内财富从旅游客源地向旅游目的地转移，使国内财富在地区间进行再分配。一般来说，经济较发达的地区外出旅游的人数较多，经济欠发达的地区外出旅游的人数较少。当经济欠发达的地区的旅游资源足以吸引经济发达地区的居民前往旅游时，这些旅游者在旅游目的地的旅游消费对当地的经济显然是一种外来的刺激。这种刺激不仅能促进当地旅游业的发展，而且由于旅游业的连带性，也能促进整个地区经济社会的发展。经济欠发达地区通过兴办旅游产业，促进经济社会发展。发展旅游业还为当地居民创造就业的机会，提高当地居民的收入。同时，促进当地市政、道路、建筑、供电、通信等基础设施的建设，提高当地居民的生活水平。"旅游搭台，经贸唱戏"，旅游业本身就是一个引入外资较多的产业，也是投资者乐于投资的产业，而且引来了资金，就可以开展多方面的经济交流和合作。总而言之，大力发展旅游业可以做到一业兴而百业旺，可以摆脱贫困、走向富裕，缩小自己与经济发达地区的差距。近年来，中国一些经济基础较差而旅游资源比较丰富的老、少、边、穷地区（即一些革命老区、少数民族地区、边远和穷困地区）就选择了走旅游脱贫致富之路，旅游业的发展给地方财政以更多增收的机会，创造更多的条件，使当地人民的平均收入水平有了较快的增长，也适度缩小了地区间的发展不平衡。

二、旅游业在国民经济中的消极作用

当然，和任何事物一样，旅游的发展对一个国家的经济既有其积极方面的影响，也有其消极方面的影响。如果片面强调发展旅游业，又不量力而行，那么则有可能扩大发展旅游业所带来的副作用，甚至会导致得不偿失的结果。旅游经济有可能产生以下不利影响。

（一）对物价水平的消极影响

就一般情况而言，由于外来旅游者的收入水平较高或者他们为了旅游而长期积蓄的缘故，旅游者的消费能力高于旅游目的地的居民，因此他们能够出高价购买食、宿、行以及以旅游纪念品为代表的各种旅游商品。在经常有大量旅游者来访的情况下，则难免会引起旅游目的地的物价上涨。这势必损害当地居民的经济利益，特别是在引起衣、食、住、行等生活必需品价格上涨的情况下更是会大大影响到当地居民的基本生活。比如在昆明世博会期间，昆明市客房价格上涨50%~80%，餐饮、旅游商品等行业的价格也有较大上升，在一定程度上影响了当地居民的日常消费，也阻碍了部分旅游者前来昆明旅游。

（二）对当地经济结构的损害

在有些原先以农业为主的国家或地区，随着旅游业的兴起，大量的劳动力抛弃了农耕而从事旅游业。因为从个人收入来看，从事旅游服务的工资所得远远高于务农收入。在我国很多地区有过这样的例子。由于当地劳动力不足，从而造成了大片农田荒芜。这种产业结构不正常变化的结果是，一方面旅游业的发展扩大了对农副产品的需求，另一方面却是农副业产出能力下降。如果再加上前面提到的农副产品价格上涨的压力，很可能还会影响社会和经济的安定。

（三）过度依赖旅游业有损社会稳定

一般来说，一个国家或地区可以通过发展旅游业来推动本国经济的增长，但不宜主要依靠旅游业来发展本国的经济，特别是对于像我国这样一个大国更是如此。这主要是因为以下几方面。

1. 作为现代旅游活动主要组成部分的消遣度假旅游有很大的季节性

尽管在旅游旺季时呈现出一派繁荣的景象，但到了淡季时不可避免地会出现劳动力和生产资料闲置或严重的失业问题，从而会给旅游接待国或地区带来严重的经济问题和社会问题。因此若接待国或地区过分依赖于旅游业，则不可能完全消除旅游季节性差异所带来的一系列问题。

2. 旅游需求是接待国或地区所不能控制的

旅游需求在很大程度上取决于客源地居民的收入水平、闲暇时间和有关旅游的流行时尚，而这些都是旅游接待国或地区所不能控制的。如果客源地出现经济不景气，其居民对外出旅游的需求势必会下降。在这种情况下，接待地区很难保住和扩大市场。此外，一旦客源地居民对某些旅游地的偏好发生转移，则会选择新的旅游目的地，从而使原接待地区的旅游业衰落，至少是相当长一段时间的萧条。从长远的观点来看，这些问题都难免发生。

3. 旅游需求还随时会受到接待国和地区各种政治、经济、社会乃至某些自然因素的影响

一旦这些非旅游业所能控制的因素发生不利变化，也会使旅游需求大幅度下降，旅游业乃至整个经济都将严重受挫，造成严重的经济和社会问题。2001年和2002年上半年，受世界经济复苏缓慢、国际政治形势不稳定和美国“9・11”恐怖袭击事件的影响，世界旅游业整体进入了一个缓慢发展的时期，我国的旅游经济也不可避免地受到影响。因此，任何一个大国的旅游业的发展都应适应经济发展的需要，不能盲目

开发。

上述可能性的存在只是从国家和地区经济安全的角度说明了对旅游业的发展要加强宏观控制和总体规划的必要性。我国是社会主义市场经济国家，我国旅游业的发展也必须体现这一特点，对于应当和优先开发的地区应大力支持和扶植，对于不宜发展旅游业的地区则应加以限制甚至禁止。

三、全面认识旅游业在国民经济中的地位

随着收入水平的提高，旅游将成为城乡居民生活的基本内容和主要的消费需求，同时也对旅游业的发展提出了更高的要求。近年来，我国就加快旅游业发展做出了一系列重大部署，出台了一系列支持政策，推动了我国旅游业快速发展。

（一）将发展旅游业纳入国家战略体系

为了把发展旅游业作为促进我国经济平稳较快发展的战略举措之一，国务院先后出台了《国务院关于进一步加快旅游业发展的通知》（国发〔2001〕9 号）和《国务院关于加快发展旅游业的意见》（国发〔2009〕41 号），提出要把旅游业培育成国民经济战略性支柱产业和人民群众更加满意的现代服务业。同时，发展旅游业也被纳入国民经济和社会发展五年规划，《国民经济和社会发展第十二个五年规划纲要》把旅游业确立为服务业发展的重点产业，将加快发展旅游业作为促进发展方式转变、推进经济结构调整的重要措施，并列出专门段落进行部署。

（二）优化旅游业发展环境

近年来，中央财政不断加大对旅游业的投入，用于旅游宣传促销、旅游景区服务设施开发补助和支持中西部地区旅游基础设施建设。在不断加大财政支持力度的同时，国家也出台了促进旅游发展的制度安排，如通过实行长假制度和落实职工带薪休假制度，促进居民旅游休闲消费，并加大了对旅游企业的支持力度。这些政策和措施，极大地推动了我国旅游业的快速发展。但也应当看到，目前旅游产品供给和需求的结构性矛盾在旅游业发展的过程中依然突出，观光旅游热点产品仍集中在少数知名旅游景区，新的旅游景区开发建设还有待进一步加强。休闲度假产品仍处于发展的初级阶段，数量和质量与人民群众急剧上升的需求存在较大差距。中西部部分旅游目的地交通不便、可进入性差的问题依然突出。旅游安全保障体系还不健全。为了早日把旅游业培育成国民经济的战略性支柱产业和人民群众更加满意的现代服务业，需要国家承担更多的责任，将旅游业放在国家整体战略与国民经济和社会发展总体布局中更加积极地予以支持，充分发挥旅游业在促进经济社会全面发展、经济结构调整和扩大内需等方面的积极作用。

四、旅游业经济影响的衡量

（一）旅游乘数效应

乘数效应，即某行业的一笔投资或收入不仅能够增加本部门的收入，而且会在整个国民经济中起到连锁反应，最终会带来数倍于这笔投资款的国民收入的增加量。旅

游乘数是用以测定单位旅游消费对旅游接待地区各种经济现象的影响程度的系数。旅游收入乘数效应是用以衡量旅游收入在国民经济领域中，通过初次分配和再分配的循环周转，给旅游目的地国家或地区的社会经济发展带来的增值效益和连带促进作用。旅游乘数效应包含直接影响阶段、间接影响阶段和诱导影响阶段。

旅游乘数效应的类型一般分为以下 4 种。

1. 营业收入乘数

营业收入乘数主要用以测定单位旅游消费对接待国经济活动的影响，反映了单位旅游消费额与由其所带来的接待国全部有关企业营业收入增长量之间的比例关系，即增加单位旅游营业收入额与由此导致其他产品营业总收入增加额之间的比例关系。

2. 产出乘数

产出乘数与营业收入乘数很相似，但测定的是单位旅游消费与由其带来的接待国全部有关企业经济产出水平增长程度之间的比例关系。它不仅考虑到企业营业总额增长情况，也考虑到企业有关库存情况的实际变化。

3. 收入乘数

收入乘数主要反映单位旅游消费与其所带来的接待国净收入变化量之间的比例关系。

4. 就业乘数

就业乘数是指增加单位旅游收入所创造的直接或间接就业人数之间的比例关系。它有两种表示法：一种表示某一待定数量的旅游消费所创造的就业人数；另一种是某一待定数量旅游消费所带来的直接就业人数与继发就业人数之和与直接就业人数之比。

此外，居民收入乘数和进口额乘数也经常用于旅游乘数效应的测算。居民收入乘数即增加单位旅游收入额与由此导致的该地区居民总收入增加额之间的比例关系。进口额乘数即每增加一个单位旅游收入最终可使目的地总进口额增加的比例关系。

世界旅游组织公布的资料显示，旅游业的经济乘数效应远远高于其他行业。旅游业每直接收入 1 元，相关行业收入就可增加 4.3 元。旅游业每增加一个直接就业人员，社会就能增加 5 个就业机会。

（二）旅游卫星账户（TSA）

20 世纪 90 年代初，世界贸易组织和经济合作与发展组织就旅游业对社会经济的重要性做了大量的研究工作，着力解决了如何描述旅游经济以及如何测评旅游对经济的影响等难题，这对后来卫星账户的设立起了重要的作用。

世界贸易组织、经济合作与发展组织、欧共体统计局和联合国统计司合作进行编制“旅游卫星账户：推荐方法框架”，统计委员会同意此框架，于 2000 年 3 月批准采纳。

“框架”遵守国民核算原则，设置了一系列全球标准和定义来测量旅游对 GDP、就业、资本投资、税收等的贡献，以及旅游业在国家收支平衡中的重要作用。各个国家以“框架”为基础，并根据本国的实际情况进行了一定的补充。

旅游卫星账户是在国民经济核算体系之外，按照国民经济核算体系的概念和分类要求，将所有由于旅游活动而产生的消费和产出部分分离出来进行单独核算的虚拟账户。

旅游卫星账户为政策制定者提供了对旅游部门的概览，以及与其他经济部门的比较。它通过旅游经济活动及旅游就业的可信数据、旅游业对该国国际收支平衡影响的数据，帮助各国依照一个共同的核算框架来测量旅游及相关的产品和服务，从而可以将旅游业与其他产业做一个可信的比较。旅游卫星账户是由联合国统计委员会批准的国际标准和测量旅游业总体经济水平及其对国民经济贡献的一个统计工具，也是世界各国政府部门、国际组织所广泛认可的衡量旅游活动规模和核算旅游业增加值的方法。

2001 年，在原江苏省旅游局的主持下，开始了旅游卫星账户在中国划时代意义的实践。2003 年 9 月，《江苏旅游卫星账户构成数据机构调查》方案正式形成，并通过审批。在进行为期一年的实践后江苏省旅游卫星账户于 2004 年 9 月通过评审。

江苏省的区域旅游卫星账户是中国第一个旅游卫星账户的实践，为中国提供了旅游卫星账户的成功示范，为国家旅游卫星账户和其他省级区域旅游卫星账户的开发提供了经验。

第二节　旅游业对社会文化的影响

在现代旅游活动发展的初期阶段，人们的关注目光主要投向旅游所带来的主导效益，即经济上的作用，而较少注意到旅游的整体效应，尤其是旅游的社会文化影响。实际上，旅游对目的地乃至全人类的社会文化也具有不可忽视的影响。旅游活动的开展之所以会对社会文化，特别是旅游目的地社会文化具有影响作用，主要是因为以下几方面。

第一，旅游是一种有效率的文化传播媒介。旅游是旅游者与旅游地居民之间交往的过程，在直接和间接的交往接触中，双方还会以有意或无意的“示范”行为相互影响。然而在不同的社会条件和文化背景下，双方互相影响的程度有很大差别。如果旅游者与目的地居民在价值观念、宗教信仰、文化程度等方面大致相同，双方的交流就顺畅而频繁。相反的情况则是由于旅游者传达的文化信息有违旅游目的地居民原有的信仰和态度，而可能遭到目的地居民的抵制，信息交流被阻塞，甚至导致双方水火不容。

第二，旅游正在成为影响旅游目的地文化的因素之一。虽然就单个旅游者而言，和旅游目的地居民之间的接触是短暂的，似乎不足以对当地的社会和文化产生实质性的影响，但随着成千上万的旅游者的不断来访，不可避免地将外来文化携带并散播到旅游目的地，那样必将对当地的传统生活方式和观念造成一定的冲击，从而影响到它的生活形态、社会构造等，由此又带来了环境的变化和人的变化，即引起了文化的变化。

和旅游的发展对目的地经济的影响一样，旅游活动所带来的社会接触和文化交流对目的地社会文化的影响既有其积极的一面，又有消极的一面。

一、旅游在社会文化中的积极影响

（一）加强了解，促进国际友好关系

旅游是民间外交的一种重要方式。发展国际旅游产业，对于加强民间了解，改善国际关系，增进友好交往，维护世界和平，有着积极作用和深远意义。

1. 发展国际旅游产业便于加强民间了解

旅游作为民间外交的一种方式，是不同国家或地区、不同民族、不同宗教和信仰、不同年龄和性别、不同阶层和职业的人们之间面对面的交往，具有广泛性和直接性。旅游者中大多数是平民百姓或者以非官方身份出现的人，与政府间往来纯属官方人士不同，其交往不受官方外交礼仪、规格等级的严格限制，也没有官方交往中的诸多顾忌，具有群众性和随意性。旅游交往，可采取听讲演、看影视、实地考察、参加会议等各种各样的形式，可接触旅游从业者、目的地国家或地区的居民、其他旅游群体或个体，可了解异国他乡的山川地貌、风土人情、生产方式、生活习俗、建设成就、文物古迹、民族传统、道德法律以及其他希望和可能了解到的东西，具有灵活性和机动性。

【拓展阅读 7-1】

大国外交的旅游故事

“2017 年是旅游外交的大丰之年、突破之年、精彩之年、平台之年。”正如南开大学教授、中国旅游智库秘书长石培华所说，旅游业主动融入国家外交大局，发挥旅游行业优势，灵活运用市场机制，有效影响国际旅游格局，旅游外交正走向国家外交的前沿。

“一带一路”旅游部长会议成功举办，中瑞、中澳、中丹、中国—东盟、中哈等“旅游年”活动圆满收官，联合国世界旅游组织第 22 届全体大会花落中国，中国发起的首个全球性、综合性、非政府、非营利世界旅游组织——世界旅游联盟（WTA）正式成立……2017 年，原国家旅游局大力推进旅游外交工作，响应国家倡议，务实深化“一带一路”旅游合作；服务外交大局，与主要大国互办“旅游年”活动；发力主场外交，承办世界级旅游盛会……旅游外交风生水起。中国旅游市场全球瞩目，中国旅游外交亮点频出，中国正成为影响国际旅游格局的重要力量。我国旅游外交正从被动跟从国际规则向积极主动的旅游国际合作和旅游外交转变。

响应国家倡议助力“一带一路”建设

2017 年是原国家旅游局确定的“丝绸之路旅游年”。全国旅游行业积极响应国家“一带一路”倡议，贯彻落实习近平主席在 2017 年 5 月“一带一路”国际合作高峰论坛上提出的“要用好历史文化遗产，联合打造具有丝绸之路特色的旅游产品和遗产保护”的要求，积极推进与“一带一路”沿线国家旅游合作，并取得丰硕成果。

相关负责人表示，中国愿意与“一带一路”沿线各国加强旅游合作，增进人文交流与文明互鉴，实现旅游业平衡、包容、可持续发展，让旅游成为“一带一路”沿线各国民心相通的亮丽纽带。

“一带一路”国际合作高峰论坛在京举办期间，原国家旅游局先后与波兰、乌兹别克斯坦、智利、柬埔寨旅游部门签署了旅游合作文件。其间，相关负责人会见来华出席

高峰论坛的各国旅游部长及联合国世界旅游组织秘书长，就增进“一带一路”旅游交流合作深入交换意见。

2017年9月13日，在联合国世界旅游组织第22届全体大会期间，“一带一路”旅游部长会议在成都成功举办。世界旅游组织秘书长出席会议并作主旨发言。“一带一路”沿线国家旅游部长围绕深化合作等议题展开深入研讨。大会发布《“一带一路”旅游合作成都倡议》，获得沿线国家积极响应。

原国家旅游局还积极深化与“一带一路”沿线国家双多边合作，其中，双边领域先后举办中澳、中新、中美、中俄等旅游部门间机制性会议以及中缅、中柬、中哈、中瑞旅游论坛等活动。多边领域先后举办第二届中俄蒙三国旅游部长会议、第三届中国—中东欧国家旅游合作高级别会议、中澳新—南太平洋旅游部长会议、亚洲合作对话旅游部长会议等活动。

正是在多、双边旅游外交的积极推动下，我国公民出境旅游目的地数量不断增加。截至2017年12月，中国公民组团出境旅游目的地已扩大至155个，其中正式实施组团业务的已达127个。

旅游已经成为服务“一带一路”倡议和推进人类命运共同体建设的彩虹事业，旅游描绘了“一带一路”美好前景。

发力主场外交承办UNWTO全体大会

“UNWTO第22届全体大会落户成都最根本的原因是中国旅游在世界旅游发展中的地位不容忽视。”正如联合国世界旅游组织秘书长所说，近年来，中国旅游业发展取得巨大成就，已经成为影响全球旅游业的重要力量。这是继2016年首届世界旅游发展大会之后，两年之内中国再次迎来世界级旅游盛会，中国旅游外交的主场优势得到充分体现。

2017年9月11日至16日，联合国世界旅游组织（UNWTO）第22届全体大会在成都举办。习近平主席和联合国秘书长古铁雷斯分别为大会致贺词，时任副总理汪洋出席开幕式并致辞；来自全球137个国家和地区、41个国际组织的1 300余名嘉宾与会。与会各方聚焦大会主题，分享发展经验，凝聚发展共识，取得一系列丰硕成果。

2017年是我国外交的主场外交之年，也是旅游外交的主场之年。联合国世界旅游组织第22届全体大会的举办和世界旅游联盟的成立，搭建了旅游外交新平台，体现了中国的大国担当和中国旅游人的主动作为，体现了中国担当、中国智慧和中国气派。

UNWTO第22届全体大会的举办凸显了中国旅游发展在全球旅游发展格局中的突出地位，尤其是中国出境消费旺盛的活力和能力，正在影响着全球旅游治理格局和模式。越来越多的国际旅游组织将深化与中国的合作，中国对国际旅游组织的影响力也必将越来越大。

融入外交大局举办“旅游年”活动

2017年1月17日，中国国家主席习近平同瑞士联邦主席洛伊特哈德在达沃斯雪山脚下共同启动中瑞旅游年，拉开了2017年中国与有关国家互办“旅游年”活动的序幕。

一年多来，原国家旅游局积极落实国家领导人达成的重要共识，先后举办中瑞、中澳、中丹、中国—东盟、中哈五大“旅游年”活动。其中,习近平主席亲自启动中瑞旅游年并为中丹旅游年开幕式、中瑞旅游年闭幕式致贺词,李克强总理为中澳旅游年、中国—东盟旅游合作年开幕式致贺词,时任副总理汪洋出席中国—东盟旅游合作年开幕式并致辞。

旅游年期间,原国家旅游局注重将旅游外交与市场推广相结合、“请进来”与“走出去”相结合、我方活动与外方活动相结合,举办了文艺表演、业界洽谈、专业论坛等系列活动,有效巩固了国家间传统友谊,扩大了人文交流,增进了民心相通和各领域务实合作。

2018 年举办了中国—欧盟、中国—加拿大旅游年以及土耳其、白俄罗斯等国在华旅游年。“旅游年”以其特有的亲和力,受到了世界各国及广大游客的普遍欢迎,逐渐成为中国外交领域的一个“热词”。可以预见,未来中国将与更多国家互办“旅游年”活动,为国家外交增添更加精彩的内容。

2018 年的全国旅游工作会议上指出,我们要全面布局旅游外交工作,统筹入出境旅游市场优势,深化“一带一路”旅游国际合作,积极参与全球旅游治理体系改革和建设,不断贡献中国智慧和方案,全面提升中国旅游综合竞争力和国际影响力,开创旅游外交工作新局面,推动构建人类命运共同体。

当前,中国特色社会主义进入新时代,我国旅游业由高速旅游增长阶段转向优质旅游发展阶段,旅游外交定将在我国外交大局中发挥更大作用,为世界和平与发展注入更多新动力。

(资料来源:中国旅游报)

2. 发展旅游产业可以改善国际关系

国家之间正式建交可能滞后,其民间的往来和交流却可以先行一步。这种民间的往来和交流可能是国际社会政府间外交的先导和前提。在这方面,旅游作为民间外交的一种方式是功不可没的。通过发展国际旅游产业,开展以跨国旅游为表现形式的民间交往和交流,可以加强国际社会民间的了解和认识,消除因不了解而产生的偏见和误会。随着旅游活动的频繁和相互理解的加深,彼此之间势必产生情感和友谊。在这种基础上,缓和紧张局势、改善国际关系,也就成了顺理成章、水到渠成的事了。中日、中美、中俄、中韩等之间的双边关系之所以能够得到改善,其原因之一就在于中国与日、美、俄、韩等国包括旅游在内的民间交流发挥了巨大的作用。

3. 发展国际旅游产业能够增进友好交往

旅游可使人们愉悦身心、焕发精神、陶冶情操、增长知识,满足追新、猎奇、求乐、求知、求健、求美等欲望和目的,因此是相互之间的友好交往的最理想的沟通方式。发展国际旅游产业对旅游客源国(客源地)与旅游接待国(接待地)的友好交往是个有力的促进,使二者都增加了了解别人、宣传自己的机会。目前,国际旅游者大多来自经济文化发达国家,它们通过与接待国(接待地)人民的直接交往,切身感受到异国他乡的魅力,认识到即使是发展中国家或地区也有很多值得学习和了解的东西。而后者则通过热情周到的服务和真诚待人的美德,给客人留下美好而难忘的印象,有效地宣传了自己,这不仅可增进双方的交往和友谊,而且能提高本国或本地在国际事务中的作用和地位。

4. 发展国际旅游产业能够维护世界和平

发展国际旅游产业对加强国际了解、改善国际关系、增进友好交往有利,这已被实践反复证明。发展旅游业能消除国际的偏见和仇恨,缩小可能产生的矛盾和差距,使人类整体意识和世界大同观念日益加深,使反对战争和维护和平成为人心所向、大势所趋。

(二)推进文化交流,推动文明发展

旅游有利于不同文化的交流,尤其对旅游目的地一方的对外文化交流能起促进作用。文化在传播的过程中,由于种种原因,向四方散播的速度并不均衡,导致了先进的文化难以抵达边远的落后地区。而大众旅游这种新型传播媒介将不同的文化传播到全球各地,因为旅游者是无所不至的,甚至地球的三极——南极、北极和世界屋脊珠穆朗玛峰也都留下了旅游者的足迹。中国的地震预报、针灸、武术、烹饪等成果,就是通过旅游走向世界的。在旅游越来越大众化的今天,不同地区文化的交流必然会推动人类文明的发展。当然,旅游与人类文明是相互促进、连带发展的,旅游业的繁荣可以说也是近百余年来现代文明发展的结果。发展旅游业,来自比较发达国家或地区的旅游者可以给不够发达国家或地区带来比较先进的管理经验、科学技术和文化知识。与此同时,比较发达国家或地区的旅游者也可在不够发达国家或地区学到长于自己的传统文化和伦理知识。当然,前者地区旅游者的先进思想和道德观念也能给后者地区的社会意识注入新的生机和活力。因此,国际旅游产业像一台播种机,把物质文明和精神文明的种子撒向世界各地,使之生根、开花并结出丰硕的果实。通过发展旅游业也可以更多地了解本国的历史和文化,目睹本国各地的自然名胜和建设成就,这些都会激发和提升人们的民族自尊心和自豪感,从而进一步增强爱国主义精神,增强一个民族的凝聚力。由此,我国提出了“旅游促进社会的发展与繁荣”的方针,一些旅游城市也提出了以“旅游业”为龙头带动全行业大发展的口号。可见,旅游是随着现代文明而发展,又推动着现代文明建设的社会活动。

(三)开阔视野,提高人们的生活质量

旅游是一种生活方式,它让人们走出家门,开阔了视野,也提升了人们的生活质量。在现代社会中,人们比过去任何时候都更为关注生活态度、生活质量之类的问题。美国经济学家丹尼尔·贝尔说过:现代人满足的源泉和社会理想行为的标准不再是工作劳动本身,而是他们的生活方式。现代人有权选择适意的生活。由于旅游能适应人的某些深层需要,对这些需要的满足必将影响到人们的生活方式,因此很多人选择了旅游。世界旅游组织在 1980 年颁布的《马尼拉世界旅游宣言》中指出:“国内和国际旅游及娱乐活动,如今已是各现代社会中国内与国际生活的组成部分。”随着 20 世纪 60 年代以来大众旅游的出现,旅游确已成为大众休闲娱乐的一种良好方式。它体现了一种生活态度,也是对人的社会地位、声望和生命价值的肯定。随着我国经济水平的提高与休闲时间的增加,旅游休闲消费逐渐兴起,同时也得到了政府的认可和鼓励,成为整个社会所接受的新观念,旅游在我国广大的区域内正在形成一种大众的生活状态。

（四）促进民族文化的保护与发展

旅游是弘扬民族文化，建设富有民族特色的精神文明的有效途径。旅游景观中积淀着丰富的民族文化：大量的文物古迹直接展示出特定的历史文化；各种古建筑的结构形式、建造工艺、图案雕饰等，都反映着具有民族特色的文化内涵；作为旅游流动资源的民情风俗，有关景物的诗文与神话传说等旅游文学，承载着民族的性格、心理、精神和伦理道德等。随着旅游业的发展，旅游者对不同地区文化中的风俗习惯、民间艺术和历史遗迹有着浓厚的兴趣，因此旅游经营与管理者便对一切既具有文化价值又具有旅游价值的事物进行拯救、恢复与开发；传统的手工艺品因市场需求的扩大重新得到开发与发展；传统的民间艺术如音乐、舞蹈、戏曲、杂耍等重新受到重视和发掘；长期濒于湮灭的历史建筑重新得到保护和修缮；等等。拯救文化遗产的工作还得到了联合国教科文组织的支持。正是这些拯救活动给当地原有的民族文化遗产提供了一定的生存空间，并且随着旅游的开展而获得了新生，成为其他旅游接待国或地区所没有的独特文化资源。它们不仅受到旅游者的欢迎，而且使当地人民对自己的文化增添了新的自豪感。例如，一些在中国东北拍摄的影视作品中的旅游经营者正是利用独特的东北黑土地上的民族文化吸引了大批的旅游者前来旅游消费。

【拓展阅读 7-2】

故宫首开夜场参观

2019 年年初，故宫博物院宣布，2019 年元宵节，故宫将首开夜场，迎“上元之夜”，千里江山图、清明上河图将在古城墙上闪耀展示，让这个“最大的四合院”亮起来。《北京青年报》记者于 2019 年 2 月 17 日下午登录故宫票务系统发现，元宵节当天夜场名额已经全部约满。

94 年来首次开放夜场参观，今天夜场提前约满，有多重意义。

文化需求旺盛，给博物馆发展打开想象空间。随着生活水平不断提高，人民对文化需求不断加码，博物馆作为文化重镇，日渐走出“冷宫”，助力于满足人民对美好生活的向往。据中国旅游研究院测算，2019 年春节期间，全国旅游接待总人数 4.15 亿人次；其中，参观博物馆的游客比例高达 40.5%。以故宫博物院为例，7 天接待游客 40.7 万人次，大年初一接待了 8 万人次，同比增长 42.9%。

时势造英雄，创新让博物馆有了无限可能。让文物活起来，将文化资源创造性转化，实现经济效益与社会效益双增长，故宫博物院堪称急先锋。每一个创新之举都攒足流量，成为国内博物馆当仁不让之“网红”。“数字故宫社区”，实现数字展厅的分享与互动；“每日故宫”App，每天给用户推送一套珍贵文物的图文介绍；日历、丝巾、水果叉等一系列文创产品线上线下热卖，为故宫带来丰厚收益。94 年来首次开放夜场，故宫在创新路上再次甩开膀子迈大步，成为新一轮的流量担当。

“问渠哪得清如许，为有源头活水来。”故宫不“故”，创新是其“源头活水”，这一点对博物馆同业富有启迪。一方面，像故宫博物院这类国家级博物馆门庭若市、人如潮涌，甚至不得不采取限流措施；另一方面，也有一些博物馆门庭冷落、无人问津，空有偌大的场馆。究其原因，除了资源禀赋不同之外，也与博物馆本身的创新能力、运营模式不无关系。有些博物馆展品陈列方式千篇一律，不会讲故事；珍贵文物得不到有效呵护，蓬头垢面、没有尊严；服务生硬，对参观者一副爱答不理的样子……一言以蔽之，就是缺乏用户意识。打开门办博物馆，服务意识要以人为本，服务手段要勇于创新，以创新为抓手进行自我提升。

创新发展落在博物馆层面，内部挖潜是一个方向，像故宫博物院首开夜场就是挖潜的一个案例；向外拓展也是一个方向，纵观全球博物馆流变，博物馆不再只是一个收藏、保管、展示的场所，越来越多的资源融合、跨界合作，不断丰富着博物馆的概念。博物馆+图书馆、博物馆+餐厅、博物馆+地铁、博物馆+酒店、博物馆+音乐会、博物馆+健身……昭示着"博物馆+"已经进入更多元化的时代！

苟日新、日日新。创新，才能让博物馆续写不老的传说。

（资料来源：21 世纪经济报道）

二、旅游在社会文化中的消极作用

（一）民族文化的变异

随着旅游活动的开展，旅游者不可避免地会将自己的生活方式带到旅游目的地。特别是在国际旅游方面，由于旅游者来自世界各地，他们具有不同的价值标准、道德观念和生活方式，因此这些东西无形之中也在传播和渗透，对目的地社会产生示范效应，使其社会文明与文化产生一定的变异。这些示范效应中，有些是积极的、有益的；而有些就会在旅游目的地的社会文化方面形成所谓的"旅游污染"，这些污染不像环境污染那样显而易见，它反映于社会的经济、文化、社会构成以及思想意识等各个领域。因此，旅游者的生活方式对旅游目的地的负面影响是一个不容忽视的事实。其主要表现在以下几方面。

1. 社会道德水平部分下降

大众化旅游显然对社会道德规范有所影响。当旅游客源地和旅游目的地双方社会文明程度相当，社会发展程度相当时，旅游活动为双方带来的多是良好的物质与精神的享受。但是，旅游也极有可能给旅游目的地带来不良的示范效应，引起当地社会道德标准下降，使当地居民丧失原有的淳朴美德，不良社会现象增多，如受西方性自由思想的影响，导致婚姻破裂增多和离婚率上升，而一些严重的社会问题甚至犯罪也就乘虚而入，如赌博、卖淫、投机、诈骗、走私贩私、贪污受贿等。旅游并不会直接引起犯罪等行为，犯罪行为也不会只产生于旅游地，国外旅游者带来的文化及其生活方式对旅游地文化的冲击，以及不自觉地表露出蔑视态度，就可能影响部分当地居民自惭形秽地去否定甚至抛弃自己的文化传统。特别是有些年轻人在自卑感的驱使下，开始对自己的传统生活方式感到不满，并不伦不类地模仿外来的文明继而发展到有意识地追求，甚至将外来的糟粕奉为楷模，从而影响社会秩序的安定。如在澳门，博彩是旅游业的重要支柱，赌场吸引着大量旅游者，在访澳的旅游者中，专为赌博而来者占 22.3%以上，一些度假旅游者也是被赌城的名声吸引而来。尽管博彩不是因旅游而产生，但是从伦理的观点出发，博彩自身的投机性和丰厚利润毕竟会导致色情、暴力和犯罪等社会问题，反过来还会对旅游的大环境产生不利的影响。

2. 旅游地文化的商品化和庸俗化

为了满足旅游者对旅游商品的需要，旅游经营与管理者便以商业需求为产品开发的原则大量地粗制滥造旅游商品，当地固有的民族文化也被不适当地包装在商品上并大量销售，艺术与文化的神圣性受到侵犯，使本地文化丧失原有意义和价值，并向着庸俗的轨道倾斜，令旅游者不能够真正汲取本地文化的精髓，也损害了当地文化的形象。比如，传统的民间习俗和庆典活动都是在传统特定的时间、传统特定的地点，按照传统规定的内容和方式举行的。但是，很多这种活动随着旅游业的开展逐渐被商品化和庸俗化，它们不再按照传统规定的时间和地点举行，为了接待旅游者，随时都会被搬上“舞台”。但为了节约时间，活动的内容往往被压缩，并且表演的节奏也明显加快。这些活动虽然被保留下来，但在很大程度上已经失去了传统上的意义和价值。所以旅游经营与管理者必须尊重旅游的文化价值，维护当地文化的形象与价值，将人文精神贯穿于旅游开发中，才能取得长远的效益。

【拓展阅读 7-3】

冯骥才：大肆开发古城和古村落旅游已构成对其文化的破坏

中国由于历史悠久、民族众多，形成了形态缤纷、风情各异的古城和古村落文化。但近年来，一些地方为了经济效益，大肆开发这些古城和古村落搞旅游。对此，冯骥才日前批评说，当今古城和古村落的旅游已构成对其文化的破坏。

冯骥才指出，现在的古城和古村落开发已成套路，首先是去找有资本的开发商，然后很多项目不经过专家论证也不向当地百姓公示，完全按照商业营利的需要制订方案，把古迹当景点，把遗产当卖点，把无法当景点和卖点的文化遗产甩到一边，然后是“腾笼换鸟”，迁走甚至迁空原住民，使古城失去活的记忆和生命。沿街全改成店铺，招引商贩，导致所有旅游景区营销的工艺品全都像从一个仓库里批发来的。最后是在街头屋角挂红灯笼、插彩旗，为了收入翻番，随心所欲地增加景点，甚至动手造假。

冯骥才批评说，套路化的旅游开发带来的必然是粗鄙化的旅游，同时使各地古城和古村落的文化遭到了彻底破坏。所谓“彻底”，是指原有的文化生命被瓦解，固有的文化魅力荡然无存，只有布景般的模样，没有真正的个性与气质。

一个地区的经济有兴衰，但唯有文化是永远攥在手中不变的王牌，是永恒的资源。这资源既是经济的，更是精神的。如果拿它换眼前几个小钱，失去的只能是一个地区最重要的东西——精神。地域精神、人文传统、乡土情感与亲和力，这些东西一旦失去，是多少钱也买不回来的。

（资料来源：新华网）

（二）对旅游者的伤害

旅游活动也给旅游者带来了负面影响。由于旅游是旅游者一个时期以来支付能力的一次集中展示，他们花钱大方，与当地居民之间有报酬的交往关系容易使他们产生物质和文化上的优越感，甚至言行傲慢，因此当地居民对这些旅游者就会产生抵触感，甚至做出伤害旅游者的言行。同时，旅游者停留时间的短暂和形同隔离的局面，使他们对当地文化只可能有一种表层认识。加上旅游机构追求的是商业利润，将当地文化当作商品来出售,旅游者体验到的往往是经过包装的、带有虚幻色彩的文化印象,在这样的背景下,他们未必能从旅游中获得更多的教益。

三、文化、文明与旅游现象

广义的文化包含了人的精神世界以及人的物质世界中可以传承的带有共性的东西,是由符号、语言、价值观、规范体系、社会关系与社会组织以及物质产品所体现的东西。而旅游的发展对这种意义上的文化要素确实有不可忽视的影响。从西方学者所做的研究来看,旅游发展对这些文化要素的影响主要体现在手工艺品、语言、艺术和传统、烹任、艺术和音乐、建筑、宗教和服装以及休闲活动等方面。可以说,旅游对任何一种文化要素的影响,都呈现出积极和消极两个方面。就拿手工艺品来说,旅游者每到一地,购买纪念品是他们的一件重要的事情。从这一点来看,旅游可能成为促进当地文化传播发展的一个重要外部力量。但是,如果旅游者对该种文化的历史知之甚少,他就很可能难辨良莠。而那些商品的生产厂家,为了使产品销售出去以追求最大化利润,就有可能将一些与传统不协调的东西植入产品中。对此我们很难说这是好事还是坏事。但有一点可以说是确定的,那就是由于出卖的功利性目的,“工艺品”的艺术价值和人文气息被大大降低和淡化了,因而只能叫“商品”而不能叫“工艺品”了。甚至我们还在不同的目的地看到很多似曾相识的“手工艺纪念品”。由此可见,旅游发展对于文化而言确实是一把双刃剑,要全面认识它,才能正确评价它。

实际上,旅游对目的地社会文化的各种影响并非都是无条件存在或必然产生的。就其积极的影响而言,国际旅游的开展未必肯定能使接待国通过旅游者的宣传而树立或改善自己在海外的形象。如果要实现这一点,很大程度上要取决于国际旅游者在接待国旅游期间是否实现了自己预期的愿望,取决于他们是否通过旅游产生或加深了对接待国的好感。如果他们在接待国旅游期间没有获得预期的满足,甚至发生不愉快的经历,那么他们带回其本国的非但不是对接待国的好感,甚至是牢骚、怨恨和批评。可想而知,如果这类情况达到一定的数量,接待国不但不能通过旅游者的宣传改进和提高自己在海外的形象,而且可能会产生相反的效果。

我们知道,就个人而言,旅游既有求知的意义,又可激发人的艺术情感。中国人总是将旅行与增长知识联系在一起,因此就有“读万卷书,行万里路”的古训。但外出旅游也未必对所有的旅游者都能产生陶冶情操和增长知识的教育效果。世界旅游组织对青年旅游的研究曾指出,虽然青年旅游作为一种教育手段可起到开阔眼界、增长知识、了解世界、培养和增强良好的个人习惯与社会习惯的积极作用,但在现实生活中,如果计划不周或采取的形式有误,青年旅游同样可能导致反面的教育结果。所以,青年旅游能否产生积极的效果在很大程度上取决于外出旅游的主旨和具体的旅游方式。

在旅游对目的地社会文化的消极影响方面,它们同样也并非发展旅游的必然结果。在世界各地旅游发展的过程中,无论是在发达国家还是发展中国家,的确也因此出现了这样或那样的问题。但是,这些问题的形成和严重化不是没有其条件的,也并不是不可克服或不可控制的。任何问题的形成都有一个从量变到质变的发展过程。在这个意义上,旅游对社会文化的消极影响一般应指其潜在性或可能性而言。这些消极影响在某些旅游接待国或地区导致了社会问题，而在其他一些旅游目的地则并未形成社会问题。这些情况说明，旅游对社会文化的潜在影响在一些地方能够形成社会问题至少是要具备一定条件的，否则便不能解释为什么在某些地方形成社会问题，而在另外一些地方则没有形成社会问题。

在认识旅游对社会文化的影响时，我们还应看到，任何文化交流，不论是旅游带来的文化交流还是通过其他途径产生的文化交流，都不可避免地使交流双方面临对方的影响，本身传统的文明也不可避免地受到外来文明的冲击。只有在对这些影响与冲击有了足够的认识的情况下，才能做到取其精华而去其糟粕。古今中外的历史证明，一个国家和地区的社会文化需要得到外来文化的促进才能不断地完善、发展和前进。面对大规模旅游带来的消极影响，我们不能因噎废食而反对发展旅游，其主要原因一是因为旅游对经济和社会文化毕竟有其众多的积极作用，二是因为很多消极问题的产生未必是发展旅游的必然结果。

另外，旅游业的发展对文化的依赖度也很强。旅游业赖以发展的旅游资源，几乎包括了可开发利用的人类历史上已经存在的所有社会人文资源和自然地理资源，而不管是历史遗迹、文化活动、文学遗产、民俗风情、民间技艺、现代科技，还是工农林水、山川河流、自然万态，都可以成为旅游经济发展的文化和物质基础。脱离了文化内涵的旅游资源，生命力是极为短暂的，这样的旅游行业也无法形成产业化发展的空间。

全面认识旅游和社会文化之间的相互影响，主要目的是要在澄清认识的基础上采取措施，发展旅游对社会文化的积极作用，抵制和最大限度地缩小其消极影响，加速人类文明进程，并积极开发利用积淀厚重的历史文化遗产、民俗文化遗产和现代科学技术资源等，使旅游业沿着健康的道路快速发展。

【案例链接 7-1】

北京园林 200 处遗址不修缮将永消失，散落荒野遭破坏

北京市尚存的 423 处园林遗址，一半散落荒野中

香山南麓，有一座北法海寺，相传是“山中第一大寺”宏教寺旧址。历经风雨沧桑，原先恢宏的寺庙仅剩下山中的残垣断壁。但这仅存的遗迹也屡次遭到人为破坏。就在去年，山门附近的一对石狮被人趁夜盗走。

刚刚结束的历史园林遗址普查结果显示：北京尚存皇家园林、私家园林、寺庙园林等各类园林遗址 423 处。其中，像北法海寺一样散落在荒野中的有大约 200 处，差不多占据了一半的比例。

“和城区园林遗址面临被占用、被改造的风险不同，散落于荒野中的园林，一方面遭遇着风雨侵蚀，另一方面，还面临着人为偷盗，以及城市建设带来山水格局变化的巨大风险。”调查人员透露。

令调查人员担忧的是，很多遗址至今尚未被纳入保护范围，如不加紧修缮，其园林格局或将永久消失。

北法海寺：遗址屡遭破坏

上周末，记者前往香山北法海寺探访。这座古寺相传最早建于元代，清代进行过大规模翻建，现在的遗址位于金山陵园附近。

从金山陵园入口出发，步行约40分钟的山路，到达半山腰的停车场。北法海寺遗址就在离停车场200多米远的小山坡上。

遗址近在咫尺，记者却扑了个空。原来，沿着寺庙遗址的矮墙，严严实实围了一圈将近2米高的蓝色彩钢板，人根本进不去。

“去年4月份围上的。”陵园的一名保安告诉记者，在那之前，这地方随便进，好多登山的驴友爱上这儿溜达。

从彩钢板的缝隙往里看，这座曾经的“山中第一大寺”已是一片破败荒芜。山门尚保存，并且看上去经过修缮，但殿堂、庙宇已看不出主体结构。一些残留的石碑、石构件，横七竖八散落在荒草中。

“山门前本来有一对石狮子还可以看看，后来不知道被什么人偷走了。”保安告诉记者。这件石狮子盗窃案就发生在去年的2月份，两座石狮子都是1米多高，青白石材质，雕刻得非常精美。

在石狮子被盗之前，2013年1月，北法海寺一块清朝顺治年间的石碑也疑似遭到人为破坏，重达四五吨的碑刻断成了两截。再往前追溯，2010年6月，遗址内的大石块也曾被人撬动过。

“就这么在野地里搁着，保不齐就被谁给惦记上了。”一位叫“朝花夕拾”的驴友叹息，趁还有些遗迹在，应当尽快抢修，留住宝贵的历史记忆。

据了解，去年石狮子盗窃案发生后，有关部门已对北法海寺遗址进行封闭管理。但具体是否进行大规模抢修，还没有最后确定。

五华寺：荒废多年未修缮

和北法海寺同处西山一带的，还有一座著名的西郊古寺——五华寺。其寺庙遗址在北京植物园樱桃沟内。

虽然位于景区内，但想要找到它的确切位置，并不容易。樱桃沟红星桥东侧，竖立着一块关于“五华寺”的景点介绍牌，上面显示：“五华寺始建于金代，原名五华观。入元后，成为白云观下院，是全真教炼丹之处。明代又改为寺庙，明清二代多有修缮。五华寺原有殿宇三重，自前而后分别为：山门、钟鼓楼、天王殿、大雄宝殿……”

但这座描述中颇为雄伟的寺庙，在路边几乎看不见踪迹。“没修，一直荒废着呢。”一名清洁工指了指景点介绍牌后面的小路，“你要去原址，从这条路上去就是，没开发，看不到什么东西。”

沿着这条陡直的小路上山，半山腰上有一处庭院，门口挂着“游人止步”的牌子。按照植物园景点介绍，这处房屋所在位置，是五华寺大殿的旧址，后来被中国计量科学研究院借用。

从院子的门缝望进去，大殿已荡然无存，取而代之的是几排现代风格的房屋。院子里隐约能看见古柏和残留的石刻。院外，有一圈低矮的石头垒砌的山墙，不少地方已经破损，露出巨大的豁口。山墙内，是郁郁葱葱的山林野树。

一位调查人员介绍，五华寺虽然地面上的主体建筑已经看不见了，但寺庙的基本格局还在，碑刻、古树等园林要素还在，寺庙所在位置的山水形胜还在，所以仍是一处具有保护价值的历史园林遗址。

“自然的风化、侵蚀肯定是有的。”不过，令他最为担心的是城市的扩张、建设。西山一带类似于五华寺的历史园林遗址有多处,“郊外的园林,最讲究的是山水形胜,如果它所依存的大环境被破坏了,价值也就大大降低了。”

专家建议:彩票公益金可为修缮补缺口

据了解,现在的郊外园林遗址,主要集中在西山一带。顺义、大兴、昌平等远郊也有分布,主要是清朝的行宫遗址。

从普查的情况来看,90%散落在郊野的园林遗址都亟须修缮。但费用从哪儿来?

记者了解到,过去本市的历史园林保护主要依靠文物修缮专项资金。但按照当前的规定,文物修缮资金专款专用,只能用于修缮文物本体,至于园林更讲究的山水格局、楹联碑刻等园林要素的保护,无法涉及。有些园林遗址仅剩古树、碑刻,未纳入文物保护单位范畴,对这笔资金更是难以奢求。

“和单纯的文物古迹保护不同,园林遗址保护是更大的一个范畴,除了亭台楼阁等古建本体要保护外,还要顾全山水格局、园林要素,小到一副楹联、一方石刻,都在园林遗址的保护范围中。”调查人员表示。

“从单向文物古迹的保护上升到对山水格局和园林要素的整体全貌性保护,趋势是好的,但缺乏相应的财政机制作为支撑。”今年上半年,市人大对北京历史名园现状进行了专项调研。有人大代表提出,应当设立历史园林遗址的专项保护资金,对濒危的历史园林遗址分批次进行抢修。

同时,也有专家学者建议,可以借鉴英国发行国家遗产文化公益彩票基金的做法,筹集社会资金,为园林遗址修缮解困。

记者从市园林绿化局了解到,《北京市公园条例》修订的立法调研已经启动,历史园林保护作为其中一项重要内容,将增设其中。历史园林遗址的保护机制、修缮资金的筹措机制,有望落实到法律条文中。

(资料来源:北京日报)

第三节　旅游业对环境的影响

大自然的优美资源以及多姿多彩的社会环境是吸引人们外出旅游的一个重要的资源条件,旅游业的发展离不开良好的环境。随着世界各地旅游开发与建设的发展,越来越多的旅游环境得到美化。但与此同时,旅游活动又使旅游资源、旅游地环境遭受到不同程度的破坏,引起生态活动的恶化。也就是说,旅游业发展的要求使大批旅游资源所在地被开发成旅游景点,吸引众多旅游者。但开发不当以及不合理的旅游活动又会引起环境破坏和生态系统失衡。一旦消极效应出现,旅游环境日益恶化的现实必然会导致资源的容纳能力下降,影响旅游者的游兴,抑制旅游业的发展。因此,需要正视旅游对环境的影响,保护旅游资源与旅游环境,制止不良旅游活动的发生,并采取适当的措施保护旅游资源。

一、旅游对环境的积极影响

（一）促进自然旅游景区以及名胜古迹的保护

旅游资源是旅游业的物质基础和赖以发展的条件，更是吸引旅游者的首要资源条件。因此，旅游资源开发必然涉及对各类自然旅游资源以及名胜古迹的开发与保护，应力求将最有价值的景观资源呈现在旅游者面前。随着旅游业竞争的加剧，各国以及各地区政府积极增加资金投入，开发建设和保护当地的旅游资源，为环境建设提供大量的资金支持，并组织相关的旅游资源评比活动，这些都有利于自然旅游景区及名胜古迹的保护。

（二）促进旅游地环境建设，提高环境质量

旅游资源开发的一项重要内容是开发建设景区景点，而不管是自然旅游景点，还是人文旅游景点，优美舒适的欣赏环境是基本条件，这将促进景区内各种环境的建设。同时，旅游者前往某一旅游地旅游，目的地所有景观以及景观所依托的区域整体环境对旅游者的感观都有触动效果。如果仅仅旅游景区内部环境优美、建设得当、保护有力，其他区域环境质量差，同样会对旅游者产生消极影响，旅游者对于该区域的印象会因此而打折扣。所以，就目前世界各地的旅游开发来说，基本上是景区环境建设与附属区域环境建设协调进行，提高旅游地的整体环境。旅游资源分布的广泛性以及旅游业竞争的需要，促使更广泛范围的旅游环境得到开发与保护，提高了环境质量。

（三）提高人们的环境保护意识

在旅游活动中有两类人群对旅游环境的保护起着关键作用：一是旅游地居民；二是旅游者。旅游地居民能否积极保护该地环境，能否支持旅游业发展，是影响旅游业环境建设与发展的重要方面。而从目前的现实状况来看，旅游地居民依靠旅游业生存是一个不容忽视的现实。这也就意味着，为了从旅游业发展中获利，旅游地居民必须积极保护该地旅游业的依托——旅游环境，以吸引旅游者，进而获得相应的利益。对于该部分人群来说，旅游有利于其提高环境保护意识。

另外，旅游者在整个旅游环境保护过程中也起着关键作用。优美的自然环境、和谐的氛围是引起其旅游兴趣的要点。在身临其境感受自然优美的同时，旅游者也会因对优美环境的欣赏与认可而产生追求与保护的意念。随着旅游环境保护宣传力度的加大以及旅游者素质的日益提高，旅游者自然在旅游环境保护过程中也可以起到保护的作用。

二、旅游对环境的消极影响

（一）旅游活动造成环境污染

旅游活动不可避免地造成对自然环境的污染，如水体污染、大气污染、垃圾污染等，引起环境的恶化。旅游者环境保护意识参差不齐，部分旅游者乱扔垃圾、随地吐痰、攀折花草、乱涂乱画等均是旅游业发展过程中的现实问题，这些都会引起直接的环

境破坏。同时,汽车、轮船等交通工具以及景区内的游览工具,排放大量尾气,又直接造成大气污染。环境污染会导致生态环境遭受破坏,在影响旅游业自身发展的同时,也影响人类的生存环境,必须加以重视。

(二)旅游活动引起动植物资源的生存环境遭受冲击与破坏

崇尚自然、追求自然的旅游活动,使越来越多的人深入大自然,人类的旅游足迹越走越远,意味着动植物的生存空间范围随着人类的进入而日益变小。虽然建立了各类生态资源保护区域,但旅游开发者以及旅游者的脚步和现代化交通工具的使用,依然会破坏动植物原有的生存空间,干扰动植物的生存环境。另外,旅游者对于野生动植物的关注以及消费增加,又会使野生动植物的数量日益减少。大自然原有的生态环境随着旅游者的介入而日益遭受冲击与破坏。

(三)旅游开发建设不当引起旅游环境的失衡

旅游业开发必然涉及兴建大量的物质设施与设备,而不当的开发建设会直接引起旅游环境失衡。

1. 承载力失衡

旅游市场开发的发展,旅游宣传力度的加大,促使旅游者人数不断增加,结果是旅游旺季人满为患,景区景点旅游者人数剧增,环境承载力遭受威胁。在旅游景区道路通道建设方面,如果开发部门不合理规划,道路拥挤堵塞则有可能经常发生。而景区内部旅游通道的不合理建设也会使旺季时旅游者齐挤一处,严重影响环境承载力,继而发生环境污染等一系列环境破坏事件。

【案例链接 7-2】

2019 年春节假期全国旅游接待总人数 4.15 亿人次

记者从文化和旅游部了解到,综合各地文化和旅游部门、通信运营商、线上旅行服务商的数据,经中国旅游研究院(文化和旅游部数据中心)综合测算,2019 年春节假期,全国旅游接待总人数 4.15 亿人次,同比增长 7.6%;实现旅游收入 5 139 亿元,同比增长 8.2%。

家庭游、敬老游、亲子游、文化休闲游成为节日期间主流的旅游休闲方式。春节期间,各地组织了丰富多彩的文旅惠民活动,营造春节气氛。北京、山西、内蒙古等 12 省区市开展“非遗过大年、文化进万家”系列文化活动;“博物馆里过大年”受到了广大游客和市民的广泛欢迎。

据中国旅游研究院(文化和旅游部数据中心)调查,春节期间参观博物馆、美术馆、图书馆和科技馆、历史文化街区的游客比例分别达 40.5%、44.2%、40.6%和18.4%,观看各类文化演出的游客达到 34.8%。

民俗活动、文化展览等极大丰富了节日生活。全国各地县、乡、村举办了丰富多彩的文旅活动,逛庙会、猜灯谜、旅游文化巡游等活动吸引广大游客到农村去闹新春。草莓采摘、柑橘采摘成为亲子游的热门活动。

此外,“欢乐春节”活动在全球 133 个国家和地区的 396 座城市举办演出、展览、庙会等 1 500 多项活动,讲述美丽故事,传播中华文化。

(资料来源:新华网)

2. 美观的失衡

不当的旅游开发建设也会直接导致景区美观度下降，影响自然环境的价值。景区内或景区附近不协调的建筑物，如古典园林景区附近遍布现代化的建筑群，波光粼粼的湖边矗立着现代建筑物，风景优美的山上修建有直线向上的索道，等等，造成景观不协调、景区环境美观的失衡。这种失衡的根源在于旅游开发建设者对于旅游环境的整体保护意识不强或者缺乏正确环境审美观，一味地追求经济开发利益，而忽视旅游环境得以存在、得以吸引旅游者的真正原因。

旅游业发展在促进环境建设与保护的同时，如果处理不当，也会导致环境遭受破坏，影响旅游业的生存以及整个人类的生存。因此，发展旅游业必须资源开发与环境保护并重，旅游经济效益与环境效益相结合，发展生态旅游，推崇可持续发展思想，从长远角度维持旅游业赖以生存的物质条件。

本章小结

旅游已经是很多国家和地区的重要乃至支柱产业，在国民经济中具有重要地位和作用。研究表明，旅游业是一个关联度高、带动力强、效益显著的综合性产业群体，其对旅游目的地的经济、社会文化以及环境会产生一系列的影响。因此，发展旅游业一定要着眼于全局，运用系统工程的思想和方法统筹规划，谋求区域社会经济的优化效果。

同步练习

一、填空题

1. 旅游出口是一种无形贸易，国际上称之为____________。

2. 旅游业所创造的产值占全球国内生产总值的份额已超过________。

二、单项选择题

1. 通过发展(　　)来增加就业机会，是有效地解决就业问题的重要途径。

A. 第一产业　　B. 第二产业　　C. 第三产业　　D. 科技产业

2. 旅游业是一个具有关联带动性的产业，旅游业每增加1个直接就业人数，就可增加(　　)个与之相关联的间接就业机会。

A. 3　　B. 4　　C. 4.5　　D. 5

三、多项选择题

1. 国家货币回笼的渠道主要有(　　　　)。

A. 商品回笼　　B. 财政回笼　　C. 服务回笼　　D. 信用回笼

2. 在旅游活动中，(　　　　)对旅游环境的保护起着关键作用。

A. 旅游者　　B. 旅游地居民　　C. 旅行社　　D. 社会组织

四、简述题

1. 旅游对经济发展的积极影响有哪些？

2. 举例说明旅游对社会文化的积极影响。

3. 旅游业对社会文化的消极影响包括哪几个方面？

4. 试述旅游活动对环境的影响。

实训项目

关于旅游产业在国民经济中的地位的讨论

近年来，随着我国居民生活水平的提高和闲暇时间的增多，假日经济迅速升温，对旅游业产生强烈的需求。我国经济的发展，也使各地将寻找新经济增长点的视野由第一产业和第二产业扩展到第三产业，特别是旅游产业。

但是，在发展旅游产业时，如果忽视旅游产业的特殊性，不考虑旅游产业的负面影响，盲目选择旅游业作为主导产业，很可能会导致产业单一化、地区竞争激烈等后果。

如何正确定位旅游业呢？旅游业在各大产业中的地位如何？一个经济不发达的城市可以选择旅游业作为主导产业吗？

第八章　旅游业与其他产业融合发展

学习目标

知识目标

- 理解和掌握旅游业与农业融合发展的效应、模式和途径。
- 理解和掌握旅游业与工业融合发展的效应、模式和途径。
- 理解和掌握研学旅游的概念、开发意义和发展措施。
- 理解和掌握体育旅游的概念、开发模式和发展措施。
- 理解和掌握医疗旅游的概念、开发效益和发展措施。

能力目标

- 能够准确理解旅游业与其他产业融合发展的意义。
- 能够运用产业融合的理念分析问题。

第八章素养目标

【关键概念】

融合发展　农业旅游　工业旅游

研学旅游　体育旅游　医疗旅游

思维导图

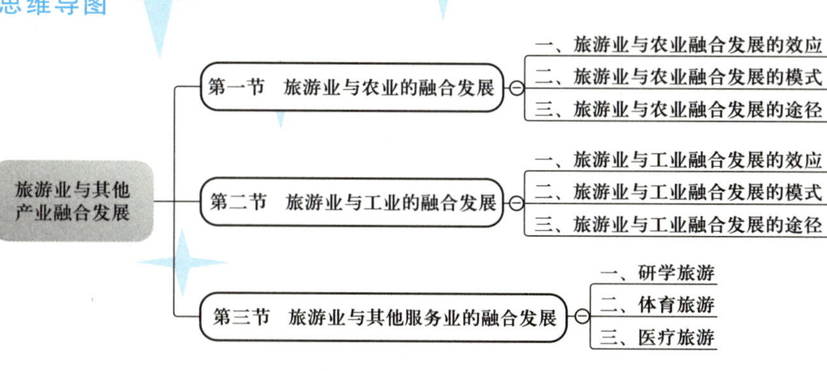

产业融合是在市场和科技发展情况下，各个产业之间的分界线逐渐弱化，继而在市场推动下逐渐出现融合交叉的现象。产业融合不仅推动了各个产业之间的相互促进和发展，也有效优化了产业资源的使用结构，进一步提升了各个产业的经济效益和社会效益。

在我国，旅游产业融合始于 20 世纪 90 年代末 21 世纪初，是随着科技发展、市场管制放松逐渐出现的一种经济现象。原国家旅游局相关负责人在《积极实施“三步走”战略奋力迈向我国旅游发展新目标——2017 年全国旅游工作报告》中明确提出，狠抓“旅游+”，旅游主动与其他产业融合，促进产业结构调整、转型升级取得突破。旅游产业的融合多表现为两种形式。第一种是旅游产业与第一、第二产业的融合，最常见的便是农业旅游、工业旅游。第二种是旅游产业在第三产业内部的融合，即旅游业与其他服务业的融合，如研学旅游、体育旅游、医疗旅游等。不管旅游产业有多少融合类型，其本质特征是创新，具体表现在产品创新、服务创新、市场开发创新、管理理念创新、产业结构创新等方面。

第一节　旅游业与农业的融合发展

旅游业与农业的融合发展是利用农业景观和农村空间吸引游客前来的一种新型农业经营形态。其指导思想是“农旅结合、以农促旅、以旅强农”。旅游业与农业的产业融合并不是两种产业的简单叠加，而是一个双方产业链融合、渗透的过程，通过这种融合、渗透来实现产业链的延伸和增值。2001 年，农业旅游首次被正式提出，同工业旅游一并被原国家旅游局列为当年的旅游工作要点。2006 年，原国家旅游局将“新农村、新旅游、新体验、新风尚”作为宣传口号，又将旅游主题定为“中国乡村游”。2016 年年初，在国务院办公厅印发的《关于推进农村一二三产业融合发展的指导意见》中，农业与旅游业的融合成为拓展农村产业融合的一条重要途径。通过积极发展多种形式的农家乐、建设具有特色的旅游村镇和乡村旅游示范村、有序发展新型乡村旅游休闲产品、引导公众参与农业科普和农事体验等方式拓展农业的多种功能。

【拓展阅读】

国民经济行业分类

《国民经济行业分类》国家标准于 1984 年首次发布，分别于 1994 年和 2002 年修订，2011 年第三次修订，2017 年第四次修订。该标准（GB/T4754-2017）由国家统计局起草，原国家质量监督检验检疫总局、国家标准化管理委员会批准发布，并于 2017 年 10 月 1 日实施。

代码		类别名称
门类	大类	
A		农、林、牧、渔业

续表

代码		类别名称
门类	大类	
	1	农业
	2	林业
	3	畜牧业
	4	渔业
	5	农、林、牧、渔服务业
B		采矿业
	6	煤炭开采和洗选业
	7	石油和天然气开采业
	8	黑色金属矿采选业
	9	有色金属矿采选业
	10	非金属矿采选业
	11	开采辅助活动
	12	其他采矿业
C	13	农副食品加工业
	14	食品制造业
	15	酒、饮料和精制茶制造业
	16	烟草制品业
	17	纺织业
	18	纺织服装、服饰业
	19	皮革、毛皮、羽毛及其制品和制鞋业
	20	木材加工和木、竹、藤、棕、草制品业
	21	家具制造业
	22	造纸和纸制品业
	23	印刷和记录媒介复制业
	24	文教、工美、体育和娱乐用品制造业
	25	石油加工、炼焦和核燃料加工业
	26	化学原料和化学制品制造业
	27	医药制造业
	28	化学纤维制造业
	29	橡胶和塑料制品业
	30	非金属矿物制品业

续表

代码		类别名称
门类	大类	
C	31	黑色金属冶炼和压延加工业
	32	有色金属冶炼和压延加工业
	33	金属制品业
	34	通用设备制造业
	35	专用设备制造业
	36	汽车制造业
	37	铁路、船舶、航空航天和其他运输设备制造业
	38	电气机械和器材制造业
	39	计算机、通信和其他电子设备制造业
	40	仪器仪表制造业
	41	其他制造业
	42	废弃资源综合利用业
	43	金属制品、机械和设备修理业
D		电力、热力、燃气及水生产和供应业
	44	电力、热力生产和供应业
	45	燃气生产和供应业
	46	水的生产和供应业
E		建筑业
	47	房屋建筑业
	48	土木工程建筑业
	49	建筑安装业
	50	建筑装饰和其他建筑业
F		批发和零售业
	51	批发业
	52	零售业
G		交通运输、仓储和邮政业
	53	铁路运输业
	54	道路运输业
	55	水上运输业
	56	航空运输业
	57	管道运输业
G	58	装卸搬运和运输代理业
	59	仓储业

续表

代码		类别名称
门类	大类	
G	60	邮政业
H		住宿和餐饮业
	61	住宿业
	62	餐饮业
I		信息传输、软件和信息技术服务业
	63	电信、广播电视和卫星传输服务
	64	互联网和相关服务
	65	软件和信息技术服务业
J		金融业
	66	货币金融服务
	67	资本市场服务
	68	保险业
	69	其他金融业
K		房地产业
	70	房地产业
L		租赁和商务服务业
	71	租赁业
	72	商务服务业
M		科学研究和技术服务业
	73	研究和试验发展
	74	专业技术服务业
	75	科技推广和应用服务业
N		水利、环境和公共设施管理业
	76	水利管理业
	77	生态保护和环境治理业
	78	公共设施管理业
O		居民服务、修理和其他服务业
	79	居民服务业
	80	机动车、电子产品和日用产品修理业
	81	其他服务业

续表

代码		类别名称
门类	大类	
P		教育
	82	教育
Q		卫生和社会工作
	83	卫生
	84	社会工作
R		文化、体育和娱乐业
	85	新闻和出版业
	86	广播、电视、电影和影视录音制作业
	87	文化艺术业
	88	体育
	89	娱乐业
S		公共管理、社会保障和社会组织
	90	中国共产党机关
	91	国家机构
	92	人民政协、民主党派
	93	社会保障
	94	群众团体、社会团体和其他成员组织
	95	基层群众自治组织
T		国际组织
	96	国际组织
		国际组织

注:上表中仅列出了门类和大类,中类和小类未详细列出。

(资料来源:百度百科)

一、旅游业与农业融合发展的效应

(一)有利于农民增收、农业增效、农村发展

以粗放型发展为特点的传统农业资源利用单一,经济效益低下,经济附加值不高。发展旅游是实现传统农业资源整合的最好路径。通过农业与旅游业相互融合,能够发挥农业资源的旅游优势,极大地提升农业本体资源的利用效率和效益。农业旅游的发展也将吸纳大量农村剩余劳动力,通过直接或间接参与农业旅游各环节,改变农民的收入结构,增加农业收入。此外,农业旅游的开展,客观上加快了村容村貌的改善和基

础设施建设力度，提升了农民的基本素养和精神面貌，进而在整体上促进了农村的全面发展。

（二）有利于旅游产业结构优化升级

随着社会变革的加剧，人们的生活方式和思想观念也发生了翻天覆地的变化，旅游需求呈现多样化、个性化、高级化发展趋势。传统的旅游产品和观光游览形式已经跟不上上述发展趋势，旅游者对旅游产品提出了更高的要求。旅游业与农业的融合，是对农业资源的旅游化规划、开发，为旅游者提供一个有别于城市的旅游体验空间，迎合了现代人回归自然、追求宁静的心理状态，因而有着较大的市场空间。这种新型旅游产品将传统的观光游览与休闲度假、乡村体验等结合起来，是旅游产品转型升级的有效途径，也是优化旅游产业结构的必然选择。

旅游业与农业的产业环节相结合，在农业资源的基础上加入吃、住、行、游、购、娱等旅游要素，并设计有效组织各种趣味性强、内含丰富的活动满足游客的农业体验需要，让游客获得美好又难忘的体验。第一，满足游客审美体验的农业旅游活动有：欣赏珍禽异兽、名贵花草、名贵药材、高科技的新奇品种、特色民居、乡土建筑、传统手工艺品、艺术作品、文化遗产等。第二，满足游客逃避需求的农业旅游活动有：采蘑菇、采茶、挖竹笋、插秧、编织、酿酒、捕鱼、农具制作、烹饪美食等。第三，满足游客教育需要的农业旅游活动有：农具陈列馆（见图8-1）、农业博物馆、高科技农业示范园、放映厅、农业科技展示走廊、农作物识别、农业种植技术传授、农具应用交流等。第四，满足游客娱乐需要的农业旅游活动有：观看传统文化表演、听戏、特色民俗表演、民间歌舞表演、传统技艺展示、聆听传说趣闻等。

图 8-1　印江农具展览馆

二、旅游业与农业融合发展的模式

（一）农业场所与旅游活动的空间融合

农业与旅游业的融合首先表现在从传统的农业劳动场所向旅游目的地的转变。地理空间上的融合促使单一的农业生产场所具有了旅游吸引力，兼具农业生产和观光、休闲、度假、娱乐等多重功能，既满足了旅游者体验乡村田园生活的需求，也延伸了农业的产业链，提升了农业产业附加值。乡村作为旅游目的地，必然要有便利的交通，完善的吃、住等设施，以及最为核心的农业旅游资源和产品。

（二）农业资源与旅游服务的内容融合

农业产业涉及的自然资源、人文资源、农产品资源等在与吃、住、行、游、购、娱等要素相融合的过程中都转变为了农业旅游资源，农业从业人员的劳动内容也从纯粹的耕种、畜牧等农事活动转变为兼具农事活动和服务活动的农业旅游活动。农事活动主要的对象是土地、农作物等，而农业旅游活动主要的服务对象是游客。只有掌握游客的心理，提供优质的服务，才能获得较高的经济效益。农业资源与旅游活动在内容上的融合产生了农业产业的新业态，拓展了旅游活动内容和产品体系，实现了农业与旅游业的结构性变革。

（三）农业从业人员与旅游服务人员的人员融合

一方面，农业从业人员在从事农业生产的同时，也开始承担一定的旅游服务活动，转移了大量农村剩余劳动力，提升了农民的素养和精神面貌；另一方面，大量城市游客涌入乡村，在思想观念、生活方式、人际交往等方面与农民产生交流和碰撞，有效增进了市民和农民之间的相互了解，充分的城乡互动对于缩小城乡差距、实现统筹发展具有积极的意义。

（四）农业产品与旅游商品的市场融合

传统农业产品的溢价能力低，要提高其溢价能力，必须实现农产品的特色化、品牌化、旅游化，把具有特色的农业产品、乡村手工艺品等以旅游商品的形式进行包装、营销，特别是在当前城镇食品消费结构转型升级的背景下，农业与旅游业融合的重点任务之一就是实现农业产品向旅游商品的转变，提升农业产品的附加值。农业产品在向旅游商品转变的过程中，必须充分发挥乡村的资源优势，结合各地的文化背景，开发出文化特色鲜明、技术含量高、具有便于携带等特点的系列化农业旅游商品，并通过构建农业旅游产品超市、特色旅游购物街等途径，解决农业旅游商品的销售通道问题，尤其要重视农村移动网络的建设，利用电子商务的优势，破解农业旅游商品销售的时空限制。

三、旅游业与农业融合发展的途径

（一）完善农业旅游管理体制与宣传策略

通过改革构建完善的、权责统一的高效农业旅游管理体制，可进一步推动农业旅游产业融合发展。具体方法包括：其一，深化农业旅游综合性改革，充分发挥市场资源配置优势，利用政府部门的统筹协调职能，联合多个部门打造农业旅游资源整合机制，促进产业融合发展；其二，采取“互联网+”思维全面推动农业旅游创新发展，重点培育具有特色、文化内涵的农业旅游项目，全面支持创新农业旅游企业；其三，探索构建多个管理部门的利益分配体制，强化管理部门联动性与积极性，解除传统管理体制限制。在农业旅游产业融合发展宣传对策上，更要采取“互联网+”的思维模式与策略，构网络平台与移动终端，借鉴其他旅游产品网络宣传方式，开展多样化的“线上+线下”农业旅游宣传活动，例如建立微信公众号、设立微博账号，不断更新内容，以此来吸引新的消费者，培养忠实消费者，塑造农业旅游项目品牌。

（二）培育复合型农业旅游人才

现代旅游产业融合发展趋势明显，新业态与新的旅游商业模式层出不穷。对于农业旅游产业融合发展而言，人才的培养与支持至关重要，通过培养更多复合型人才，有利于实现农业旅游产业融合发展目标。针对人才缺失问题，具体可采取以下两个措施：一方面，落实复合型农业旅游人才培养战略，打破传统人才培养机制，为复合型农业旅游人才建立优质激励制度，构建现代化农业旅游产业从业者工作机制；另一方面，全面推动现代化旅游教育发展，革新农业旅游人才培养方式，强化教育产业与农业旅游产业的沟通交流，对接人才需求情况。在教育过程中，注重理论与实践结合，培养复合型人才，打造多样性的办学体系。

（三）构建良好的营销渠道开发策略

为了不断提升农业旅游项目的核心竞争力，在激烈的市场竞争中做出正确的决策，地方政府要不断提升营销策略开展的预判能力，通过建立系统数据库，了解市场的真实情况。具体包括客户数据、旅游产品数据、销售数据，以及竞争对手数据、广告宣传数据、促销数据、区域市场消费者数据和区域市场政治经济数据等各种与销售密切相关的数据。通过对数据的深层次分析，正确做出市场决策，适时地调整营销手段、促销方式以及宣传策略。以地方政府为主的农业旅游营销策略的渠道优化，需要借助地方政府的公共信息平台优势，主动向潜在消费群体提供各类旅游信息。对照农业旅游项目的业务量，甚至可以成立专门的特殊群体旅游市场部，及时地通过专业化的团队运营，对市场进行调查和了解，并做好信息反馈，以便开发和设计出更符合现代人需求的农业旅游产品。与此同时，还能够为现代人带来专业化的旅游服务和个性化、多样化的旅游体验。挖掘农业旅游项目的民俗文化内涵，使文化向深层次、多元化延伸。我国农业旅游拥有丰富的文化资源、浓郁民俗风情，具有唯一性和不可复制性。所以在农业旅游发展中，无论是项目设计、线路编排，还是歌舞表演、文化展示，都要充分挖掘民族特色和地域特色，形成鲜明的个性特征，推动农业旅游项目的可持续发展。

第二节　旅游业与工业的融合发展

工业旅游是现代旅游产业的重要组成部分，是伴随着人类工业化进程而诞生、发展并不断演进的热门产业。它是以保护和开发工业遗产、整合工业资源、彰显工业文明魅力、提升工业企业综合效益为宗旨，以多样化的工业形态为载体的旅游新产品。工业旅游从 19 世纪中期由博览会衍生出的会展游，到 19 世纪末期的英美工厂主所倡导的工厂参观游，再到 20 世纪中期的工业遗产游与铁锈区怀旧景观游，以及 21 世纪的现代工业景观游，经历了一个由萌芽发展到逐步壮大的过程。

在 2016 年 11 月召开的首届全国工业旅游创新大会上提出，未来 5 年我国工业旅游将进入一个黄金发展期。原国家旅游局相关负责人在第二届全国工业旅游创新会上介绍，我国工业旅游已在全领域铺开，从过去的食品加工、服装纺织、工艺品制造等轻工业，到如今涵盖41个工业大类；从单纯展示生产流程和生产工艺，到多元开发；从局部地区向全地域铺开；由单纯的工厂参观延伸到工业购物游、工业科普游、企业文化游、工业遗产游等。

【知识链接】

国家工业旅游示范基地

根据《国家工业旅游示范基地规范与评价》行业标准，经各省、区、市推荐和全国旅游资源规划开发质量评定委员会专家组评定，于2017年11月确定推出以下10个国家工业旅游示范基地。

1. 山东省烟台张裕葡萄酒文化旅游区
2. 江苏省苏州隆力奇养生小镇
3. 福建省漳州片仔癀中药工业园
4. 内蒙古自治区伊利集团·乳都科技示范园
5. 云南省天士力帝泊洱生物茶谷
6. 山西省汾酒文化景区
7. 新疆生产建设兵团伊帕尔汗薰衣草观光园景区
8. 黑龙江省齐齐哈尔市中国一重工业旅游区
9. 辽宁省大连市海盐世界公园
10 . 安徽省合肥市荣事达工业旅游基地

（资料来源：文化与旅游部官网，2019年3月）

一、旅游业与工业融合发展的效应

工业旅游是在旅游业与工业之间架起桥梁，丰富优化旅游产品、延长产业链条，同时也为促进地方工业经济结构调整、增加社会就业、提升企业文化和社会形象、开拓市场营销注入新的活力。发展工业旅游与“创新、协调、绿色、开放、共享”五大发展理念完全吻合，有利于促进工业转型升级和旅游业融合发展。

第一，工业旅游是促进工业转型升级、培育新增长动力的重要途径。欧美、日韩等发达国家均已进入后工业社会，其最明显的特征就是工业经济向服务业经济转型。2015年，我国第三产业增加值占比首次突破50%，这标志着我国开始迎来后工业时代。同时，我国工业也面临转型升级、产业结构调整、化解产能过剩和提升新兴工业价值的急迫任务。通过大力发展工业旅游，将现行生产资源或已废旧闲置资源就地转换为旅游资源，形成庞大的旅游消费市场，有利于促进工业产业向服务业经济转型；有利于就地销售工业产品，节约流通成本，化解产能过剩；有利于拓展价值空间，推进新型工业化，形成新的增长动力，加快我国从制造业大国向制造业强国转变，从中国制造向中国创造转变。

第二，工业旅游是企业实现品牌竞争、提升综合收益的有效手段。对工业企业来说，不仅可以通过工业旅游得到直接的经济效益，还可以得到潜力更大的无形收益。直接效益表现在门票收入、向游客提供讲解、餐饮等服务收入、直销产品收入等。对企业来说，更重要的是工业旅游带来的间接无形收益，主要体现在三个方面：一是树立企业形象，扩大免费广告效应；二是了解现实和潜在市场需求，掌握市场动向，培养现实顾客和潜在顾客；三是改善生产经营环境，增强企业员工的自豪感和责任感，形成独特的企业文化。青岛啤酒厂负责人讲，他最激动的是："今天的游客就是明天的顾客"。青岛啤酒通过工业旅游，每年培养出几十万甚至上百万的青岛啤酒忠实粉丝，比做广告花钱少、效果好。

第三，工业旅游是促进政府、游客和社区居民多方受益、形成多赢格局的重要渠道。工业旅游不仅是双赢，更是多赢。就政府而言，工业旅游可以拉动内需，激活当地经济，促进当地服务业发展，增加地方财政收入，加快产业结构调整，提升国民工业素养意识。就游客而言，不仅可以增加旅游选择，开阔眼界，体验式学习和了解相关专业知识，还可以缩短产销距离，购买到物美价廉、货真价实的工业产品。就社区居民而言，工业旅游可以促进当地文化交流，改善人居环境，增强区域认同感和自豪感。同时，工业旅游还有利于促进企业与社区居民的了解、理解和支持。海南核电厂通过开展工业旅游，让社区居民走进核电厂，了解核电，消除对核电的恐惧，促进了企业与社区居民的和谐。

第四，工业旅游是适应大众旅游时代，推进"旅游+"和全域旅游的重要内容。工业旅游就是要充分发挥旅游业的拉动力、融合力及催化、集成作用，为工业转型发展提供新的增长动力，同时也形成新的旅游业态，是"旅游+工业"的必然成果。景点旅游模式向全域旅游模式转变，就是强调全域内各类资源都要考虑到旅游需求，都成为旅游元素。一个地方好的企业、好的工业产品，往往也是当地的一张闪亮名片，吸引不少游客慕名而来。发展全域旅游，就需要把这些品牌企业、知名产品通过工业旅游塑造成具有竞争力的旅游产品。

二、旅游业与工业融合发展的模式

北京工业大学王国华等学者认为，当下中国工业旅游产业发展模式主要有以下几种。

第一，现代制造业展陈模式。这种发展模式的基本特征是利用现代高科技生产线或高新技术产品作为工业旅游吸引物，满足游客对高科技和现代工业产品好奇与向往的精神需求。例如，海尔的生产线游览、第一汽车制造厂的生产与产品展陈观览等。这种模式能够给游客带来强烈的视觉冲击，增强现代高科技知识的传播，对企业产品销售和品牌提升起到促进作用。

第二，科技园区资源多次开发模式。目前中国有众多的国家级高新技术开发区和国家级经济技术开发区。这些开发区都是在改革开放以后建立起来的，有良好的基础设施，方便企业入驻，大多数都能够集观光、购物、审美、求知等多种功能于一体，适合其资源的二次开发。例如，苏州工业园区、武汉经济技术开发区都能够在不增加硬件投入的基础上开发工业旅游，以获取可观的资源二次开发效益、品牌传播效应与人文情怀的聚集效应。

第三，老工业基地转型升级模式。这些老工业基地都拥有较好的基础设施、较为响亮的企业品牌、较为优越的地理位置、较为深厚的工业文化资源、众多优秀的工业人物和无数引人入胜的产业故事。他们只需要在工业遗产资源挖掘和厂区环境保护方面稍做努力，利用已有的品牌和政府的巨大支持，通过产业内容和产业形态的改造，就能够迅速获取新的市场空间。例如，北京的首钢园区、武汉钢铁基地、大庆油田、沈阳铁西区等，在它们周边都有成熟的社区环境和巨大的消费市场，如果在工业旅游的发展理念、产业政策和开发模式方面进行深刻的变革，就能够很快地取得类似德国鲁尔工业区、美国克利夫兰那样的城市复兴成就。

第四，工矿城市更新发展模式。这种工业旅游发展模式的最大特点在于修复工矿城市的生态环境，通过旅游化促使工矿城市变得宜居、宜游、宜养、宜业，用政策创新、人文氛围营造来改变当地的人文地貌，吸引优秀人才定居，用全新的人文地貌去改变当年的自然地貌。这类工业旅游发展模式最重要的理念就是秉承全新的人文地理观和人力资源观。例如，湖北黄石市这样的工矿城市，通过发展工业旅游创新人文环境，在改造黄石市自然环境的同时，充分挖掘工业遗产中丰厚的人文精神，并创新出独特的社会游戏规则以及迷人的工业旅游产品，使得区域的人文地貌不断影响并美化着自然地貌。

第五，百年老店升级换代模式。所谓百年老店指的是那些历史悠久、品牌影响力深远的老字号企业。这种模式并非依赖旅游活动直接增加企业的营收，而是依靠自身老品牌的影响力，借助工业旅游这种形式向游客传播品牌文化、讲述企业发展故事、传播企业精神，通过老品牌的影响力植入新的商业业态和新的产品内容，实现企业产品与品牌的升级换代。

第六，工业博物馆开发模式。这种模式往往适合于具有悠久产业发展历史，而现状又非常落寞与衰败的老工业区域，这些老工业区已经失去了往昔的辉煌，甚至许多有形遗产已经离开人们的视野很久，近乎消亡了。但是它们在产业发展的历史记载中依然具有里程碑价值。例如，湖北鄂州古铜镜市场、古时为冶铜而修建的湖北黄石大冶区域的五里界城、鄂王城、草王嘴城以及千姿百态的各类矿石标本等，它们令人惊叹的辉煌历史、巨大的经济文化与人文价值，都可以通过博物馆形式再现，吸引感兴趣的游人。

第七，遗址公园发展模式。工业遗址公园是工业遗产保护和再利用的主要形式。它是指在弃置的工业遗址或工业废弃地上，通过对场地内的工业设施设备、工业人造物等采取保留、改造利用、再生设计等方式，改造建设而成的，可供市民游憩、观赏、娱乐以及开展工业科普教育等活动的公园绿地。这类公园既在一定程度上保护与延续了工业文明，同时也改善了城市生态环境，深受人们的喜爱。如北京首钢遗址公园、广东中山岐江公园（见图 8-2）等。

第八，珠宝及工艺品体验购物模式。这种模式是利用原有的工业场地（或原有的工业制造技艺）建立旅游中心，吸引游客观摩其工艺流程、体验产品制作过程，进而实现现场购买目的的一种工业旅游发展模式。流行于 20 世纪 80 年代的香港众多的珠宝行就属于这种开发模式。

第九，生产流程参与体验模式。这种模式往往将生产状态、生产设备、生产过程等作为一种旅游吸引物，让游客参与其中，体验并消费其生产的产品。例如，上海星巴克

图 8-2　广东中山岐江公园

烘焙工坊是中国目前最独特的咖啡系列产品烘焙工坊。它将咖啡制作工艺与生产流程艺术化、可视化、展览化，将咖啡文化与咖啡全产业链形象地展现给游客，给游客深切的体验感、互动感和参与感。许多酒庄、酒厂、食品生产厂家都采取这种模式拓展市场，吸引更多的消费者青睐其产品。

第十，"腾笼换鸟"与空间重构模式。这种模式主要是利用原有的厂房和工厂的硬件设施经过空间重构、视觉形象与产业内容更换，形成全新的产业业态。例如，北京的 798 艺术区在完全保留原有工厂建筑的情况下，植入全新的现代艺术内容，使之成为具有重要影响力的现代艺术园区。

上述各种工业旅游开发模式各有利弊，关键在于工业旅游产业主导者与相关利益参与方必须秉承与时俱进的创新理念，根据市场变化特征，不断创新自己的发展模式，以适应目标客户的需求变化。

【案例链接 8-1】

山东：工业旅游千帆竞发

近年来，山东烟台积极发挥旅游与工业资源优势，推进旅游与工业融合发展，成果显著。目前，烟台拥有国家级工业旅游示范点 6 个、省级工业旅游示范点 17 个。

百年老厂再现往昔

2017 年 11 月，原国家旅游局公布首批"国家工业旅游示范基地"名单，烟台张裕葡萄酒文化旅游区位列其首。张裕酒文化旅游区是烟台工业旅游发展的一个缩影。烟台拥有丰厚的工业遗产，招远黄金溜槽堆石砌灶冶炼技艺是国家非物质文化遗产；张裕酒文化博物馆地下大酒窖是国家级工业遗址；北极星钟表文化博物馆是省级工业遗址……工业大市发力工业旅游，不仅实现了保护与开发的有机结合，也展现出了千年文化遗产、百年工业遗址的烟台魅力。

2016 年出台的《烟台市人民政府关于加快发展全域旅游的实施意见》强调了工业旅游的重要性，鼓励发展"制造—展销—体验"于一体的工业旅游产品。

做活老字号，增强参与性体验，要让工业旅游既"严肃生动"，又"趣味活泼"。在烟台工业旅游起步阶段，挖掘张裕葡萄酒、北极星钟表、三环锁等百年老字号的品牌故事，凭借东方葡萄酒海岸、仙境海岸的养生文化和具有2000多年黄金开采历史的招远黄金文化等特色文化，依托“烟台十大休闲葡萄酒庄”、老字号工业品牌博物馆等工业旅游载体，举办葡萄酒大讲堂、自酿酒大赛、招远小镇淘金等主题活动，与“烟台人游烟台”等特惠日活动相结合，与烟台研学旅游课题相结合，提升游客的参与度，寓教于“游”，积跬步以“求”千里。

坐落于烟台滨海景区圈内的张裕酒文化博物馆、三环锁具博物馆、北极星钟表文化博物馆，可让游客漫游于烟台开埠的百年时光，领略中国民族工业从无到有的奋斗历程。

此外，具有数千年黄金文化传承的招远市投资19.8亿元建设了国内首个实景场景式的黄金博物馆、国内最大的淘金小镇和旅游商贸一体的黄金珠宝首饰城，2016年接待黄金体验和购物游客378.3万人次。

“一带四区”成效显著

葡萄酒、黄金等工业旅游资源，是烟台全域旅游产品体系中的独特禀赋和产业亮点。近年来，烟台逐渐形成了以葡萄酒旅游、黄金文化旅游为第一梯队，造船、核电、食品、丝绸、汽车为新业态梯队的工业旅游产品体系，形成了以市区至蓬莱葡萄酒体验带、招远黄金文化旅游区、高新区研学科普旅游区、龙口南山度假区、莱阳海阳栖霞食品工业体验区为代表的“一带四区”工业旅游发展格局，烟台工业旅游可谓千帆竞发。

葡萄酒旅游方面，烟台先后投入27亿元建设了张裕卡斯特酒庄、蓬莱君顶酒庄等39个葡萄酒庄，投资60亿元的开发区张裕国际葡萄酒城、投资16亿元的莱山铺拉谷酒庄集群、投资12亿元的栖霞台湾农民创业园酒庄集群等22个酒庄项目在建，推进蓬莱拉菲酒庄等在建酒庄项目建设，形成了国内最大规模的酒庄集群。其中，张裕公司通过一系列的旅游项目和产品开发，实现了由生产制造向现代服务业的大型工业企业的转型升级，拥有了烟台张裕酒文化博物馆、北京张裕爱斐堡国际酒庄等6家4A级旅游景区，2016年接待游客99.4万人次，旅游综合收入达1.8亿元。

从工业产品到旅游商品，从老厂房到工业旅游体验点，烟台工业企业进军旅游呈现百舸争流的局面，先后推出仙境海岸美酒品鉴之旅、淘金小镇采金之旅、核电航天科普之旅、欣和美味观心之旅等工业旅游专项线路；张裕酒城+磁山温泉“品酒泡汤之旅”、招远黄金博物馆+金都温泉“黄金体验温泉养生之旅”、栖霞楚留河酒庄+牟氏庄园“品鉴民俗体验之旅”等50余条养生线路。

烟台市工业旅游致力于对产品理念进行解读，展现食品工业领域对品质的不断追求；现在企业打开大门，让游客进入工业园区，体会并理解企业致力绿色饮食、改变生态的理念，对于现代工业企业与消费者之间建立信赖、加强沟通起到了积极的促进作用。

全域旅游向海延伸

近年来，与海洋有关的旅游新业态沿滨海一线蓬勃兴起，太平湾游艇帆船专用码头等一批海上游配套项目先后落地实施。百年烟台港不仅引来国际邮轮的停靠，国内首艘全资、自主经营、自主管理的豪华邮轮“中华泰山”号也从这里起航走向世界。

烟台“海上游”产业方兴未艾，仅蓬莱一个县级市，就拥有3家游船游艇管理公司，投入旅游运营的船舶达70艘。与之相关联的游船游艇等旅游装备制造业，是烟台工业旅游中的蓝海。目前,烟台共有旅游装备制造销售企业18家。其中,游艇帆艇制造企业6家、旅游木屋建造企业2家、渔具制造企业5家。

烟台全域旅游发展既有海岸生活、海岛休闲、海上逍遥的业态创新,也有海上游、低空飞行等海陆空区域旅游的空间跨越。其中,离不开工业企业,尤其是现代科技领军企业的实力进驻。中集来福士是全球为数不多的豪华游艇修造厂家,2008年被评为省级工业旅游示范点。如今,中集来福士不断加大超级豪华游艇、高端游船等旅游装备制造的研发和生产力度,建造了“亚洲女士”号、“Nero”号等多艘世界顶级豪华游艇。2016年启动了“寻仙5号”“寻仙6号”2艘长66米的高端主题游船制造,正式向定制高端游船生产建造领域进军。

(资料来源:文化与旅游部官网,2019年2月)

三、旅游业与工业融合发展的途径

(一)要了解工业旅游,重视工业旅游

要充分认识到发展工业旅游关乎经济新常态下我国产业结构调整的全局,关乎新型工业化的道路方向和实现方式,关乎旅游业的增长潜力和发展后劲。一是要将工业旅游作为推进“旅游+”和全域旅游的重要抓手,作为评价各地旅游工作的重要考量。二是进一步优化工业旅游的空间布局。发展工业旅游不能局限于老工业基地等传统工业地区,还要拓展到民族手工业基地、特色工业小镇、中小微企业等。三是不断拓宽工业旅游的产业融合领域。在做好工业与旅游融合的基础上,积极寻求与新型城镇化、新型信息化、新型农业现代化,以及与文化、商业、艺术等融合发展。四是积极参与资源型城市转型。将工业旅游培育成为资源枯竭型城市产业转型的重要接续替代产业,在东北等老工业区振兴战略中发挥积极作用。

(二)动员有条件的工业企业积极参与,创新工业旅游产品和业态

发展工业旅游,工业企业是主体,是关键。要充分发挥和调动他们的主创精神和积极性,做好产品设计开发和产品组合,按照产品做专、服务做精、市场做细的原则,形成各具特色的专项工业旅游产品。就工业旅游产品业态培育而言,要做到三个转变:一是由静态、线性游览向动态、深度体验转变。突破传统的参观工厂区和作业线形式,充分挖掘文化内涵,增加更多具有参与性和体验感的旅游产品。二是由低层次、单一化开发向创意性、复合性发展转变。加大文化、创意、科技等要素的投入,设计出更多时尚化、可消费的旅游产品和业态。三是由零散型、封闭式发展向集聚型、开放式发展转变。要融入城镇化建设进程,与周边旅游产品和业态形成联动,实现对区域经济社会的综合带动效应。

(三)加大宣传推广力度,培育工业旅游新兴消费市场

要从旅游消费的角度来做好工业旅游的宣传推广和市场培育工作。一是要将工业旅游纳入整体宣传推广计划中,推出一批有影响的工业旅游品牌和活动,有针对性地培育青少年学生群体市场和对工业旅游感兴趣的专业旅游市场。鼓励将工业旅游与修学旅游有机结合,组织学生开展工业参观考察、学习观摩、科技实验、生活体验、劳动锻炼等针对性的教育活动。二是在新闻媒体上,开设工业旅游专版和专栏、增加工

业旅游专题和时段，提升社会对工业旅游的认知和兴趣，培育和挖掘潜在消费市场。三是要做好营销。工业旅游让企业工人与消费者直接接触，工人形象也至关重要，要强化对工人的教育、引导和管理，做到人人都是形象，人人都是宣传员。

（四）实施工业旅游创新示范工程，发挥引领示范作用

一是建设国家工业旅游示范区。重点推进城市休闲型、产业园区集聚型、企业观光体验型、博物馆展示型、文化创意集聚型等各类工业示范点建设。二是因地制宜推进特色工业旅游城镇建设。结合我国特色产业园区建设和“产城融合”发展，引导工业旅游园区化和城镇化集聚发展，打造精品线路和优势产业群。三是探索工业遗产可持续再利用模式。大力推进主题博物馆、公共休闲区、创意产业园建设。四是推进工业旅游基地建设。编制全国工业旅游示范基地标准，指导企业按照标准配套建设工业旅游项目。完善退出标准和退出机制。鼓励各地以国家标准为基础，突出地域特色，彰显企业文化价值，制定和完善地方工业旅游标准和服务质量规范。

（五）加大保障力度，提升工业旅游创新动力

一是要给予政策支持。要积极会同发改、工信、财政、环保等部门，推出支持工业旅游发展的相关政策。二是要完善公共服务体系。积极推进城市旅游公共服务基础设施向工业旅游产业园区、示范点优先延伸，城市公共服务职能对城市工业旅游示范等区域优先覆盖。三是加强人才培养。着力培养一批工业旅游规划设计、创意策划和市场营销等方面专业人才，特别要培养既掌握工业知识又熟悉旅游规律的高层次、复合型人才。加强工业旅游企业相关从业人员的培训，着力提高工业企业中旅游讲解员、导游员以及其他服务人员的专业化服务水平。建立健全工业旅游培训机制，采取校企合作、企业互助、行业帮扶等多种形式，结合企业就业和再就业的培训工程，开展工业旅游服务和技能培训。四是要重视工业文化遗产的保护。联合工信、文物等相关部门对工业旅游遗产进行系统调查，对工业旅游开发中的破坏遗产现象进行重点整治。

第三节　旅游业与其他服务业的融合发展

旅游产业与其他服务业融合，不但能促进传统服务业改造提升，还能创造出新的业态，使休闲康养、健康护理等新兴服务业获得快速发展。旅游产业可以并且应该与文化、商贸、交通、教育等多产业融合，但这一过程必须是相互融合、相互促进的，即传统产业在保留自身职能的基础上融入旅游要素进行改造提升，让既有资源得到整合与高效配置，从而实现传统产业与旅游产业融合发展。

一、研学旅游

研学教育或游学在中外都有悠久的历史。我国古代文人墨客给我们留下了灿烂的游学故事和作品，成为中华文化永放光芒的瑰宝。李白、杜甫等文豪的杰作，许多可

谓游学之作。经过多年沉寂之后，游学近年来悄然兴起。

（一）研学旅游的概念

研学旅游是旅游与教育深度融合的新产业形态，是根据区域特色、学生年龄特点和教学内容的需要，组织学生走出校园，在与平常不同的生活中拓宽视野、丰富知识、加深与自然和文化的亲近感，增加对社会公共道德的体验。

（二）研学旅游的开发意义

研学旅游是培养公民社会主义核心价值观的重要载体，也是拓宽文化旅游发展空间的重要措施。研学旅游继承和发展了我国传统的“读万卷书、行万里路”的教育理念和人文精神，成为素质教育的新内容和新方式，大大提升了学生的自理能力、创新精神和实践能力。越来越多的学校和家庭认识到研学旅游对青少年成长发展的重要性。许多学子感受到寓学于游、寓学于乐的甜头，研学旅游在国内蔚然成风，有的还走出国门。研学旅游成为许多青少年假期生活的重要内容。

（三）研学旅游的发展措施

为适应我国研学旅游发展，需要大力开展中国研学旅游目的地和研学旅游示范基地建设，为研学旅游提供高水平的场所；成立内地游学联盟，鼓励有条件的地方开展多种形式的研学旅游活动。健全研学旅游安全保障机制，提高安全保障水平；推动国际研学旅游交流，规范和引导学生赴境外研学旅游，维护出境研学旅游秩序，保障学生出国出境研学旅游质量和权益。对开展研学旅游的学校，政府给予适当的经费支持。将实施研学旅游纳入教育公平的重要环节；财政部门设置专项旅游发展基金和奖励经费，并且鼓励社会资本加入，来扶持旅行社及教育机构开发研学旅游产品；旅游管理部门应协同景区景点做出门票让利，以及切实推进研学旅游市场发展。

【案例链接 8-2】

山东淄博要建一流研学旅行目的地

日前，淄博市公布了首批21家市级中小学研学旅行基地名单。研学旅行作为学校教育和校外教育有效衔接的新形式，已经逐渐成为中小学生旅行新时尚。旅行社也紧抓这一市场机遇，利用当地独特文化旅游资源开发出了一批特色研学产品，深耕研学市场。在山东新旧动能转化的大背景下，研学游不仅使传统产业找到了转型升级的新路径，也俨然成为旅游业创新发展的强劲动能。

资源互通政策驱动

“淄博是一个老工业城市，陶瓷、琉璃、酿酒、丝绸等工业旅游资源十分丰富。拥有各类博物馆、纪念馆96个，具有很强的研学价值和旅游吸引力。”有业者表示，近年来，以齐文化为统领，淄博陶琉文化、鲁商文化、聊斋文化等众多文化资源相继被开发，历史文化游、红色经典游、民俗风情游、绿色生态游、地质考古游、漂流温泉游等产品日益丰富。

据悉，正是在旅游市场快速扩张、成熟的基础上，齐文化博物院、中郝峪幽幽谷、山东百年课本博物馆、焦裕禄纪念馆等成功入选第一批“山东省中小学生研学实践教育基地”。周村古商城“状元文化游”、陶琉文化游等一系列极具特色的研学游产品应运而生，把课堂“搬”进景区，为各地学子献上一场研学盛宴。

依靠自身文化旅游资源特色，淄博市旅行社与景区不断探索研学游新模式，分层推进，整合资源，逐渐形成了以周村古商城、中国课本博物馆、齐文化博物院等为代表的历史文化研学游；以人立China琉璃小镇、中华琉璃文创园等为代表的陶琉工业研学游；以博山中郝峪、乐疃、文昌湖上坡地等为代表的乡村民俗研学游三种模式。

为进一步推进研学旅行的发展，2017年9月，淄博市教育局、市原旅发委等10部门联合制定印发了《淄博市推进中小学生研学旅行工作实施方案》；2017年年底，淄博市原旅发委又与淄博市教育局联合开展首批市级中小学研学旅行基地遴选活动。

据介绍，淄博将以众多文化旅游资源为依托，以研学旅行基地创建为重要手段，资源政策双驱动，打造一批研学旅行精品线路，一个布局合理、互联互通的研学旅行网络逐步形成。

凸显特色“量身定制”

作为研学旅行最重要的组成部分，在研学旅行市场中扮演着至关重要的角色。近年来，在一系列利好政策的推动下，淄博市各旅行社抓住当前机遇深耕研学市场，在精准定位文化内涵的基础上，精心设计研学路线、设置研学课程，结合青少年的年龄特点和接受能力，融入互动性强、参与度高的项目，产品内容更加丰富。

笔者日前从淄博市多家旅行社了解到，为了让孩子过一个轻松有趣同时又有意义的暑假，旅行社已推出多种优质研学游产品。淄博青年国旅负责人介绍，他们今年特别针对全国最慢的7053次绿皮小火车打造了一条研学线路，让孩子通过乘坐绿皮小火车感受交通工具的历史变迁，沿线停靠博山乐疃民俗村、中郝峪幽幽谷，通过制作糖葫芦、磨豆腐、包饺子等民俗体验项目为孩子们打造不一样的民俗研学之旅。

临淄华信国旅也将研学产品设计重点放在了体验感悟上。“临淄作为世界足球起源地，我们推出了一系列蹴鞠文化研学产品。在专业老师的指导下让孩子们亲身感受古代蹴鞠与现代足球的历史渊源，激起孩子对齐文化的学习热情，寓教于乐。”临淄华信国旅负责人说。

山东国旅是淄博市最大的旅行社，其相关负责人表示，淄博市第一批研学基地的建立让旅行社看到了政府与企业共同做强做大研学旅行的决心和信心。许多研学基地及景区纷纷针对广大青少年推出减免门票等优惠政策，今后我们将充分利用这些优惠政策进一步深耕研学市场，在研学产品细节上下功夫，让更多的中小学生走出校园，在实践和体验中感悟文化，调动起淄博研学市场的活力。

除了旅行社，各研学基地也推出了特色课程体验。临淄中小学生社会实践基地精心设计了寻齐、踏鞠、探秘、齐民、考工、立德等“齐文化+”系列课程，临淄八景诗、成语故事、蹴鞠、泥塑、临淄花边等临淄非物质文化遗产以不同形式融入课堂，让学生零距离感受传统民间工艺的独特魅力。一位基地负责人表示，“把课本里的历史、文化、艺术变成一种让人看得见、摸得着的体验，是研学旅行最神奇的地方。‘齐文化+’系列研学课程通过课本上的知识与研学活动的结合，把文化渗透到游学之中，真正把我们的齐文化学活。”

每逢节假日，淄川1954陶瓷文化创意园、中华琉璃文化创意园、博山China琉璃小镇以及高青国井酒文化博览园等工业旅游示范点都会接待大批亲子研学游客，孩子们到此参观了解陶瓷、琉璃及酿酒的传统制作技艺，亲自动手体验并带走自己制作的产品，从实践中体悟独特的地域文化魅力，受到学生及家长的追捧。

有业者表示，通过研学游，教育、文化、工业、农业等产业高效融合，普通的乡村游、工业游在研学游的推动下经资源整合与综合开发逐步向优质旅游过渡，发挥出“1+1>2”的巨大价值。

树立品牌健全机制

“淄博要做大研学游，深入发展研学旅行专项市场，树立自己的研学品牌，打造核心竞争力尤为重要。”对此，一位业内人士表示，淄博的历史文化、地方民俗、传统陶琉技艺等研学资源非常独特，为淄博研学品牌的创立奠定了坚实的基础。各研学基地通过进一步挖掘研学旅游资源，用特色项目深化打造主题品牌，探索形成中小学生广泛参与、活动品质持续提升、文化氛围健康向上、基础条件保障有力、部门密切协作、齐抓共管的淄博特色研学旅行发展体系，不断提升淄博研学游的综合吸引力和品牌认知度。

临淄华信国旅负责人说，淄博市研学旅行市场前景广阔，然而对市场的稳定规范也有了更高的要求。有些学校及教育机构鉴于学生安全等因素，对于学生的研学旅行较谨慎，研学机制仍需通过政府、企业等各方协作来完善。

按照《淄博市推进中小学生研学旅行工作实施方案》的要求，下一步，淄博将在开发一批育人效果突出的研学游课程的基础上，打造一批具有影响力的研学旅行精品线路，评选一批活动效果良好的研学旅行示范学校，为进一步建立一套规范管理、责任清晰、多元筹资、保障安全的研学旅行工作机制奠定坚实的基础。

淄博市原旅发委相关负责人表示：“淄博研学游发展潜力巨大。各级旅游部门将进一步发挥对研学旅游目的地和示范基地的指导作用，加大在政策、资金、项目、人才培训等方面的支持力度，调动旅行社的积极性，提供优质服务，让淄博研学游向着特色化、标准化、优质化方向发展，建成全省乃至全国一流的研学旅行目的地。”

（资料来源：文化与旅游部官网，2019 年 3 月）

二、体育旅游

体育旅游是旅游产业和体育产业深度融合的新兴产业形态。体育是发展旅游产业的重要资源，旅游是推进体育产业的重要动力。

（一）体育旅游的概念

体育旅游是为了满足和适应旅游者的各种体育需求，以体育资源和一定的体育设施为条件，以旅游商品的形式，为旅游者在旅游过程中提供融健身、娱乐、休闲、交际等于一体的服务，使旅游者身心得到和谐发展，促进社会物质文明和精神文明发展，丰富社会文化生活目的的一种社会活动。体育能够升级旅游，可解决旅游的带入性、回头客、传播等问题，而旅游产业的商业模式可以衍生到体育产业，实现共生共赢。体旅融合发展一方面可丰富旅游产品体系，拓展旅游消费空间，促进旅游业转型升级和提质增效，落实全域旅游发展；另一方面能盘活体育资源，提升体育市场化水平，扩大体育产业规模，提高人民群众身体素质，全面推进全民健身。

（二）体育旅游的开发模式

第一，“旅游+体育”的模式，即以旅游资源为依托开发体育旅游产品，即旅游性体育，比如长城、黄河、五岳等，对应的体育旅游产品有登山、漂流、森林徒步等。第二，“体育+旅游”的开发模式，即以体育资源为依托，开发体育旅游产品，即体育性旅游。一方面以体育资源为依托开发旅游产品，以体育活动带动旅游活动的开展；另一方面，利用体育赛事、节庆活动等吸引更多的参与者与观赏者。如奥运会、世界杯足球赛等，如图 8-3。第三，专项型体育旅游资源开发模式，即以某一种体育旅游产品为开发目标，将体育旅游资源开发成唯一的旅游吸引物，旅游者的旅游目的是针对吸引物而来的。如滑雪旅游、高尔夫旅游等。第四，组合型体育旅游资源开发模式，即将体育与生态旅游、文化旅游等形式的其他资源相互配合，既观光旅游又参与体育活动。如垂钓等。第五，附带型体育旅游资源开发模式，即在一般旅游活动中附带介绍体育知识，旅游过程中观看表演或参加体育娱乐等，如摔跤、跳板等。

图 8-3　无锡环蠡湖半程马拉松

（三）体育旅游的发展措施

第一，更新发展理念，推动体旅融合战略发展。按照党中央创新、协调、绿色、开放和共享的发展理念，在进行体旅融合发展时，必须统筹生态文明建设、城乡一体化发展和历史文化保护，满足大众健身、旅游发展的需求，融合当地文化地域特色，实现城市绿色发展和人们健康发展的互享共赢。第二，健全政策保障，提供体旅融合发展的制度支撑。制定全面、具体的政策，支持体旅融合发展的有效性和持续性。包括金融政策、激励政策、安全保障政策、人才政策等。第三，完善基础设施建设，助推体旅融合的可持续发展。优质的基础设施建设是体旅融合发展的重要保证。基础设施建设需要具有完备性、实用性、特色性，并且要进行开放式建设。第四，多渠道人才挖掘，提供体旅融合发展的智力支撑。人才短板是旅游发展的常见问题。体旅融合的有效发展需要一批懂体育旅游管理、商业策划、市场运作和营销的专业人才。自主培养是人才建设的基础，积极引进是人才扩充的重要通道，志愿者参与模式、社会组织参与模式等多元模式是人才培养和发展的创新方式。第五，关注旅游者特征，提升体育旅游的满意度。体育旅游可以满足不同阶层群体的多样化体验需求。可以针对不同的消费层次、不同的旅游动机开发对应的体育旅游产品。

三、医疗旅游

医疗旅游是旅游和健康服务融合发展的一种旅游形式，已成为旅游业新的经济增长点。随着社会人口老龄化问题加剧以及医疗成本的增加，居民的健康意识不断增强，由健康和观光结合在一起的医疗旅游正在迅速发展。根据世界卫生组织预测，2022 年，旅游业将占到全球 GDP 的 11% ，健康产业占到 12% 。旅游业和健康产业在未来发展中对人类生活以及整个经济发展起着关键作用，医疗旅游则是这两大产业的有机结合，呈现出了蓬勃发展之势。

（一）医疗旅游的概念

医疗旅游是指旅游者可以根据自己的病情、医生的建议，选择合适的游览区，在旅游的同时享受健康管家服务，进行有效的健康管理，达到身心健康的目的。全球医疗旅游人数已经上升到每年数百万以上，其发展势头十分惊人，已成长为全球增长最快的一个新产业。目前世界上医疗旅游业最发达的国家是泰国。除此以外，印度、印度尼西亚、哥斯达黎加、古巴、匈牙利、以色列、新加坡和南非等国目前均在大力发展医疗旅游产业。近年来我国中医药健康旅游方兴未艾，正在成为旅游消费新热点，特别对境外游客有很强的吸引力。

【案例链接 8-3】

泰国医疗旅游的“逆袭”之路

古巴和泰国，经济发展水平低于中国，并不富裕，在医疗发展与制度上选择适合自己的道路，将免费与商业做到了极致。

2017 年 5 月，泰国公共卫生部联合外交部、旅游和体育部宣布，对于以治病为目的入境的中国居民及其陪同可获免签，每次最长 90 天。

泰国此举显然为了鼓励中国人赴泰国就医。实际上，除了旅游业闻名世界，泰国医疗旅游世界第一、称霸全球。

综合国力不强的泰国，为什么在医疗上实现逆袭、比肩欧美？

规模：世界第一

医疗旅游，顾名思义就是去旅游胜地接受医疗服务，把旅游、度假和就医相结合，也称作旅游医疗。全球医疗旅游市场，亚洲是领头羊，受到来自北美洲、欧洲、中东、大洋洲等地区游客的追捧。据彭博社和《无国界病人》杂志报道，泰国已成为全球医疗旅游的首要目的地，医疗旅游规模位居世界第一。

中国驻泰国大使馆网站数据显示，2016 年有超过 260 万外国人到泰国接受医疗服务。以号称世界最大的“国际医院”泰国康民国际医院为例，每年接待 50 余万来自 190 多个国家和地区的国际病人。更有泰国曼谷医院，不仅是泰国的医疗中心，也是东南亚最大的医院。曼谷医院 24 小时昼夜提供全面服务，现有病床 550 张，门诊室 80 间，每天可以接待门诊病人 2 500 人，有专科疾病治疗中心 11 个。曼谷医院以合理的价位、世界级的设施提供当地及国外病患即时且专业的服务。

医疗水平:与欧美比肩

医疗旅游,重点还是在于医疗。美国 JCI 认证是评价医院水平的“金标准”。截至 2017 年 2 月底,中国大陆通过 JCI 认证的医院不过 73 家。泰国就有 42 家医院和诊所获得 JCI 认证,位居东盟国家第一。2015 年 MTQUA 全球医疗旅游品质联盟公布的 2013—2014 年度全球十大医疗旅游机构,泰国两家医院入选——康民国际医院和曼谷医院。

每年有超过 140 万外国人赴泰国进行心脏、整容、牙科等各类手术,人数排名前列的便是医疗水平位居世界前列的美国和日本。泰国医疗的传统强项是整形美容、变性手术、健康体检、牙齿美容,近年来在心脏疾病、试管婴儿、慢性肾脏疾病、糖尿病、肿瘤、抗衰老等领域也颇有建树,水平比肩欧美发达国家。

价格:比西方国家便宜一半

除了“第一世界的技术”,泰国引以为傲的便是“第三世界的价格”。泰国相关旅游部门的数据显示,在同等情况下,泰国的医疗费用比大多数西方国家和中东国家便宜 40%~70%。

服务:“泰式”服务享誉全球

泰国发达的医疗资源大大节省了患者的诊疗时间。英国《金融时报》评论称:“如果你愿意,在这里即日就可以进行手术。而同样的情况在英国要等上好几个月。”

有些中国夫妇选择到泰国做试管婴儿。其一,是因为在国内排队时间太长;其二,就是享誉全球的“泰式”医疗服务。

“泰式”医疗服务,可能是这样一种体验:

走进医院,不是浓烈的消毒水味道,而是淡淡的咖啡香;不是拥挤不堪的人海,而是富丽堂皇、安静平和的大厅。

住院治疗,档次最低的床位也是单人间,房间内配有沙发、电视、电话、冰箱等设施,还设有专供患者家属居住的地方。

泰国“医疗旅游”的逆袭之路

BBC 曾报道:“在旅游医疗业中,印度的医疗水平有限,新加坡的治疗和酒店成本太高,名声佳、服务周到的泰国于是脱颖而出。”

2015 年,CNN 做了一个赴泰国医疗旅游的纪录片,指出世界级的治疗水平、高效的服务、更低的价格、去官僚化和旅游的快乐是人们选择去泰国医疗旅游的原因。

医疗本是典型的技术、资本密集型产业,综合国力不强的泰国,如何取得了领先优势?

2004 年,泰国政府开始推动医疗旅游发展,由泰国体育与观光部联合卫生部牵头医疗服务、健康保健服务、传统草药等相关产业,先后提出了把泰国打造为“世界保健中心”“亚洲健康旅游中心”“亚洲 SPA 中心”的战略计划。

没有世界顶级医院?泰国政府就支持社会资本投资兴建符合国际标准、获得国际认可的私立医院。

没有世界顶级医学院?泰国医生就出国深造。泰国医生多有欧美培训背景,医疗机构与欧美交流密切。

短短十几年时间,泰国医疗水平取得跨越发展,成功实现了逆袭,并依托丰富的旅游资源、齐备的旅游设施、温馨的旅游服务，成为世界排名第一的医疗旅游目的地。

最难能可贵的是，医疗旅游在拉动旅游业，促进泰国经济的同时，也直接提高了泰国本国的医疗水平，泰国国民也因此受益。

（资料来源：新浪网，2018 年 2 月）

（二）医疗旅游的开发效应

医疗旅游的发展解决了客源国存在的医疗体系问题，如医疗等候时间过长、费用过高等，满足了客源国居民日益增长的医疗服务需求，同时促进了目的地国经济的发展，提高了相关产业收入。此外，医疗旅游发展还能促进目的地国医疗技术和服务水平的提高，吸引更多高技术人才，增加医疗体系投资和就业岗位，增强全球交流和互动。同时，医疗旅游开发也带有一定的消极效应。国际医疗旅游的发展使得客源国医疗体系收入降低、客源流失；由于医疗旅游者的支付能力高于目的地国本地居民，易使本地医疗资源短缺和医疗费用上涨；由于医疗机构均向西方评审标准看齐，从而易使本国的医疗服务失去特色等。因此，在制定医疗旅游相应政策时，需要全面考虑利弊，争取在不损害本国居民医疗和旅游权益的同时，享受医疗旅游带来的经济和社会效益。

（三）医疗旅游的发展措施

第一，提高医疗服务质量，增强旅游者的满意度。提高我国医疗技术水平和服务质量，促进全国范围内尤其是旅游资源丰富地区医疗技术的发展，同时增强医疗旅游服务提供者的服务意识，改进服务态度，提高医疗旅游者的满意度。第二，促进医疗旅游的国际化。相关医疗卫生机构应当研究并建立一整套与国际接轨的诊疗服务流程和医疗技术标准，创建国际化的医疗服务质量管理体系，同时引入专业的服务管理人员，提高管理水平，以吸引国外医疗旅游者。第三，推出特色医疗旅游产品。中医药资源丰富、历史悠久，不仅在疾病治疗方面具有独特的疗效，在养生保健、疾病预防方面也具有明显的优势。因此，我国医疗旅游目的地应提供特色的医疗旅游服务，开发特色旅游产品，促进高新科技和传统医学的融合，打造中西医结合的国际医疗旅游品牌。研究独具地方特色的个性化医疗旅游服务和产品，吸引来自不同国家和文化背景的消费者，避免扎堆发展。第四，加强政府宏观管理，完善医疗旅游政策法规。政府应该全面考虑利弊，进行引导和制定行业准入规则，行业协会、非政府组织等提供辅助支持，进一步完善医疗旅游业的配套法律法规，在不损害本国居民医疗和旅游权益的同时，享受医疗旅游带来的经济和社会效益。第五，加强医疗旅游营销和品牌管理。促进医疗旅游地的营销和推广，除了传统媒体推广以外，互联网技术的发展带动的网络营销、顾客点评、参与者的社群互动等均可以用来促进医疗旅游的发展。

本章小结

旅游业关联性强、辐射带动作用大，推进旅游业与一、二、三产业融合发展能完善旅游产品体系，扩大旅游消费领域，深化旅游供给侧结构性改革；能够带动第一产业、第二产业转型，推动经济结构调整，驱动国民经济增长；能够在投资、消费、出口三大领域助推经济发展，实现稳增长、调结构、惠民生、促就业。本章介绍了旅游业与农业、工业、教育、体育及医疗等产业的融合发展，分析了旅游业与其他产业融合发展的意义、模式及发展措施等。

同步练习

一、填空题

1. 工业属于我国三大产业中的第________产业。

2. 旅游业与农业的融合发展的指导思想是“农旅结合、以农促旅、________”。

二、单项选择题

1. 2006年，我国旅游主题为（　　）

A. 中国乡村游　　B. 体育健身游　　C. 度假休闲游　　D. 文物古迹游

2. 首届全国工业旅游创新大会举办于（　　）年。

A. 2016　　B. 2017　　C. 2018　　D. 2019

三、多项选择题

1. 下列属于旅游业与工业融合发展模式的有（　　）。

A. 工矿城市更新发展模式　　B. 百年老店升级换代模式

C. 工业博物馆开发模式　　D. 遗址公园发展模式

2. 下列属于体育旅游开发模式的有（　　）。

A. “旅游+体育”的开发模式　　B. “体育+旅游”的开发模式

C. 专项型体育旅游资源开发模式　　D. 组合型体育旅游资源开发模式

四、简述题

1. 简述旅游业与农业融合发展的效应。

2. 简述旅游业与工业融合发展的措施。

3. 简述研学旅游的开发意义。

4. 简述体育旅游的发展措施。

5. 简述医疗旅游的概念与效益。

实训项目

在老师的指导下，调查本市的工业旅游发展情况，分析发展中存在的问题，并给出建议。

调查目的：通过实地调查，强化对旅游业与工业融合发展的认知。

调查工具：相机、摄像机、录音笔、调查问卷表等。

调查要求：分组调查。

调查报告：以小组为单位形成调查报告，字数2000~3000字。

第九章　旅游业的可持续发展

学习目标

知识目标

- 理解可持续发展与旅游可持续的基本内涵。
- 掌握可持续发展理论在旅游业的地位和意义。
- 理解实现我国旅游可持续发展的举措。

能力目标

- 能解释旅游可持续发展。
- 能解释我国旅游业的可持续发展举措。

【关键概念】

旅游业　旅游业可持续发展　旅游业可持续发展举措
旅游业可持续发展支持系统

思维导图

- 旅游业的可持续发展
  - 第一节　可持续发展内涵
    - 一、可持续发展的由来
    - 二、可持续发展的含义
  - 第二节　旅游业可持续发展
    - 一、旅游业可持续发展的由来和含义
    - 二、旅游业可持续发展的实质
    - 三、旅游业可持续发展的特点
    - 四、旅游业可持续发展的内容
    - 五、旅游业可持续发展的意义
  - 第三节　旅游业可持续发展支持系统
    - 一、旅游业可持续发展支持系统
    - 二、旅游业可持续发展举措

发展是人类永恒的主题,世界环境与发展委员会(WCED)于1987年在《我们共同的未来》的报告中倡议的"既满足当代人的需求又不危及后代满足其需求的发展"的理念,给旅游业发展提出了新的命题。时至今日,旅游业的可持续发展已成为旅游研究和实践的重要领域。

第一节　可持续发展内涵

传统的经济发展是不可持续的发展,它追求的是单一的经济发展,其后果是:经济虽然得到一时的增长,但环境遭到破坏,资源枯竭了,同时社会贫富悬殊,两极分化,社会明显不公正。这样的发展是一种破坏性的发展。20世纪以来,特别是第二次世界大战以来,随着科学技术的进步和社会生产力的迅速发展,人类创造了前所未有的物质财富,人类文明发展程度得到很大提高。但是,随之出现的人口骤增、资源消耗过快、环境污染等重大问题日益突出,对人类的生存与发展构成了直接的威胁。人类长期对资源、生态、环境的肆意掠夺,对人类自身产生了诸多负面效应,甚至威胁到了人类的生存,这时可持续发展便成为历史趋势。可持续发展不是把经济发展作为唯一追求的目标,它期盼的是人类全面、和谐的发展。

一、可持续发展的由来

"可持续发展"是20世纪70年代提出的,此后逐渐为人们所接受和使用。在1987年召开的"地球的未来"国际会议上,以挪威前首相布伦特夫人为首的"世界环境与发展委员会"向联合国递交了一份题为《我们共同的未来》的报告,该报告将可持续发展定义为"既满足当代人的需要,又不对后代满足其需要的能力构成危害的发展"。为了把可持续发展纳入实际行动轨道,1992年联合国在巴西里约热内卢召开了由各国首脑或政府总理参加的"环境与发展大会",正式确立了可持续发展是当代世界发展的主题和全人类的共同行动准则,强调人、社会、自然三者关系的和谐发展,要求实现全人类代际间发展机会平等条件下的协调发展与共同进步。该会议通过的一系列纲领和文件,详尽而深刻地阐明了资源、环境与发展的关系,丰富了可持续发展战略,提供了落实可持续发展战略的行动方案,为人类改善环境、合理利用资源、完善发展提供了广阔前景。从此,可持续发展成为全球在21世纪所追求的共同目标。

全球可持续发展有以下5个要点。

(1) 发展援助。发达国家向发展中国家增大经济援助的力度,援助比例达到其国内生产总值的0.7%。

(2) 环境保护。工业化国家应当恪守《京都议定书》关于限制温室气体排放量的规定,保护地球环境,防止全球继续变暖。

(3) 清洁水源。节约用水,为缺乏清洁饮用水源的人口提供洁净的饮用水。

(4) 能源开发。大力推广清洁能源及电能的应用,提高可再生能源在能源消费结构中的比例。

（5）绿色贸易。促进世界生产及贸易过程中的环保意识和社会责任感。

二、可持续发展的含义

可持续发展是指既满足现代人的需求又不损害后代人满足需求的能力。换句话说，可持续发展是指经济、社会、资源和环境保护协调发展，是一个密不可分的系统，既要达到发展经济的目的，又要保护好人类赖以生存的大气、淡水、海洋、土地和森林等自然资源与环境，使子孙后代能够永续发展和安居乐业。可持续发展作为全人类共同的选择和时代的一面旗帜，是一个内涵丰富的概念。可持续发展所包含的发展空间具有全球性。可持续发展谋求的是全球性经济和全人类的可持续发展。以往的"单纯的经济增长观"和"协调发展观"都是以一个国家或一个地区为研究对象的，而可持续发展研究的问题更深刻、更长远。

（1）可持续发展包含的实践具有持久性。该理论要求人类的发展"既要满足当代人的需要，又不对后代人满足其需要的能力构成危害"。

（2）可持续发展所包含的内容，是指经济、自然、社会三大系统之间的协调发展。它要求人类不仅要构建一个既有利于经济有效增长，又有利于公正和公平的社会体制，而且要从当代人和未来人的需要出发，从环境资源的供给能力出发，合理有效地利用资源。可持续发展所包含的一个全新的价值追求，是实现社会的公平发展。这种公平包括了人际公平和代际公平。

（3）可持续发展迫使当代人类在经济发展过程中，不仅要遵循人类已经发现的经济发展规律，更要遵循生态自然演化规律，重建人类与自然之间循环制衡、生态经济与社会协调发展的生态文明。

（4）可持续发展绝不是一个封闭的概念，随着时间的推移，将会有越来越丰富的内涵。

可持续发展源于环境保护问题，但演变到今天，已成为包括生态可持续发展、经济可持续发展和社会可持续发展的一种全面性的发展观。生态可持续发展，要求人类注重自然资源的永续利用、环境保护和生态平衡，使人类生存环境得以长久延续。经济可持续发展，要求经济增长不能超过自然资源和生态环境的承载力。要摒弃传统的以牺牲资源与环境为代价的经济发展模式，在保证资源和环境不受破坏的前提下，保持经济长期稳定发展。社会可持续发展，要求能长期满足人类发展的基本要求，维护社会发展的公平和利益的均衡，确保当今与后世所有人公平享受福祉的权利。

此外，可持续发展与环境保护既有联系，又有不同。环境保护是可持续发展的重要方面，可持续发展的核心是发展，但要求在严格控制人口、提高人口素质和保护环境、资源永续利用的前提下推动经济和社会的发展。

第二节　旅游业可持续发展

一、旅游可持续发展的由来和含义

（一）旅游业可持续发展的由来

旅游业可持续发展的提出首先是直接受可持续发展理论的影响，旅游业可持续发展实际上是可持续发展思想在旅游领域的具体运用，是可持续发展战略的组成部分之一，是可持续发展理论的自然延伸。同时，也是在大众旅游的浪潮中，旅游业急剧膨胀、繁荣背后引发的危机在一定的时间后日益暴露出来的背景下，有越来越多的学者对旅游业是“无烟工业”的提法表示质疑的反应。1990 年，在加拿大温哥华召开的“90 全球可持续发展大会”上，旅游组行动策划委员会提出了《旅游持续发展行动战略》草案，构筑了可持续旅游的基本理论框架，并阐述了可持续旅游业发展的主要目的。1995 年 4 月 24 日至 28 日，联合国教科文组织、环境规划署和世界旅游组织在西班牙加那利群岛的兰沙罗特岛召开了“可持续旅游发展世界会议”，75 个国家和地区的 600 多位代表出席了会议。此次会议是一次里程碑式的会议。会议确立了许多被普遍接受的有关旅游业可持续发展的基本观点和理论。会议最后通过了《可持续旅游发展宪章》和《可持续旅游发展行动计划》。宪章和行动计划中明确指出，“旅游可持续发展的核心就是要求旅游与自然、文化和人类生存环境成为一个整体”。1996 年 9 月，为了响应联合国《21 世纪议程》提出的可持续发展理念及其行动计划，世界旅游组织、世界旅游业理事会、地球理事会联合制定了《关于旅行与旅游业的 21 世纪议程：迈向环境可持续发展》，并于 1997 年 6 月在联合国第九次特别会议上发布。1997 年，世界旅游组织授权中国出版《旅游业可持续发展——地方旅游规划指南》，用以指导各地发展旅游业。旅游业的可持续发展不是单纯的经济发展、产值增加，而是生态、社会和经济二维复合系统的可持续发展。这个二维复合系统由旅游业可持续发展的经济系统、社会系统和生态系统三个亚系统构成。这三个亚系统的相互联系与相互作用制约和决定着旅游业的可持续发展。

（二）旅游业可持续发展的含义

1. 世界旅游组织的定义

1993 年，世界旅游组织出版了《旅游与环境》丛书，其中《旅游业可持续发展——地方旅游规划指南》一书对旅游业可持续发展给出的定义是“指在维持文化完整、保护生态环境的同时，满足人们对经济、社会和审美的要求。它能为今天的主人和客人们提供生计，又能保护和增进后代人的利益并为其提供同样的机会”。这个定义是对旅游业可持续发展理念的进一步总结，不仅指出了旅游业本身的特质，而且提出了“主人”和“客人”区际公平发展的思想，对旅游业可持续发展的国际认定具有重要的指导意义。

2. 1995 年《可持续旅游发展宪章》的定义

"可持续旅游发展的实质，就是要求旅游与自然、文化和人类生存环境成为一个整体"，即旅游、资源、人类生存环境三者的统一，以形成一种旅游业与社会经济、资源、环境良性协调的发展模式。

旅游业可持续发展是可持续发展理论在旅游业中的具体体现，与一般意义上的可持续发展理论具有本质上的一致性，主要有以下三层含义。

（1）满足需要。发展旅游业首先是通过适度利用环境资源，实现经济创收，满足东道社区的基本需要，提高东道居民生活水平。在此基础上，再满足旅游者对更高生活质量的渴望，满足其发展与享乐等高层次的需要。

（2）环境限制。资源满足人类目前和未来需要的能力是有限的，这种限制体现在旅游业中就是旅游环境承载力，即一定的时期、一定的条件下某地区环境所能承受的人类活动作用的阈值。它是旅游环境系统本身具有的自我调节功能的度量，而旅游业可持续发展的首要标志是旅游开发与环境的协调。因此，作为旅游环境系统与旅游开发中间环节的环境承载力，应当成为判断旅游业是否能够可持续发展的一个重要指标。

（3）公平性。强调本代人之间、各代人之间应公平分配有限的旅游资源，旅游需要的满足不能以旅游区环境的恶化为代价，当代人不能为了满足自己的旅游需求与从旅游中获得利益而损害后代公平利用旅游资源的权利和利用水平。应牢记这样一个旅游发展理念：环境既是我们从先辈那里继承来的，也是我们从后代那里借来的。要把旅游看成这样一种活动：当代人为了保护好前代人遗留下来的环境，或者利用前代人留下的环境，为后代人创造更加优异环境的行动。

二、旅游业可持续发展的实质

旅游业可持续发展是指在保证和增进未来发展的同时，满足旅游者和旅游地居民当前的经济、文化和社会等各种需要。或者说是对各种旅游资源进行管理指导，促使人们在保持文化完整性、基本生态过程、生物丰富度和生命维持系统的同时，满足经济、社会和美学的需要。旅游业可持续发展的实质主要包括以下 3 个方面。

（一）强调人与自然之间的协调

人与自然的关系大概经历了肯定—否定—否定之否定 3 个阶段。在农业经济时代，人类依附于自然，人类与自然处于混沌的和谐状态。到了工业社会阶段，人类意识到自己是"万物之灵"并逐渐从自然界中相对分离出来，然后不断地加剧对自然的索取，人类与自然之间是一种疏远、对立甚至冲突的关系。到了现在的知识经济时代，人们意识到对自然过度索取不仅破坏了自然生态平衡，同时也降低了自身的生活质量，亲近自然、回归自然便成了人们的内在需求，人类与自然之间正在寻求建立一种真正和谐的关系。旅游业可持续发展是在协调处理好人与自然的关系的基础上促进经济、社会和生态环境的协调发展，最终实现人类的高素质发展和自然界的良性循环。

（二）强调以人为中心

旅游活动的主体是旅游者，人们在旅游活动中应当尊重自我，满足个性发展的需要。只有尊重自我选择的权利,才会在探索未知、丰富情感、磨炼意志等方面有所收获。同时,人们在旅游活动中还应当提升自我,将自己的人格从“实有”向“应有”发展,使身心和谐成为一种高度统一和完整的人格体现。旅游是人类的一种高级消费形式,是有利于个人身心健康的活动,健康的旅游活动是个人自我完善、培养高尚人格的重要途径,它的发展应围绕着人这个中心。

(三)强调满足人们的文化需要,保持文化的完整性

旅游业可持续发展应建立在不断发展、不断提高的人类文化基础之上,应以提高人们的文化素质为己任。同时,要求保证和增进未来的发展机会,即要求当代人要有责任心,要对后代的生存和发展负责。历史文化资源是十分重要的旅游资源,保护它们不仅是政府的责任,更是广大旅游者的责任。人们喜欢游览名胜古迹、观赏历史文物,恐怕不只是被其古朴瑰丽的外在所吸引,更重要的应该是被其所承载的深邃、辉煌的历史文化所陶醉和震撼。人是历史的产物,每个人也都承载着一定的历史文化。人们对未来生活的期盼和设计不能离开历史的轨迹,然而当人们越来越以现实、功利的心态面对未来的时候,却容易忽视历史,乃至割断历史,这样人们就有可能失去自己的精神家园甚至自己的根。因此,人们需要通过游览名胜古迹、观赏历史文物来感受历史,了解历史,以更好、更从容地面对现实和未来。旅游可持续发展的实质目的是全面提高人的素质,包括科学文化素质、思想道德素质、心理素质和身体素质等。

可持续旅游是对传统旅游发展模式的摒弃,二者有着本质的区别,如表 9-1 所示。

表 9-1 可持续旅游与传统旅游发展模式的主要区别

对象	传统旅游	可持续旅游
追求目标	• 利润最大化 • 价格导向 • 文化与景观资源的游览	• 经济效益、生态效益最大化 • 价值导向 • 追求环境资源和文化价值完整性
受益者	• 开发商和旅游者为净受益者 • 当地社区和居民经济收益与环境损失相抵所剩无几或入不敷出	• 开发商、旅游者、当地社区和居民分享利益
管理方式	• 旅游者第一,有求必应 • 渲染性的广告 • 无计划的空间拓展 • 交通方式不加限制	• 生态系统承载力第一,有选择地满足旅游者需求 • 温和、适中的宣传 • 有计划的时空安排 • 有选择的交通条件
正面影响	• 创造就业机会 • 刺激区域经济短期增长 • 获得外汇收入 • 促进交通、娱乐、基础设施改善 • 经济效益	• 创造持续就业的机会 • 促进经济发展 • 获得长期外汇收入 • 交通、娱乐和基础设施的改善与环境保护相协调 • 经济效益、社会效益和环境效益三者的融合

续表

对象	传统旅游	可持续旅游
负面影响	• 旅游对环境的消极作用很容易对旅游区形成污染 • 旅游活动打扰居民和生物的生活规律	• 旅游对环境的消极影响作用可以控制在环境的自我调节能力的范畴内 • 旅游者的活动必须以不影响当地居民和生物的生活规律为前提

三、旅游业可持续发展的特点

（一）持续性

持续性是旅游业可持续发展的核心所在，它强调对旅游资源的合理开发利用。由于旅游资源不可再生，具有稀缺性，所以在开发过程中要尽量保持原有特色，强调持续性，避免任何不可逆转的开发或破坏行为发生，以维持旅游资源的永续利用，保证对子孙后代的发展不构成威胁。

（二）和谐性

和谐性是旅游业可持续发展的根本目的。旅游业可持续发展不仅要求与社会、经济的和谐，也要求与生态环境和资源的和谐。大多数旅游资源在实现自身经济价值的同时，还会随着合理有效的开发利用而变得更有价值，更有利于人类、环境和资源的整体和谐与协调。

（三）统一性

统一性是旅游可持续发展的主要内容，这由旅游业的综合性所决定。旅游业是综合性的产业，内在关联性强，旅游业可持续发展首先需要这些旅游业的组成部分能够可持续发展。

（四）合作性

合作性是旅游可持续发展的必然要求。实施旅游业可持续发展战略，不但要求政府、旅游部门、旅游者和环保部门齐心协力，而且要求地方、区域、国家甚至全球性的通力合作。因为某个地区的旅游开发可能会给另一个地区带来积极或消极影响，只有各方共同合作才能保证旅游开发促进环境的整体规划和统筹管理。

四、旅游业可持续发展的内容

（一）生态可持续发展

生态可持续发展是指建立在自然资源的可持续利用与良好的生态环境基础之上的，以维护和保护整体的生物支撑系统，保护自然资源与生物的多样性，保证以可持续发展的方式有效地利用资源，从而形成旅游生态环境的良性循环与发展。它要求重视旅游主体——人的可持续发展思想建设，重视资源和环境承载力的研究，建立良好的旅游业可持续发展观和科学的环境保护标准，防止环境被污染和破坏，并利用新技术来恢复和重建已经被污染的生态系统，通过保护和重建自然环境，为人类可持续利用旅游资源和环境提供基础条件。

（二）经济可持续发展

经济可持续发展要求不仅重视经济的有效增长，更应重视质量的提高，节约资源，保护环境，优化配置，增加效益。从生态经济学角度看，经济的传统发展与可持续发展是明显不同的，前者主要强调高速度、高效率甚至高消费的工业化、城市化走向，而后者主要强调发展持续均衡的生态经济，坚决杜绝环境污染和生态失衡。旅游业可持续发展就是要通过科学的旅游开发方式来实现旅游经济的可持续发展。

（三）社会可持续发展

社会可持续发展是指国内和国际的社会稳定发展，是可持续发展过程的综合体现，也是旅游业可持续发展最终要达到的目标。因为可持续发展是以不断地改善和提高人类生活质量为目的，所以必须努力实现旅游发展过程中自然、经济与社会发展的和谐统一，构建人类与自然生态同栖的社会共同体。只要社会在每一个时间段内都能保持资源、经济、社会与环境的协调，那么这个社会的发展就符合可持续发展的要求。

五、旅游业可持续发展的意义

旅游业可持续发展的提出，在建立人类与地球的新型关系以及确立当前人类对子孙后代的生态责任观方面，无疑具有十分重要的意义。

作为一种新观念，旅游业可持续发展的提出有助于改变人们长期以来对旅游资源可再生性的片面理解，修正旅游开发的理论和政策导向。一些自然的普通资源一旦作为旅游资源，其原始性就是其根本属性。至于依托于旅游资源而进行的旅游产品开发，或各种人为重建的古迹以及表演化了的旧俗民风，虽然它们构成了旅游产品，但已经不是响应原来旅游需要的那种资源，因此其价值必然大打折扣。就是说，从纯粹的旅游价值观来考虑，旅游资源主要是不可再生性资源。

旅游业可持续发展的提出对于发展中国家加强旅游开发的宏观管理，保护全球旅游生态系统的完整性和永续性具有深远的意义。这是因为发展中国家是目前世界上大多数自然文化遗产的拥有国，与西方发达国家在旅游开发方面已接近过度开发这一总体事实相比，发展中国家的旅游资源因其更接近原始或自然状态而对全球旅游资源的保护更具有重要性。

旅游业可持续发展的提出有利于促进经济与社会、环境协调发展。旅游业可持续发展强调的是要以旅游资源自然环境为基础，与生态环境承载能力相协调，应用必要的经济、技术、法律手段，努力减缓自然资源的枯竭速度，维护良好的生态环境及和谐的人与人、人与自然的关系，使每个人都能享有清洁、安全、舒适的生活环境，使旅游活动与自然、文化和人类生存环境融合为一个整体，在全球范围内实现旅游经济与社会、生态环境的协调发展。

【知识链接 9-1】

后疫情时代文旅助推可持续发展

在后疫情时代业态升级和消费迭代的背景下，文化和旅游如何开辟新途径？这是业界和众多旅游城市面对的难题。在长沙举行的2021中国—东盟文化和旅游可持续发展对话活动上，中国和东盟各地文旅专家就“文旅融合与城市可持续发展”“产业融合，助推文旅高质量发展”等方向展开讨论，深入交流文化和旅游融合、乡村振兴等热门话题，分享旅游助力经济发展的经验与成果，在新冠肺炎疫情防控常态化条件下，为克服疫情影响、推动文化产业和旅游产业发展，探索宝贵经验。

“当今世界，正面临百年未有之大变局与世纪疫情叠加的冲击，旅游业发展环境正在发生深刻变化，亟需旅游业重新审视传统旅游发展方式。”国际山地旅游联盟副主席邵琪伟表示，旅游业需要在“可持续”理念引领下，深入探索高质量产业发展之路。可持续、高质量应该成为各国政府和业界共同追求的目标，而支撑这个目标的核心要义是建立以人为本、以游客为中心及需求导向的旅游治理体系，包括理念指引、方式创新、模式优化、管理科学、人才结构等，唯有从数量质量发展走向高质量发展，旅游业才能保持不竭动力，才能奠定旅游业在经济社会发展中的重要地位，才能不偏离可持续发展的战略目标。

邵琪伟认为，旅游业必须坚持绿色发展，切实保护好生态环境；必须把现代高新技术应用列入旅游全行业、全产业发展战略；必须制定和实施人才战略；必须深入推进国际和地区合作，从而实现通过高质量发展推动旅游业可持续发展。

此次中国—东盟文化和旅游活动周的举行，就是深入推进国际和地区合作的重要举措。邵琪伟认为，中国作为东盟最大的旅游客源国，也是东盟游客最喜爱的出境旅游目的地之一，实现双方文化旅游的可持续发展，要把交通的互联互通放在更加突出的位置，要从全产业链角度出发，注重融合旅游要素，维护好综合产业生态，同时还应充分关注现代科技对旅游业的深刻影响和重塑作用。

与会外国嘉宾对于此次交流活动带来的正向作用表示充分赞赏和期待。老挝驻华使馆副馆长、公使衔参赞通沙万·培泰表示，2019年疫情暴发前，730万人口的老挝接待了400多万国际游客，其中来自中国的游客接待了100多万，随着中老铁路通车，老挝期待未来更多国际游客来到老挝，促进该地区经济发展。

（资料来源：长沙发布，2021.12.29）

第三节　旅游业可持续发展支持系统

人类生存的整个地球及其各个局部是自然、社会、经济、文化等多因素组成的复合系统，它们之间既相互联系，又相互制约，其中任何一个方面功能的削弱或增强都会影响其他部分，影响可持续发展进程。在实施发展战略时，需要打破部门和专业条块分割以及地区界限，从全局着眼，从系统的关系进行综合分析和宏观调控。旅游业是社会系统的组成部分，与系统的其他部分既相互独立，自成体系，又相互依存。推进旅游实现可持续发展，必须考虑旅游在区域发展中的功能作用以及与相关子系统在功能上匹配与否，任何超越客观条件的超前发展和人为限制旅游业发展的滞后性做法，都会阻碍旅游可持续发展的实现。

一、旅游业可持续发展支持系统

（一）资源环境子系统

资源和环境是人类赖以生存和发展的物质基础，是吸纳经济活动废弃物的储存库和净化库，具有不可取代的生命支持功能。旅游业发展必须建立在生态环境的承载能力之上，必须综合考虑旅游对自然资源、生物多样性的影响，考虑旅游活动对当地文化遗产、文化传统的影响。旅游业资源环境子系统主要包括大气质量综合指数、地表水水质、区域环境噪声、地面清洁指数、生物多样性指数、旅游资源利用强度指数、风景损害程度指数、旅游区森林覆盖率旅游规模与自然环境承载力的协调度等指标内容。

（二）经济发展子系统

经济发展是区域可持续发展的核心内容，旅游业为当地提供各种发展机遇，与当地经济有机结合，对当地经济发展起到积极的促进作用，最终提高旅游接待地人们的生活质量和生活水平。旅游业经济发展子系统主要包括旅游接待人数、旅游总收入、人均旅游收入、旅游总收入占 GDP 比重、旅游投入与产出比例、旅游品牌知名度、旅游业带动系数、旅游产品生命周期、平均客房出租率、旅游规模与区域经济承载力的协调度等指标内容。

（三）社会发展子系统

社会发展子系统主要是评价旅游活动中人们发展的需要是否得到满足，旅游者、旅游从业人员及旅游地居民的文化素质、价值观是否符合可持续发展的要求，其主要指标有旅游就业人员占当地人口比例、旅游从业人员基本素质、旅游者满意程度、旅游者重访率、旅游者停留时间、当地居民满意度、当地治安状况、游客规模与社区社会容量的协调度、游客与当地文化的协调度等。

【拓展阅读 9-1】

全球可持续旅游标准公布

全球可持续旅游业标准联盟（Partnership for Global Sustainable Tourism Criteria）于2008 年 10 月 21 日在巴塞罗那正式推行该标准。联盟表示，越来越多的旅游者希望可持续性度假，越来越多的旅游地也在努力减少因游客数量增加而带来的影响。但游客们如果想在旅游地点留下较为轻浅的印记，那么就要在 300 项可持续旅游标准里选择。

该联盟表示，统一的标准提供了一项资源，将会得到广泛的认同，就像木制品的森林管理委员会（Forest Stewardship Council）的标签，或者绿色建筑由美国绿色建筑委员会能源与环境建筑认证系统（LEED）进行的认证。

雨林联合会(Rainforest Alliance)的执行主管滕西·惠仑(Tensie Whelan)表示:“很多人都不了解什么是可持续旅游业。这个联盟就是要告诉大家答案,并且保证答案切实可行。”雨林联合会与联合国基金及其他联合国机构共同组建了这个联盟。

近年来,可持续旅游业日益受到关注。2007年初,由于人们对可持续旅游业的兴趣增长,一些关注这个问题的环境组织和一些主要的旅游业商家走到一起,共同制定了该标准,其中包括精品酒店、凯悦酒店、美国 Travelocity 旅游网、Expedia 旅游网等。

标准要求旅游业经营发展的同时,不会对旅游地的地理环境、当地的组织以及文化遗产产生负面影响。标准联盟组织者表示,如果标准得到广泛应用,将会进一步绿化酒店和度假地点供应链,减少对野生动物以及地方组织的影响。

联盟将提出一些具体的可持续旅游经营指标。比如,一家酒店必须减少的温室气体排放百分比。但是和有些标准不同,如美国农业部对所有食品统一应用的有机产品标签标准,可持续旅游经营标准会依据每个地方特有的环境和文化问题而变化。

具体的要求则会由地方组织或政府根据一定的地方或区域情况来制定。惠仑说:“这样是发展应用地方标准——不像森林管理委员会那样——这是一个基于地方的金融系统。”

虽然该标准在世界各地不尽相同,标准制定者表示,他们不想制定过于严格的标准,让经营者们望而生畏,不愿意执行。联合国基金会可持续发展部副主任凯特·多森(Kate Dodson)说:“我们不想把门槛设得过高,以至于成为开始的障碍。”

在环境方面,标准要求经营者衡量并减少能源消耗、水源使用、废物积累以及温室气体排放。在社会影响方面,当地组织的活动需要有一份“行为规则”,同时该规则应由当地组织批准通过。规则成员须保证经营活动“尊重”文化遗产和野生生命。

旅游业直接或间接地提供了全球8%的工作岗位,并且在世界范围内创造了数以万亿计的营业额。但是旅游业的快速发展也导致了越来越多的环境问题,包括地理环境破坏、能源过度消耗,以及环境污染。据联合国环境计划署估计,旅游业排放温室气体占全球总量的5%。

旅游业吸引外国游客来传统居住地的同时,可能对当地或者部落组织保护其文化遗产造成威胁。

旅游经营联合会(Federation of Tourism Operators)旅游部主任克里斯·汤普森说:“旅游业真的能够可持续吗?我不同意,因为其本身的运动方式。我们能做的只是尽量减少负面影响,让其最大可能做到可持续。”

(资料来源:人民网)

二、旅游业可持续发展措施

实现旅游业的可持续发展,必须建立可持续发展的旅游经济体系。具体措施有以下几方面。

（一）加快旅游资源开发、保护的立法

旅游资源应由国家直接管理，管理必须有法可依，应尽快建立健全国家旅游资源保护法等法律。要整治旅游环境，就必须以这些法律法规为武器，坚决依法办事。与此同时，以旅游区、旅游业和旅游者为特殊对象的旅游法也应尽快制定和颁布。中国风景名胜区很多，环境一旦破坏，生态平衡就很难恢复。在开发旅游项目时，必须在当今环境保护和研究的最新水平上，制定出符合中国国情的环境保护和旅游业发展的法律、法规和政策，以保证旅游资源的合理开发和永续利用，为旅游业可持续发展提供法律保障。

视频：环境污染与保护

（二）保护旅游生态环境

目前，我国旅游业发展中存在一些违反可持续发展规则的不合理现象，旅游资源家底不清和盲目开发、资源供需失衡、生态系统的破坏和环境退化、国民环境意识淡薄、游人环保意识不强、游人的不文明行为，这些都威胁着旅游业的长远持续发展。旅游生态环境的保护具体应抓好以下几项工作。

1. 强化旅游可持续发展的意识

从目前旅游现状来看，旅游可持续发展的思想还未成为旅游业的管理者和投资者及旅游者的共识。人们对事物有高度的认识，才有自觉的行动，对旅游资源、环境与旅游业可持续发展关系，与人类的生存关系有了正确的理解，才会严格执行环境保护方针、政策和法令，建设好环境，管理好环境，旅游者才会自觉遵守环境资源保护法和有关规定，爱护旅游资源。

2. 坚持保护与开发并重的方针

过去在认识和宣传上存在误区，过于展示我国旅游资源优势的一面，而忽略了资源相对不足，生态环境脆弱的一面。严重的环境污染、不断退化的生态环境、低水平重复性的开发建设，对我国旅游业的发展构成了严重威胁，各级政府和旅游管理部门对此应保持高度警惕。我国是旅游资源总量大国、人均小国。在旅游开发中，要坚持保护方针，科学评价、科学规划、科学论证，建设中坚持精品工程，以使旅游开发同环境相协调，制止"建设性"破坏。

3. 合理确定旅游客容量

我国旅游资源在世界上有较高的知名度，对海外游客有较大的吸引力，形成一股旅游流；主要位于我国中西部的边远或少数民族地区的观光旅游、生态旅游、森林旅游，对东部沿海的城镇消费者有较大的吸引力，形成一股旅游流；城市旅游对农村或乡镇居民有较大吸引力，形成一股旅游流；等等。这些旅游流对旅游区生态环境的压力很大，在旅游流动中形成交通拥挤的被动局面，形成山区等边远或少数民族风景区因设施条件差引起旺季负载大、游客感知不佳局面。因此应从旅游地居民心理容量出发，依据游客密度、旅游经济效益、土地利用强度等影响因素及其相互关系，计算出同一旅游区不同发展阶段的旅游承载力指数的变化值。依据变化值体现的变化发展方向采取适当的调控策略，从而选择对环境最佳利用的旅游方式。

【拓展阅读 9-2】

武夷山旅游环境容量的"膨胀"

随着世界双遗产地武夷山品牌效益的凸显，游客逐年增加。为缓解核心景区的旅

游压力，武夷山市着力开发乡村旅游，在2002年就出台了《武夷山市关于发展乡村旅游的若干意见》，鼓励社会办旅游。一时，武夷山的乡村旅游开发如火如荼。在九曲溪上游，桐木溪漂流、大峡谷漂流、青龙大瀑布、龙川大峡谷、原始森林公园、曹墩民俗风情游等"新鲜出炉"，下游则推出城村民俗旅游、古粤文化游。与此同时，武夷街道推出了下梅古民居游、龙井山休闲游，五夫镇推出了朱子文化旅游，吴屯乡推出瑞岩禅寺宗教旅游，洋庄乡推出大安源红色旅游等，从而武夷山形成了旅游环境容量快速"膨胀"态势。

武夷山旅游环境容量的扩容，既可以有效缓解景区核心资源如天游峰等生态压力，也可以提高景区游客的旅游质量，还可以通过以点带面，充分发挥武夷山体的核心带动作用，促进外围旅游区的发展，实现更好的经济效益，实现区域大旅游的持续、健康发展。

（资料来源：中国旅游网）

4. 增加对重点旅游资源保护经费的投入

资源的破坏有两种情况：一种是人为的破坏，包括在资源利用过程中由于过度开发而引起的破坏；第二种是自然破坏，由于自然界的因素而遭到的破坏，如云冈石窟大佛的自然风化（图9-1）。实行政府统一管理，政府就要加大投入。对旅游资源的保护国外主要是国家投入的。社会要参与，社会上的人士，包括一些著名企业，他们在获得利润的时候要回报社会，一个非常好的方式就是回馈于资源的保护。再有，景区的门票收入，正确做法是"保区内景，兴区外商，富当地民"，政府收区外利税来养护区内风景，互动发展。

图9-1 云冈石窟大佛的自然风化

（三）坚持旅游资源保护性开发

长期以来在旅游实践活动中，没有把旅游资源的消耗纳入旅游成本之中，忽视和歪曲了旅游成本的构成，低估了旅游的成本水平，虚增了旅游新创造价值部分。在我国旅游开发决策者、研究者和建设者中形成“旅游业是低投入、高产出的劳动密集型产业”思想。在这种思想指导下，旅游目的地的政府和企业为了本地的利益，不顾环境和社会经济文化环境的实际承受能力而过度开发利用当地的旅游资源，旅游业在宏观的调控上基本上处于一种失衡状态，在微观上各地的旅游企业又处于各自为政，形成恶性竞争、重复开发甚至破坏性开发的局面，严重地制约着旅游业的可持续发展。因此，只有对旅游资源进行保护性开发，兼顾保护与开发，才能实现旅游资源的可持续利用。

1. 正确普查评价旅游资源

这些年来，我国对旅游资源的研究发展较快，但所持观点和所依据的原则差别很大，在资源分类、评价等基础理论上存在标准不统一的现象，造成资源调查和有效统计困难，所以应深入研究旅游资源及相关概念的科学界定，建立明确、简捷的旅游资源应用分类系统、评估体系，对资源种类、等级、品位、组合特征、价值、分布等进行客观的评价。同时对资源的优势和劣势、利用前景、效益预测等方面进行科学分析、论证，尽早建立我国旅游资源文库。

2. 加强规划引导，规范旅游业的开发建设

旅游可持续发展必须有科学的旅游规划作保证。要从适应现代旅游市场需求的角度审视发展目标、发展道路、发展策略，坚持立足当前、着眼未来，高起点、高标准制定总体规划，按照科学规划，实行统一开发、合理布局，确保旅游资源的合理利用和发展的完整性，努力实现经济和社会效益的统一。旅游基础设施的建设，旅游资源和开发产品的类型、特色和品位，旅游接待设施的布局、规模、标准、区内公园、标志性建筑及大型设施等，都要在旅游开发总体规划指导下进行，由此将旅游业的开发建设建立在一个平衡的、全局性的、可持续的基础上，以保证旅游开发和建设健康有序进行。

3. 开发旅游名牌产品

旅游名牌产品是旅游地整体形象的构成要素。旅游资源只是可供旅游业发展的原材料和基础条件，旅游产品是对旅游资源的开发和综合利用，旅游名牌产品是通过对旅游资源的开发和综合利用后，成为具有轰动效应的独特价值的特殊吸引物。旅游名牌产品的功能在于能带动几个旅游点或旅游区的发展，并使这种发展具有超常、跳跃的特性，形成巨大的磁力效应。在当今旅游业产品开发经营活动中，旅游资源趋同、建设主题趋同、质量标准趋同、促销手段趋同，谁拥有旅游名牌产品，谁就有旅游持续发展的生命力，就能在激烈的市场竞争中获胜，取得良好的经济效益。

4. 提高旅游业科技含量

我国旅游业科技化战略实施的时间晚，起点较低，发展水平不高，高科技含量低，科技化进程缺少长远规划和预测，不具超前性，缺少产业内部的科技实体，忽视了旅游业的综合性及其所要求的在科技化进程中与众多相关行业科技化进程相协调等特点。目前急需解决这些问题。要对旅游科学的基础性问题进行深入研究，明确旅游科技创新及提高科技含量的领域和重点：在旅游生产力要素（旅游资源、饭店、餐饮业、旅游

交通和运动探险类设备、旅游商品、纪念品、旅游娱乐休闲项目、废弃物处理系统）、旅游服务与运营保障体系、旅游促销和管理领域科技创新，力争提高其科技含量，在社会、经济、文化中充分发挥其综合作用。

5. 维护和保护旅游名牌产品

目前我国尚未有注册旅游名牌产品的机构，尚未有旅游名牌产品被开发后到国家工商行政管理局进行注册的法规条例，致使我国某些区域旅游产品雷同，新产品常被模仿，受到冲击，影响可持续发展。政府要制定旅游名牌产品注册的法规条例，成立旅游产品注册机构，旅游经营者要在积极创名牌的同时，增强对旅游名牌产品的注册意识。在时间上坚持先期注册，即在旅游名牌产品创出之前就申请注册，依法取得旅游产品的专利权；在区域上坚持辐射性，即同时在许多省或地区注册，提高旅游产品的市场覆盖率及市场知名度。

（四）多个利益体通力合作，倡导专家、新闻媒体的检查、监督

旅游资源保护很重要，但它不是少数人能够完成的，必须动员全社会的力量。中央政府、当地政府、经营企业、当地居民等各利益群体需要通力合作，而资源保护工作最有战略意义的就是提高全民族的这种文化自觉性，增强全体人民保护资源的意识。这是最重要的。这点加强了，资源保护的工作就有了深厚的群众基础。

此外，旅游资源的保护利用专业性很强，而且要有相应学科的国家级、世界级专家参与才能鉴定、评价、监察和保护利用。加强新闻媒体的主流宣传作用。

（五）培养高素质的旅游专业人才

旅游业是资源和环境密集型产业，实现旅游业可持续发展要培养高素质的决策人员、规划人才和管理人员，提高旅游从业人员的可持续发展思想和专业素养，提高其对资源环境的科学认识和对旅游活动过程的完整理解，以引导现代旅游业向可持续发展的方向发展。

【知识链接 9-2】

澳大利亚可持续旅游发展举措

一、政府树立可持续旅游发展理念

澳大利亚政府有长远的眼光，没有仅仅局限于追求短期的游客人数增长和眼前的经济利益。在旅游淡季时，加大宣传和广告力度；在旅游旺季时，通过缓签入境、减少组团等方式限制国外游客入境旅游。这样虽然会减少一些收入，但适当限制游客数量却有利于保护环境，是实践可持续旅游发展观的体现。澳大利亚从国家到地方，都有完善的立法和制度对自然资源和生态环境进行保护，而且这些立法和制度都得到严格执行。

二、国家生态旅游战略的制定与实施

澳大利亚于 1994 年推行国家生态旅游战略（National Ecotourism Strategy，ANES），是世界上最早制定和实施该战略的国家。根据国家生态旅游战略，澳大利亚制定了国家生态旅游计划，该计划采取了一系列举措减少生态旅游可持续发展的障碍。这些举措包括资助旅游基础设施项目的建设、支持生态旅游环境监测项目的开展、资助国家生态旅游鉴定制度可行性研究等。

三、自然与生态旅游认定计划的实施

澳大利亚自然与生态旅游认定计划(Nature and Ecotourism Accreditation Programme,NEAP)是作为一个由产业界推动和运行的计划来构想和推出的,现在,该计划为澳大利亚生态旅游协会(ECO-tourism Association Of Australia,EAA)所拥有。NEAP推出产品认定合格的一系列原则,一旦认定,合格的产品就可以在三年期间展示NEAP的标识;在此期间,必须进行一年一度的延期手续和对标准的重新审议;三年以后,经营者必须重新申请,在更严格的标准下进行审议。

四、旅游区的建设与经营注重环境保护

在人与自然、发展与保护之间的关系上,澳大利亚自然公园堪称典范,天人合一、人地和谐的理念在自然公园的发展建设中很好地体现出来。动物与人和睦共处;整体保护,局部开发,建筑与自然环境协调;植物群落构成绿色环境,形成良好的视觉生态景观。

五、重视保护旅游地居民的利益

澳大利亚的国家公园和各类保护区,都要依靠当地群众和私有林主来参与保护。政府支持他们因地制宜发展旅游业,基本形成了社区共管、专业公司与土著居民共同开发的经营管理格局。

六、发挥非政府、非营利性环保组织的作用

澳大利亚的环保组织非常活跃。澳大利亚最大的社区环保组织是“清洁澳大利亚”(Clean Up Australia),这个环境保护组织拥有500万志愿者。环保组织的行动对社区居民和游客都发挥了一种良好的带动作用。

(资料来源:百度文库)

(六)加强内部协调管理,构筑大旅游、大产业发展格局

旅游业是集吃、住、行、游、购、娱于一体的综合性产业,可持续发展需要旅游行业内部各相关部门共同参与并协调努力,以全面发展实现旅游产业发展中的生态持续性、经济持续性和社会持续性的统一。所以需要建立旅游业发展的统一组织协调机构,打破行业和部门分割,以利益为纽带,把旅游交通业、旅馆业、餐饮服务业、旅游商品加工业、游览娱乐业等有机连接起来,加快旅游交通、餐饮、住宿、娱乐、商品等相关产业的发展,使吃、住、行、游、购、娱各要素比例协调,融为一体,促进旅游业各相关产业合理配置,提高旅游综合经济效益。

本章小结

旅游业的可持续发展,就是在满足当代旅游者和旅游居民的各种需要的同时,保持和增进未来发展的机会,其实质是要求旅游与自然、社会、文化和人类生存环境成为一个整体,以协调和平衡彼此之间的关系,实现经济发展目标和社会发展目标的统一。实现旅游业的可持续发展可从旅游业可持续发展支持系统、可持续发展举措等方面着力。

同步练习

一、填空题

1. 旅游业可持续发展的特点有______、______、______和______。

2. 旅游业可持续发展的内容是______________、______________和______________。

二、单项选择题

1. 可持续发展的定义为“既满足当代人的需要，又不对后代满足其需要的能力构成危害的发展”，该定义最早来源于(　　)。

A.《我们共同的未来》

B.《可持续旅游发展宪章》

C.《可持续旅游发展行动计划》

D.《旅游业可持续发展——地方旅游规划指南》

2. 旅游业可持续发展支持系统不包括(　　)。

A. 经济发展子系统　　B. 社会发展子系统　　C. 资源环境子系统　　D. 旅游开发子系统

三、多项选择题

1. 可持续发展的内涵有(　　　　)。

A. 环境限制　　B. 满足需要　　C. 禁止开发　　D. 强调公平

2. 坚持旅游资源保护性开发需做到(　　　　)。

A. 正确普查评价旅游资源

B. 加强规划引导，规范旅游业的开发建设

C. 提高旅游业的科技含量

D. 维护和保护旅游名牌产品

四、简述题

1. 简述可持续发展的概念及基本内容。

2. 简述旅游业可持续发展的概念及主要含义。

3. 旅游业可持续发展的实质是什么？

4. 我国旅游业可持续发展面临的问题有哪些？

5. 旅游业可持续发展实现途径有哪些？

实训项目

讨论以下有关“旅游”的观念是否正确。

1. “无烟工业”观念认为，旅游业不像工业或其他产业那样对环境造成污染。

2. “低投入高产出”观念认为，旅游业是一项投资少、见效快、高产出的劳动密集型产业。

3. “非耗竭性消费”观念认为，旅游资源主要是由可再生性资源构成的，而旅游消费又基本上是精神消费而非物质消费，因此，旅游资源不存在耗竭的问题。

对旅游业这些方面的认识必然影响旅游可持续发展战略的实施。因此，首先必须认清这些观念，才能走好旅游可持续发展的道路。

讨论规则：

(1) 由教师指定或大家选出一位主持人。

(2) 由主持人宣布讨论内容，调查同学们的主要立场，根据不同立场将同学分为3个阵营：正确方(正方)、错误方(反方)和中立方，并根据立场的不同调整座位，将同一立场的同学集中在一个方阵，分别为A、B、C组。

(3) A、B两个组成员自我讨论10分钟,形成主要观点,并选出主要陈词的同学。

(4) A、B两组的同学进行辩论,C组的同学对A、B两组的同学进行提问和质疑,时间为20分钟。

(5) 辩论结束,由主持人进行总结陈述及评判,时间为5分钟。

(6) 由主持人重新调查全班同学的立场,看前后是否有变化。

第十章　旅游文化

第十章素养目标

学习目标

知识目标

- 掌握旅游文化的概念及功能。
- 掌握旅游与文化的关系。
- 理解旅游文化整合创新原则和途径。

能力目标

- 能解释旅游的文化属性。
- 能正确理解旅游文化对于旅游产业发展的重要意义。

【关键概念】

文化　旅游文化　旅游文化的属性　旅游文化的功能　旅游文化产业　旅游文化整合　旅游文化创新

思维导图

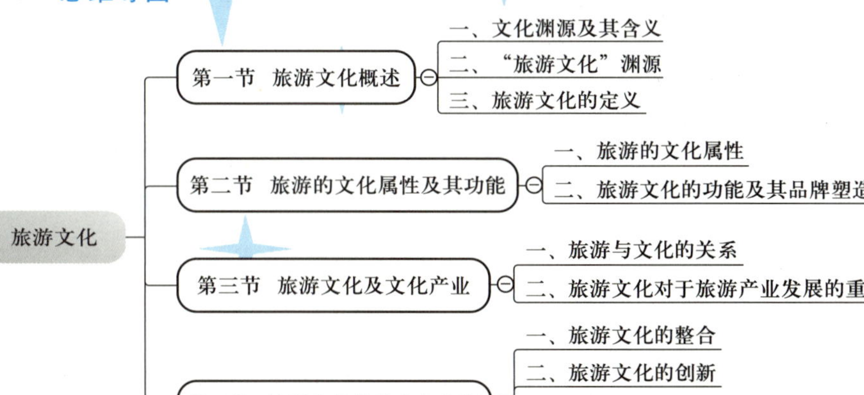

旅游文化是旅游与文化的一种深层次的结合。旅游是文化的载体,文化是旅游的灵魂。当代社会,经济结构正在经历深刻变化,旅游业也进入一个大调整、大发展的时期,旅游与文化呈现出深度融合、共生共进的发展趋势。可以说,旅游与文化深度融合,是转变旅游发展方式的必然要求和根本途径。

第一节　旅游文化概述

一、"文化"渊源及其含义

文化有广义和狭义之分。广义文化是指与自然相区别的人类所创造的一切,有物质形态、观念形态。狭义文化是指人自身的智慧、精神状况、观念形态。文明是指人类改造世界的优秀成果的总和。文明是物质文化的产物,是人类进步的实体记录。

文化在汉语中实际是"人文教化"的简称。"文"与"化"连在一起使用,目前能看到的最早记载是战国末年的《易・贲卦・彖传》,其中说"刚柔交错,天文也。文明以止,人文也。观乎天文,以察时变;观乎人文,以化成天下。"意思是说,日月有规律地往来交错文饰于天,这就是"天文";人伦社会的君臣、父子、夫妇、兄弟、朋友等纵横交织的关系,这就是"人文"。治国者须观察天文,以明了时序的变化,观察人文,使天下之人均能遵从文明礼仪,行其所当行,止其所当止。在这里,"文"与"化"的连用,已经有了非常明确的"以文教化"的含义。

1871 年,英国人类学家泰勒在《原始文化》中指出,文化"乃是包括知识、信仰、艺术、道德、法律、习俗和任何人作为一名社会成员而获得的能力和习惯在内的复杂整体",这应是狭义"文化"的早期经典定义。

1922 年,梁启超在《什么是文化》中对文化作了如下定义:"文化者,人类心能所开释出来之有价值的共业也。""共业"包含众多领域,如认识的(语言、哲学、科学、教育)、规范的(道德、法律、信仰)、艺术的(文学、美术、音乐、舞蹈、戏剧)、器用的(生产工具、日用器皿以及制造它们的技术)、社会的(制度、组织、风俗习惯)等。

《现代汉语词典》对"文化"给出了四种解释:① 指人类在历史实践过程中所创造的物质财富和精神财富的总和;② 指社会的意识形态或一种人文现象;③ 考古学用语,指同一个历史时期的不依分布地点为独立转移的遗迹遗体的综合体;④ 指运用文字的能力及一般知识。

视频:奉茶礼仪

在现实生活中,文化还指在某一地域或某一领域由人们创造并经长期积淀而形成的一种独特的文化现象,如大白菜文化、政治文化中心、仰韶文化、学习文化、市井文化、文化水平、人类的文化、龙山文化、酒文化、茶文化、校园文化等。

综上所述,文化是指人类在长期历史发展中形成的具有民族或地域特色的语言文字、思维特征、社会心理、传统道德、法律精神、宗教信仰、艺术风格、生活方式和风俗习惯等精神与物质要素等综合作用的结果及其表现。所以,第一,文化是人的创造物而不是自然物，是一种社会现象而不是自然现象；第二，文化是人类社会活动所创造的，是为社会所普遍具有和享用的，不是属于个人的；第三，文化是人类智慧和劳动的创造，这种创造体现在人们社会实践活动的方式中，体现在所创造的物质产品和精神产品中。

二、“旅游文化”溯源

旅游是孕育文化的媒介，文化诞生初始就是旅游的一项内容。《易·旅卦》称，“旅，小亨，旅贞吉”，其中包含了旅游的两大特性：动机性和娱乐性。《周礼·正义》也说，“观乎人文，以化天下”。在中国古代，“旅”和“游”是两个不同的概念，唐朝孔颖达《周易·正义》：“旅者，客寄之名，羁旅之称；失其本居，而寄他方，谓之为旅”。“旅”原意是人或动物浮在水面上，后引申为“谓闲暇无事之为游”。《说文解字》：“游，旌旗之流也”。引申为“游，戏也”；“游，自乐之意”。“旅游”一词最早出现于南朝梁沈约的《悲哉行》：“旅游媚年春，年春媚游人；徐光旦垂彩，和露晓凝津；时嘤起稚叶，蕙气动初苹；一朝阻旧国，万里隔良辰。”旅游本身是一种文化现象。

现代旅游可分为两大类。一类是以“游”为主的旅游：观光旅游、民俗旅游、朝圣旅游、文化旅游等，以游为核心，或闲情适意品览审美，或寄情寺观，寻古猎奇，旅行为手段，游乐为目的。另一类是以“旅”为主的旅游：商务旅游、会展旅游、探亲旅游、修学旅游。或忙于商务，羁于工作；或衷于亲情，勤于知识，寓乐于旅，偶作小憩，旅游者较少，逗留于旅游景区。

三、旅游文化的定义

举凡一切能够使旅游者在途中舒适、愉快并能提高旅游文化素质的物质财富和精神财富，都属于旅游文化范畴。旅游文化的内涵丰富，外延也相当宽泛。既涉及历史、地理、民族宗教、社会服务、园林建筑、民俗娱乐与自然景观等旅游客体文化领域，又涉及旅游者的文化素质、兴趣爱好、行为方式、宗教信仰等旅游主体文化领域，更涉及旅游业的服务文化、商品文化、管理文化、导游文化、法规等旅游媒介文化领域。

视频：园林建筑之铺地

旅游文化是在自然和社会发展进程中所形成的生活方式系统，是旅游者这一旅游主体借助旅游媒介（旅行社、饭店、旅游交通和各类旅游服务中介机构）等外部条件，通过对旅游客体的能动活动而产生的各种旅游文化现象的总和。它包括旅游主体文化、旅游客体文化和旅游媒介文化。

1. 旅游主体文化

旅游主体文化主要包括旅游者自身的文化素质、兴趣爱好、性格心理、行为方式及旅游者的政治主张、思想和信仰，以及旅游者的职业、生活背景等。

2. 旅游客体文化

旅游客体文化主要包括旅游历史文化、旅游地理文化、旅游饮食文化、旅游服饰文化、旅游建筑文化、旅游宗教文化、旅游民俗文化、旅游娱乐文化、旅游文学艺术以及人文自然景观等。

3. 旅游媒介文化

旅游媒介文化主要包括旅游餐饮文化、旅游商品文化、旅游服务文化、旅游管理文化、旅游文化教育、导游文化、旅游政策法规以及其他旅游中介文化。

【知识链接】

对"旅游文化"的不同解释

由于目前世界各国学者对"文化"这一概念的表述有很大的分歧,导致了对"旅游文化"的不同认识和解释,它的内涵和外延都停留在探讨的阶段。总的来说,我国学者对旅游文化的表述,大致有下面3种类型。

1. 旅游文化是与旅游有关的物质财富与精神财富的总和。它是人类过去和现在所创造的与旅游活动紧密相关的精神文明与物质文明。有的学者还进一步指出,"它包括两方面的内容,一是广义的,举凡旅游路线、旅游途中、旅游景点上一切有助于增长旅游者文化知识的物质财富和精神财富,都属于旅游文化的范畴;二是狭义的,举凡一切能够使旅游者在途中舒适、愉快并能提高旅游文化素质的物质财富和精神财富,也都属于旅游文化的范畴。这两个旅游文化的概念既有联系,也有区别。前者,我们要求弘扬民族优秀文化;后者,我们要求加速旅游事业的现代化。"(陈辽《弘扬优秀文化,加速旅游事业现代化》)

2. 旅游文化,是旅游主体、旅游客体和旅游媒介相互作用的结果。它不是旅游和文化的简单结合,而是旅游主体(旅游者的文化需求和情趣)、旅游客体(旅游资源的文化内涵和价值)、旅游媒介(旅游业的文化意识和素质)三者相互作用所产生的物质和精神成果。具体地说,"潜在的旅游者由于受到旅游动机的冲击和旅游客体的吸引,在旅游业的介入下,实现了旅游,在旅游过程中产生欢快愉悦的心理状态和审美情趣,这种心态和情绪是旅游三要素中任何一个要素都没有的,这就是旅游文化最初和最核心的部分。"(冯乃康《旅游资源与旅游文化》)因此,旅游者处于旅游文化的中心位置,旅游者在旅游活动中所显示出来的特殊的欣赏取向、审美情绪、心理状态及其文字、形象的记载,构成了旅游文化的主要内容。

3. 旅游文化是旅游生活的一种文化形态,是旅游这一独特的社会现象体现出来的文化内涵。它是由旅游者与旅游从业者在旅游活动中共同创造的,说得具体一点儿,就是旅游者或旅游服务者在旅游观赏中或服务过程中所反映出来的观念形态及其外在表现。

这三类定义从不同的角度揭示了旅游文化的本质属性。我们比较赞同"旅游文化是与旅游有关的物质财富与精神财富的总和"这个定义,因为它表述简洁明了,内涵具体,包含的内容也很宽广,避免了把对旅游事业有用的文化知识排除在外的消极后果。在这个定义的基础上,我们可以把旅游文化表述如下:旅游文化是人类过去和现在创造的与旅游关系密切的物质财富与精神财富的总和,凡在旅游活动过程中能使旅游者舒适、愉悦、受到教育,能使旅游服务者提高文化素质和技能的物质财富和精神财富,都属于旅游文化的范畴。

(资料来源:中国文化旅游网)

第二节　旅游的文化属性及其功能

一、旅游的文化属性

（一）文化性是旅游主体活动的本质属性

墨子说：食必常饱，然后求美；衣必常暖，然后求丽；居必常安，然后求乐。现代旅游现象实际上是一项以精神文化需求和享受为基础的涉及经济、政治、社会、国际交流等内容的综合性大众活动。

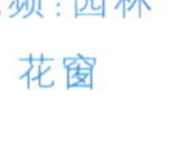
视频：园林花窗

（二）旅游客体同样具有文化属性

旅游资源可分为自然资源和人文资源两大类。人文旅游资源，无论是实物形态的文物古迹还是无形的民族风情、社会风尚，均属于文化的范畴。由各种自然环境、自然要素、自然物质和自然现象构成的自然景观，只有经过人为的开发利用，才能由潜在的旅游资源变为现实的旅游资源。即使是自然美，也必须通过鉴赏来品味和传播，而鉴赏是一种文化活动，因此自然旅游资源同样具有文化性。

（三）旅游产业的文化属性

旅游活动从本质上讲是一种文化活动。无论是旅游消费活动还是旅游经营活动都具有强烈的文化性。只有挖掘出文化内涵，才会具备吸引旅游者的魅力。旅游在发展的初始阶段是经济—文化产业，在发展的成熟期是文化—经济产业。文化提升旅游，旅游传播文化。文化产业与旅游产业融合发展，互促互进，相得益彰，将产生巨大的社会效益和经济效益，实现两者的双赢。桂林的“印象·刘三姐”（见图10-1）、河南嵩山“禅宗少林·音乐大典”、北京的“北京之夜”、杭州的“宋城千古情”等一系列大型文化演出节目，已经在与旅游市场的结合过程中很好地体现了市场价值，促进了当地旅游产业的发展。

图10-1　桂林的“印象·刘三姐”

旅游产业的文化属性主要体现在以下几方面。

1. 文化需求是旅游需求的根本动因

旅游过程实际上是文化的体验和享受。出行旅游有物质需求，但更深层的则是精神文化需求。在旅游活动中，人们参观历史古迹、游览名山大川、体察风土人情，时刻都在触摸文化脉搏、感知文化神韵、汲取文化营养。人们到北京，登长城、看故宫，就是在品味中华文化的悠久与淳厚。人们来海南，畅游天涯海角，领略椰岛风光，最令人回味的是天人合一的心灵感悟和独具特色的民俗风情。旅游者出行最大的动机，是为了获得审美的情趣和精神的愉悦。旅游作为一种综合性、高品位的文化活动，其文化意义不言而喻。

2. 文化资源是旅游的核心资源

旅游的潜力在很大程度上取决于文化的魅力和吸引力。旅游资源多种多样，但决定其品质的是文化。有了文化的内涵和底蕴，旅游就会平添无限魅力。中国有句古话："山不在高，有仙则名；水不在深，有龙则灵。"说的就是文化对自然的辉映和升华，文化赋予自然以生机和灵气。从旅游业的发展看，文化资源已经成为现代旅游的第一资源，凡是旅游吸引力、竞争力强的地方，都是有独特文化品格和文化魅力的地方。

3. 文化环境是旅游的基础条件

旅游品质的提升需要文明素养的支撑和保障。旅游是人与人、人与社会、人与自然的互动，人的文明素养、社会文明程度，直接影响旅游者的感受，关系旅游目的地的声誉。文化环境、社会秩序、服务质量，给人留下的印象有时比秀丽的风光还要深刻。很难想象，一个环境脏乱、治安混乱的地方，能够成为吸引人的旅游目的地。建设良好的文化环境，提高人们的文明素养，已经成为提升旅游品质的基本条件，成为一个地方增强吸引力、提高竞争力的关键因素。

文化的本质在于创新，旅游文化不是旅游和文化的简单相加，也不是各种文化的大杂烩，它是传统文化和旅游科学相结合而产生的一种全新的文化形态。

二、旅游文化的功能及其品牌塑造

（一）旅游文化的功能

1. 独特的旅游文化是旅游目的地吸引力的源泉

旅游主体的旅游动机是文化驱使的结果，现代旅游本质上是一种高层次的精神需求和审美享受，是旅游者对文化的诉求。文化旅游、科技旅游、教育旅游、工业旅游、农业旅游以及其他各种形式的自助旅游的兴起充分展现了旅游者主体意识的不断增强和对文化享受的不断追求。

2. 旅游文化指导着旅游资源的开发

旅游资源的开发不仅要以市场为导向，充分满足旅游者的消费需求，更重要的是坚持旅游文化的指导作用。缺乏旅游文化指导的旅游开发，容易造成旅游地资源品位和格调下降。一味地迎合旅游者的消费需求会带来旅游资源开发的庸俗化倾向，使旅游地的文化特色消失。

3. 旅游文化推动着国际文化的交流

文化交流是旅游的重要功能，旅游的发展必然促进不同文明、不同文化的沟通和交流。旅游是跨时空的交往，是跨文化的交流。自古以来，旅游就与文化的传播相生相伴。每一个旅游者，实际上是文化的传播者，是促进沟通交流的文化使者。随着现代交通条件的改善，旅游在更大的规模、更广的范围内展开，必然促使各种文化互相融通，展示人类文明的多姿多彩，为世界文化发展带来新的营养，增添新的活力，为各国人民加深了解、增进共识提供广阔的平台，架起友谊的桥梁。

（二）旅游文化品牌的塑造

旅游文化的功能实现有赖于旅游文化品牌的塑造。旅游文化品牌的塑造是旅游目的地旅游形象设计的核心。塑造优秀的旅游文化，保持当地的旅游文脉，促进旅游经济和文化的协调发展，不仅是旅游业可持续发展的必然要求，也是使我国由旅游大国向旅游强国迈进的必然保证，而且对旅游目的地和整个中华民族的优秀文化传统也有重要意义。

旅游文化品牌的塑造是通过分析和评价旅游地的文化背景，立足旅游文化的民族特色和地方特色，确定旅游文化的主题。旅游文化的民族特色和地域特色构成旅游地的特殊文化背景。它是旅游地在漫长的历史文化过程中，通过文化的创造、交流和融合逐渐形成的各具地方特色的旅游传统。我们可以把这种旅游传统看作一种社会性遗传，它一旦形成便具有相对的独立性和稳定性，并将对今后旅游文化的演变和发展产生持续影响。

从世界范围看，有以中国、日本为代表的东方文化，以美国为代表的高度发达的工业和娱乐文化，以法国、德国、意大利为代表的传统和现代结合的多元化文化，以希腊为代表的灿烂辉煌的西方古典文化等。以中国为例，有以江苏、浙江和上海为代表的吴越文化，以湖南、湖北为代表的荆楚文化，以四川、重庆为代表的巴蜀文化。此外，还有三晋文化、齐鲁文化、关陇文化、岭南文化等。这种区域文化的划分并不是一成不变的，还可以进一步细分。如同属于吴越文化区的上海和苏州就各有特色，上海是东方文化与西方文化、传统文化与现代文化的交汇之处，苏州则是中国古典园林的集大成者。

一个国家和地区的特色旅游文化一般都具有很强的垄断性。它是长期积淀的结果，很难被复制和移植，是旅游目的地发展旅游业的首要依托条件，具有很高的潜在经济价值，而且作为一种文化，它带给旅游者的印象也是深刻和持久的，能够再次激发旅游动机。

旅游文化品牌的塑造应立足于本地的文化传统和特色，在包装和推出旅游产品，开拓旅游市场时将面临较少的经济压力，有利于形成不同的品位、内涵、档次，适合各类旅游者需求的旅游产品。发展旅游业如果无视当地的文化传统和地方特色，盲目兴建各类旅游设施，容易产生旅游文化的异化倾向，造成当地文明的断裂，不利于文化的传承和旅游业的可持续发展。

【拓展阅读 10-1】

海南旅游:演绎“文化的力量”

古老的图腾,精美的服饰,神奇的文身,令人惊叹的舞蹈乐器和生存技巧……在海南省博物馆,黎族文化让前来参观的旅游者大开眼界,回味无穷。更令人惊叹的,则是各式各样的黎锦服饰和纷繁复杂的制作工艺。

海南锦绣织贝实业有限公司董事长郭凯介绍说:“有着 3 000 多年历史、被誉为中国纺织史‘活化石’的黎锦,其手工纺、织、染、绣等技法享誉中外,形成了独特的黎锦文化,被列入联合国非物质文化遗产名录,成为全世界急需保护的 12 项人类非物质文化遗产之一。还有黎族钻木取火、原始制陶技艺、树皮布制作技艺等一大批少数民族文化遗产都以其鲜明的特色和丰富的内涵而被人们赞誉。”

然而,这种有着 3 000 多年历史的黎锦文化,曾经濒临灭绝,从而唤起了人们对传统黎锦工艺进行抢救、挖掘和保护。而海南在开发文化旅游的过程中,让更多的旅游者了解黎族文化,让黎族人民加强了对民族文化的传承,进一步促进了对黎族文化的保护和发扬。

“现在,为了保护环境,村子里的人们基本没有狩猎砍柴的了,现在我们黎族的三月三、七夕嬉水节走出了我们黎族人的生活,走进了景区,让我们的民族文化得以发扬光大。”保亭县“呀诺达”景区 23 岁的黎族导游董婷华说。

除了黎族民族传统文化,在海南,还有着丰富、独特而又鲜活的文化:23 年红旗不倒的红色文化、下南洋闯海形成的侨乡文化,以及在推进建设生态省过程中形成的生态文化,这些无不体现了海南多元包容性的文化特色。

海南省原旅游发展委员会主任陆志远指出,海南一批市场热点的特色品牌景区,正是由于抓住了海南这些特色文化,才让景区拥有了可以持续发展的“魂”:南湾猴岛在景区发展过程中充分凸显热带海岛猕猴自然保护区的特色生态文化,在国内创造性地提出人与自然、人与动物、人与人之间和谐发展的“猕猴是主人、旅游者是客人、景区经营管理者是仆人”的“三人理论”。“呀诺达”景区将热带雨林文化与本土文化有机融合,让旅游者在体验海南生态美景、雨林奇观的同时,在景区一句“呀诺达”的问候中感受海南热情、友善的独特人文魅力。槟榔谷原生态黎苗文化旅游区始终致力于海南黎苗文化遗产的发掘保护与民族文化的弘扬,成为备受国内外旅游者喜爱的民族民俗景区。

(资料来源:《光明日报》,2012 年 4 月 12 日)

第三节　旅游文化及其产业

一、旅游与文化的关系

文化是旅游之魂。没有旅游的文化就没有活力,没有文化的旅游就没有魅力。旅游与文化有着天然的联系，自有旅游活动以来，旅游与文化就密不可分，而且旅游本身就是一种文化现象。旅游的过程是旅游者经历文化、体验文化、欣赏文化的过程，而文化因素则渗透在旅游活动的各个方面。文化是旅游的灵魂，旅游是文化的重要载体。

（一）旅游是文化生活的重要内容

发展旅游可以满足广大人民群众不断增长的文化需求。旅游是人们离开家门，求新、求知、求乐的一种社会活动，通过旅游，既能满足人民群众精神与物质的享受需求，又能满足人民群众的发展需求。在旅游活动中，人们参观历史古迹、游览名山大川、体察风土人情，时刻都在触摸文化脉搏、感知文化神韵、汲取文化营养，通过旅游所产生的爱国主义教育、历史人文知识传播以及艺术审美享受等效果，对促进社会文明进步和人的全面发展都有着积极的意义。“读万卷书，行万里路”，中国历史上的文人墨客早就意识到通过旅游活动能够增长见识、开阔眼界，提升文化素养。毛泽东同志青年时期就曾说过，“闭门求学，其学无用。欲从天下国家万事万物而学之，则汗漫九垓，遍游四宇尚已。游之为益大矣哉！登祝融之峰，一览众山小；泛黄勃之海，启瞬江湖失；马迁览潇湘，泛西湖，历昆仑，周览名山大川，而其襟怀乃益广”（毛泽东 1913 年《讲堂录》）。旅游作为一种综合性、高品位的文化活动，得到了各个阶层人民的喜爱。

（二）旅游是文化传承保护的重要渠道

发展旅游可以增强文化的活力，通过旅游这个渠道，能够使很多“地下的东西走上来、书本的东西走出来、死的东西活起来、静的东西动起来”。目前我国有世界遗产 45 处，国家重点文物保护单位 2 351 个，历史名镇名村 251 个，博物馆 2 141 个，文化馆 3 258 个。我国还有佛教寺院 1.3 万余座，道教宫观 1 500 余座，伊斯兰教清真寺 3 万余座，天主教教堂4 600 余座，基督教教堂 1.2 万余座，等等。据不完全统计，其中用于旅游开发的有 6 000 多家。我国有 56 个民族，各民族丰富多彩的民族风情、风俗习惯等也都是重要的文化资源。实践证明，开发旅游业，需要对各类文化文物资源进行梳理和修整，需要对古城、古镇、古村落进行挖掘和保护，从而让文化文物资源多年沉睡的价值展现在旅游者面前，有利于文化文物资源的保护和可持续利用。

旅游不仅能在保护和传承过程中弘扬传统文化，还能在创意创造过程中发展新兴文化，中国的民间工艺文化、建筑园林文化、传统艺术文化、宗教文化、民俗文化、饮食文化以及很多濒临消失的非物质文化遗产通过旅游及旅游节庆、旅游博览会等各种旅游平台得以充分挖掘和展示，从而形成了文化保护、开发、传承、弘扬的良性循环。

（三）旅游是跨地域的交往和跨文化的交流

每一位旅游者都是文化的传播者。旅游是文化交流的重要方式，发展旅游可以促进不同文化、不同文明间的沟通与交流。旅游是和平的使者、友谊的桥梁，旅游是民间对民间、人民对人民友好交往、传递友谊的渠道，是开展民间外交的有效途径。现代社会大众旅游的发展，已成为传播文化的最有力的载体之一，人们在旅游过程中对文化的接受是在一种完全自愿的环境中发生的，是出于旅游者个人意愿而对其产生潜移默化影响的，因此也最有力、最持久。旅游还是跨地域的交往和跨文化的交流。中国历史上的每一位旅游者都是文化的传播者，是促进沟通交流的文化使者。旅游活动日益成为各国人民交流文化、增进友谊、扩大交往的重要渠道。随着现代交通条件的改善，旅游在更广的范围展开，为世界各国和地区人民加深了解、增进共识提供了更为广阔的平台。实践证明，旅游可以使不同国家、不同地区、不同民族、不同文化、不同文明、不同宗教信仰、不同生活方式的人民之间增进了解、加深理解、促进友谊。很多国外旅游者通过旅游加深了对中国和中国人民的了解，更多的中国人通过旅游“零距离”了解了外国和外国文化。

（四）旅游是文化形象的重要载体

发展旅游可以弘扬中华文化。推动中华文化走向世界，提高中华文化的国际影响力是一项关系全局的重要战略任务。每年有数千万国际旅游者来到中国，他们首先接触到的是中国的旅游业者和旅游资源、旅游配套设施，广大国际旅游者眼中的“中国印象”其实更多的是“中国旅游印象”。中国是一个真诚、开放的国度，依托旅游资源和旅游渠道，通过丰富多彩的旅游线路、活动和产品来加强对外传播，能够使各国的旅游者在旅游过程中认识、了解、感知一个真实发展变化的中国，进而传播、展示、维护我国良好的国家形象。2019 年，我国出境旅游已达 1.55 亿人次，如此众多的中国公民出国（境）旅游，把具有 5 000 年历史的中华文明传播到了世界各地，有利于宣传中国和平发展的国家形象，有利于推进与世界各国和地区人民的友好交往。目前，国家整合了对外宣传和旅游部门资源，推动把塑造中国国家旅游整体形象上升为国家战略，作为提升我国文化软实力的重要手段。

二、旅游文化对于旅游产业发展的重要意义

随着现代社会的飞速发展，文化旅游已成为一种备受青睐、生机盎然的旅游形式。文化因素对现代旅游活动的影响，将会更加深刻和深远，要加快中国旅游业发展，提高其国际竞争力，就必须高度重视旅游文化建设。

（一）旅游文化是旅游产业发展的内在要求

文化因素渗透在现代旅游的各个方面，文化是旅游者的出发点和归结点，是旅游景观吸引力的源泉，是旅游业的灵魂。无论是自然旅游资源还是人文旅游资源，要吸引和激发起旅游者的旅游动机，就必须具有魅力无穷、独具特色的民族、地方文化内涵，满足人们对科学、史学、文学、艺术和社会学等方面的不同需求。因此，旅游文化的本质特征必然要求在发展旅游业的过程中，优先发展旅游文化。

（二）旅游文化是促进旅游产业保持自身特色的决定因素

人们常说，民族的东西是独特的，文化的流传是久远的，一个国家的旅游业若缺少了自己本民族传统文化的底蕴，便失去了特色，不能反映出本民族独有的精神内涵，也便失去了强大的吸引力。从产业发展的角度看，旅游产业和文化产业相互融合，相得益彰，密不可分。从旅游产业的角度看，抓住了文化就抓住了核心价值。从文化产业的角度看，抓住了旅游就抓住了一个巨大的市场。新时期、新阶段，充分认识发展旅游业对推动文化大发展、大繁荣的重要作用，推进旅游产业与文化产业紧密融合、共同繁荣，既是经济社会发展的客观要求，也是推动文化大发展、大繁荣的必然要求和重要途径。

（三）旅游文化是旅游产业的魅力之源

人文景观是人类生产、生活积累和遗存的艺术化成果与结晶。正因为如此，这些

景观因文化而璀璨,因文化而留存。壮丽的故宫建筑群早已超越了当初作为皇家宫殿的建筑和封建时代皇权象征的意义,而成为中华民族和古老中国灿烂文化的象征,甚至体现着中国悠久的传统哲学。布拉格、威尼斯、巴黎卢浮宫(见图 10-2)、敦煌莫高窟等分别因为音乐、电影或艺术品而成为世人所景仰的文化旅游胜地。文化是自然景观的精气神。一句“不识庐山真面目,只缘身在此山中”让庐山韵味悠长;一句“先天下之忧而忧,后天下之乐而乐”使岳阳楼名扬天下;一句“欲把西湖比西子,淡妆浓抹总相宜”引得西湖游人如织。由于有文化的滋润,自然景观更灵动,或秀美、隽永,或威武、雄壮,魅力倍增,更加迷人。“举凡旅游业昌盛之国,莫不以旅游文化取胜”。奥地利的旅游,几乎都与施特劳斯等国际音乐大师紧密相关。巴黎街道的命名,每每蕴含着法兰西民族的历史掌故。

图 10-2　巴黎卢浮宫

(四)旅游文化蕴藏着巨大的经济潜能

旅游是以一国一民族独特的文化招待顾客赚取外汇的文化经济,世界上旅游业发达的国家,先后实行了“文化性格”新战略。美国洛杉矶文化旅游负责人罗伯特・巴雷说:“文化旅游大概是美国增长速度最快的旅游项目。因为各个城市发展文化旅游可以获得相当可观的收入。”意大利对文化遗产的投入和产出经过全面系统的计算,得出的结论是,国家每年对文化性参观旅游业的增值收入是保护费用的 21.5 倍,并能提供就业岗位,带动建筑、商业和交通运输,促进科学文化的发展。韩国采取措施大力发展文化旅游业,意欲将文化、旅游培育成新世纪的国家战略产业。

(五)旅游文化是提高旅游企业管理水平的关键

旅游文化大量地体现在旅游的管理者及其从业人员身上,其文化素质的优劣、经营管理水平的高低,直接影响旅游者能否获得良好的审美和精神满足,直接关系到旅游资源能否得到合理的开发和利用,进而影响到旅游业的发展。未来的旅游业的竞争主要是旅游文化方面的竞争,人们对旅游资源、旅游服务的需求更趋向于文化性强、科技水平高,富于参与性的项目。因此,旅游业管理者和人员的文化素质与经营管理水平必须相应地提高,才能与国际接轨,适应时代的要求,使中国的旅游业立于不败之地。

（六）文化是旅游业创名牌、提高竞争力的法宝

在旅游活动中，旅游者物质方面的需求是较低的需求，易于满足，精神文化的需求是一种高级而复杂的需求，很难得到满足，但又影响全局。开发旅游业，能够提升一个城市的文化品位，能够使整个城市“升值”，一个城市的“文化名片”往往都是“旅游名片”。杭州整治西溪湿地及西湖景区对旅游者免费开放后，城市升值带来了包括财政收入在内的各方面收入的增长。甘肃敦煌明确提出，“敦煌的优势在文化，出路在旅游，未来在文化旅游”。开发旅游业，能够有效地提升新农村建设的水准，凡是较早开发旅游的乡村，农民的人文素质、开放意识、市场意识都比较强。开发旅游业，能够弘扬民族文化，旅游现已成为国内外旅游者深入了解中国各少数民族文化的重要途径。

当今世界，经济结构正在经历深刻变化，旅游业也进入一个大调整、大发展的时期，旅游与文化呈现出深度融合、共生共进的发展趋势。旅游品牌与文化品牌有机融合，越来越成为吸引人们旅游的动力。旅游消费与文化消费有机融合，越来越成为拓宽旅游市场的重要引擎。旅游创新与文化创新有机融合，越来越成为推动产业升级、提升竞争力的战略支点。旅游产业与文化产业有机融合，越来越成为提升经济效益、创造社会价值的重要源泉。

总之，旅游文化是中国旅游业不可缺少的文化底蕴和灵魂，是中国旅游业保持中国特色，提高国际竞争力的关键。

【拓展阅读 10-2】

我们该怎样享受旅游文化?

2013 年国庆假期这几天，我们关注新闻，看到最多的就是各地旅途、旅游景点堵车严重、环境受损、人满为患、旅游不文明行为的一些报道。

来自故宫的统计数据显示，10 月 2 日故宫接待旅游者 17.5 万人，超过故宫测算的旅游者数量上限一倍多。四川九寨沟景区由于旅游者太多，发生滞留现象，导致交通线路瘫痪，拥堵数千米，景区出动武警维持秩序。在浙江绍兴、杭州西湖、扬州瘦西湖景区都出现了旅游者“井喷”的局面。而自驾出游的人则被堵在高速路上动弹不得，被挤在景区没法下山。景区也很“闹心”：到处都挤满了人，到处都是被随手丢弃的垃圾，再美的景色也打了折扣，再珍贵的历史文物也面临着危险。这样一个好好的假期为什么变得这么闹心，值得我们好好反思。

的确，这些年来，因为大众休闲文化意识和消费水平不断提高，国内的旅游热持续不衰，拉动了一部分国民经济消费的需求。尤其是故宫、庐山、华山等著名旅游景点，既是珍贵的文化和自然遗产，又是最吸引人的观光胜地，在黄金周来临之际，人们争相奔赴这些著名景点旅游、观光，以致游人如织，人满为患。

这几年，每年我也要进行两三次外地旅游，但是现在，我却感到外出旅游越来越成为一种负担，越来越感觉是一种累事、苦差事、烦心事——所到旅游景区、景点，几乎到处人满为患，原本是清雅、安静的文化景点或自然景点，却充满了人群聚集地般的喧嚣之声及浓厚的商业气息。这种感受，其实很多人已经体验过了，或者说，这种失去情味、自然、自由、原始的旅游，已经成为一种现代文明生活中的弊病。

如同对于歌剧和油画这些艺术品一样，人们旅游的品位和爱好，也显现出每一个人不同的审美能力。有些人愿意和一群人摩肩接踵、前呼后拥地赶着去参观风景区，结果造成旅游的趣味和品质大打折扣，这种集体性的旅行或旅游正在失去旅游文化的精神意义和审美意义。

也有旅游经济方面的人士分析，如今，凡到了国庆黄金周这样的较长假期，中国假日景区拥堵成为常态，这有很大的原因是我们假日制度的安排。所以，我们的假日制度是不是给了人们自由选择这样一个空间，是一个需要思考的问题。

对于现代生活中的旅游文化，有的经济学家曾经这样解释：旅游是现代社会中都市居民的一种短期性的特殊生活方式，这种生活方式的特点是异地性、业余性和享受性。所以，从一种生活方式上说，旅游就是人们为了寻求精神上的愉快感受而进行的非定居性旅行和在游览过程中所发生的一切活动，也是一种出于修养、受教育、扩大知识和进行社会交际等原因的旅行。这是旅行或旅游的文化意义所在。

我们每一个有过美好旅游经验的人，都会有这样的亲身体验，旅游或者说旅行，能够让我们如此直接地、真切地、生动地、诗意地接触、贴近和走入浩大世界、多彩人生，也使我们在这个旅行的过程中对生命进行了沉思和回味，甚至还满足了我们一种冲破都市安逸生活后的精神冒险。所以说，旅游文化的本质意义，应该是更自由、更自然、更加个性化的，也更能实现生命主体精神的一种追求。假期，我们怎样享受旅游文化，是该值得认真思考一下了。

（资料来源：《光明日报》，2013 年 10 月 12 日第 9 版，袁跃兴）

第四节　旅游文化的整合与创新

文化是一个动态的、开放的系统，每一个地区的文化在发展过程中都要与周边区域文化进行交流、融合，形成新的文化。这种新的文化既保留了原来优秀的文化，又注入了新的时代精神，这就是文化的整合和创新。

一、旅游文化的整合

整合是文化的重要机制，旅游文化在自身漫长的发展过程中，通过吸收外部优秀的文化成果，淘汰不利于自身发展的文化因子，完成文化的整合，促进文化的创新。旅游文化的整合是东方文化与西方文化、传统文化与现代文化融合的过程。在这个过程中既要继承本地优良的文化传统，又要体现时代精神，展现文化生态的多样性。文化是旅游的灵魂，旅游是文化的载体。旅游是一种经济活动，更是一种文化活动。一次难忘的旅游，必定是一次文化之旅、精神之旅。旅游者在游览过程中所得到的不仅是一种高层次的精神享受，而且能感受到整个时代的变迁和文化的发展脉络，造成一种心灵的激荡，留下深刻的印象。旅游文化的整合是文化发展的内在依据，整合是为了创新，重新创造新的旅游文化，旅游文化的创新又可以促进文化整合，两者是交融的过程。

（一）旅游文化的整合应坚持的原则

1. 立足优秀的传统旅游文化进行整合

优秀的传统旅游文化是历史遗留下来的，具有特殊的文化价值、科学价值和考古价值，至今对旅游者仍然有很强大的吸引力。

2. 旅游文化的整合应体现时代的精神

优秀的传统旅游文化虽然有很强的吸引力，但社会的发展、时代的进步，也给人们的旅游活动注入了新的内容。因此，旅游文化的整合必须体现这种发展变化和时代精神。

3. 以品牌为导向进行旅游文化整合

旅游文化作为一种狭义的文化，是旅游地发展旅游业的重要依托资源，必须注重其品牌价值。整合旅游文化、塑造新的旅游文化，满足旅游者的消费需求，不能不考虑经济效益。但是，旅游地也不能一味迎合少数旅游者的低级趣味，这样容易产生旅游文化整合庸俗化的倾向，使当地传统文化特色消失。江苏省无锡市灵山景区发展成为以佛教文化旅游为特色的世界级精品景区，灵山梵宫（见图 10-3）的开放、第二届世界佛教论坛的举办和国家 5A 级旅游景区的建成，使灵山成为极具文化内涵的中国旅游品牌。

图 10-3　无锡灵山梵宫

（二）旅游文化整合应坚持正确的方法

1. 开发和建造新的旅游文化景观

旅游地在发展旅游业的过程中，不仅要深入挖掘其优秀的传统旅游文化资源，复原一些曾经在历史上有过重要影响力的人文景观，而且要根据当地的实际情况，在充分的市场调查和论证的基础上，开发新的旅游人文景观。

2. 深度整合包装社会旅游资源

在旅游文化创新过程中将旅游地的餐饮文化、民情风俗、生活方式、节日庆典等社会旅游资源进行深度整合，包装成富有文化内涵的旅游产品。旅游地往往比较重视有形的旅游文化景观的开发，而对无形的社会旅游资源的开发力度不够。开发社会旅游资源,形成旅游产品,是我国旅游业由单纯的观光型向度假型转变的重要步骤,也是旅游者进行文化体验的重要内容,是未来旅游业发展的趋势。

3. 建造主题公园

主题公园是以一定的客源市场为依托,通过围绕特定的主题,运用现代先进的科技手段,进行旅游景观的移植、复制、微缩、重塑,在特定的时空内再现旅游文化。建造主题公园是旅游文化的重要整合方式,具有巨大的发展前景。

二、旅游文化的创新

(一) 旅游文化创新是旅游文化的生命

文化是创造性的精神劳动,在继承的基础上不断地创新,是文化发展的内在本性和生机所系。文化只有不断地创新,才能永葆自己的文化特色。文化创新是旅游文化的生命,是旅游文化发展的不竭动力。旅游文化的创新,主要是通过增加、改变、重构原有旅游景观文化的信息,进行旅游景观"意"(指内在于景观的文化,是景观直接依托和体现的文化,是景观物化的体现)的构建,丰富旅游景观的文化内涵。景观文化作为旅游客体文化的一部分,是人类实践和历史积淀的结果,是物质层面的文化。作为自然景观文化,由于处于人类实践活动之外,又缺少景观的"意",所以构不成真正意义上的景观文化。这些自然景观吸引旅游者的主要原因在于其自身的美学价值而非文化价值。

旅游者的旅游活动本质上是一种文化活动。现代旅游者进行旅游已不满足于单纯的感官享受,而是追求一种文化的消费,追求心灵的归宿和实现人格的升华。人文景观的主要功能就是满足旅游者的这种文化消费需求。自然景观虽然无深厚的文化内涵,但可通过文化的附会和创新,有意识地增加旅游景观的文化信息含量,实现对旅游景观"意"的构建。

(二) 旅游文化创新的途径选择

1. 旅游文化整合之中有着创新

旅游文化的创新不应是一个孤立的过程。它是在整个旅游文化塑造的过程中,淘汰本身不具有多大吸引力的文化因子,吸收新的旅游文化因素,使旅游文化能保持恒久的生命力和持续的吸引力。千里大运河在无锡穿城而过,各个地段的景色有着明显的差异。比如,江苏省无锡市以水为魂、以人为本、以史为根、以文为韵,按照"护其貌、显其颜、铸其魂、扬其韵"的思路,对无锡古运河风貌带进行保护性整治、修复,对众多的非物质文化遗产加以保护和传承。与大运河沿线的其他城市相比,大运河无锡段是历史最悠久、最具有原生态风貌、保存最完整、"水"与"文化"结合最完美的景观带。如今,"水上旅游"重新成为无锡的品牌和特色,吸引着国内外的众多旅游者。

2. 旅游文化的创新要立足于当地的实际

脱离当地的实际,无视旅游的文化背景和美学特征,进行文化的胡乱比附,会造成当地旅游文化的异化,也会给旅游者留下恶劣的印象。比如,江苏省无锡市以自己的母亲河——梁溪河为纽带,培育打造都市水上旅游品牌。经过数年坚持不懈的整治开发,深入挖掘梁溪河的历史文化和民俗风情,形成具有浓郁的江南水乡气息和厚重的历史文化内涵的城市观光游览休闲带。如今，梁溪河已经成为无锡市民游览休闲的好去处。

3. 深入挖掘和展现旅游文化的内涵

旅游文化创新不应只注重其美学价值，进行必要的文化附会，增加它的文化信息含量，丰富其内涵，将会给旅游者以全新的感受。经过多年的努力，2010 年一台投资 5 000 多万元，以表现江苏省无锡市深厚的历史人文为主要内容的大型山水实景剧《太湖传说》成功上演，《太湖传说》以诗化语言的诠释和唯美画面的闪回凝练演绎了千年吴地文化的风情和底蕴。

三、旅游文化整合创新的启示

（一）旅游文化的整合和创新一定要传承延续当地文化的历史脉络

旅游文化与旅游地历史紧密相连，具有强烈的地域文化烙印。在人类生活的地球上，既有源于自然后被人类在长期生活中形成的文化遗产，更有人类在生产生活中创造出来的经过久远年代的演变至今还一直和人类相依相伴的文化景观。无论是何种旅游文化都是人类在生产生活过程中创造的。因此，没有人类的生产生活，就没有旅游文化的存在与发展，就没有旅游文化。

（二）旅游文化的整合和创新一定要体现人与自然的和谐关系

旅游文化是人类的造化，又是自然的馈赠，旅游文化的传承、整合、创新要体现“天人合一”的崇高境界和人与自然辩证统一。“天”就是自然，客观现实，“人”是人类所创造的文化，“合一”则指“天”“人”双方高度的和谐与统一。在经济社会的发展过程中，在旅游业发展中，对于旅游文化的忠实保护与合理利用，唯有体现人与自然、当代与历史和谐共生的智慧，才符合科学发展的要求。

（三）旅游文化的整合和创新一定要凸显旅游文化的核心价值

文化是旅游的魅力之源。文化是人类的生产、生活积累和遗存。旅游因文化而璀璨，因文化而留存。对文化、文化价值的理解和认知，已经成为今日旅游业可持续发展的推动力量。文化是一个极有品位、极为高雅、庄严而又神圣的领域，同时又是一个与亿万人民的生产、生活、心灵、感情息息相关的范畴。促进文化与旅游结合，是一项需要十分审慎、严肃、认真甚至要怀着一种敬畏之心去从事的事业，切不可轻慢，切不可轻视，切不可只逐利而忘义，更不可用假冒伪劣去亵渎它。

【拓展阅读 10-3】

视频：借景手法在中国古典园林中的运用

杭州宋城旅游发展股份有限公司

杭州宋城旅游发展股份有限公司连续四届获得“中国文化企业 30 强”称号，是全国文化体制改革工作先进单位、中国十大最具影响力文化产业示范基地之一，以“主题公园+文化演艺”为主营模式，成功打造了“宋城”和“千古情”品牌。

宋城股份旗下拥有宋城旅游管理分公司、杭州乐园有限公司、杭州宋城艺术团有限公司、杭州宋城产业营销有限公司、杭州独木桥网络科技有限公司、三亚千古情旅游演艺有限公司、泰安千古情旅游演艺有限公司、丽江茶马古城旅游发展有限公司、石林宋城旅游演艺有限公司、武夷山武夷千古情旅游发展有限公司、阿坝州九寨千古情旅游发展有限公司等子公司。

“西湖观光，宋城怀古，杭州乐园休闲度假游”已成为华东乃至中国最热门的旅游路线之一。《宋城千古情》成为世界三大名秀之一，已接待旅游者 4 300 多万人，在文化大发展的背景下，公司正在全国一线旅游目的地打造千古情系列节目和主题公园。未来宋城股份将在社会各界的关心和支持下，继续优化“主题公园+文化演艺”的经营模式，力争成为世界上市值最高的文化演艺集团。

（资料来源：宋城股份官网）

四、文化旅游发展趋势

（一）文化创意，成为文化旅游的重点发展方向

文化创意产业被称为21世纪全球最有前途的产业之一，全世界创意经济每天创造产值达220亿美元，并以5%的年增长速度递增。如今，文化创意产业已经成为许多国家和地区经济发展的支柱产业。

文化创意产业在旅游领域的拓展和延伸，成为旅游发展的新引擎，反过来，旅游的发展也为文化创意产业的繁荣创造了新机遇、新动力。在旅游产业集群化发展的背景下，文化创意旅游已经成为旅游景区、旅游企业及相关部门共同参与的新领域。北京怀柔影视基地、横店影视基地等一大批文化创意产业园区，不但提升了休闲经济时代下的传统旅游产品和文化活动，而且开始成为各大城市旅游经济发展的新引擎。

（二）文化深度游成为中国旅游产业发展的新亮点

中国旅游已经从传统走马观花式的观光游向以文化为主题导向的文化深度游、文化休闲游转变，并出现了以世界遗产为核心主题的专项旅游产品。

文化深度游的一个重要表现是遗产旅游热的兴起和发展。遗产旅游已经成为世界旅游业最热门的项目之一。英国遗产旅游业发展迅猛，年收入高达260亿英镑，几乎成为该国旅游业的支柱。

（三）康体保健游已经成为文化体验旅游的重要内容

文化性作为旅游产业的核心特质之一，体现在旅游产品的各个方面。随着中国城乡居民人均可支配收入不断增加，出游能力渐趋增强，文化体验游成为游客热衷的旅游产品类型，其中康体保健游因为能够迎合现代人越来越强的医疗保健意识和康体养生需求，成为人们广泛关注和备受推崇的文化体验旅游产品类型。在中国旅游发展相对成熟的很多旅游地，都已经出现了相对完善和成熟的康体保健旅游的产品体系。

本 章 小 结

旅游是文化的载体，文化是旅游的灵魂。旅游业已进入一个大调整、大发展的时期，旅游与文化呈现出深度融合、共生共进的发展趋势。旅游文化的功能实现有赖于旅游文化品牌的塑造。旅游文化是中国旅游业不可缺少的文化底蕴和灵魂，是中国旅游业保持中国特色，提高国际竞争力的关键。旅游文化发展的过程也是旅游文化不断地整合和创新的过程。

同步练习

一、填空题

1. 1871 年英国人类学家________在________中指出，文化“乃是包括知识、信仰、艺术、道德、法律、习俗和任何人作为一名社会成员而获得的能力和习惯在内的复杂整体”。

2. 1922 年，梁启超在________中对文化作了如下定义：“文化者，人类心能所开释出来之有价值的共业也。”

二、单项选择题

1. “旅游”一词最早出现在(　　)。

A. 南朝梁沈约《悲哉行》　B.《易・卦・象传》　C.《原始文化》　D.《什么是文化》

2. (　　)指出，“文化景观是文化财产”。

A.《保护世界文化和自然遗产公约》

B.《马尼拉宣言》

C.《娱乐活动与土地利用关系》

D.《世界旅游组织公报》

三、多项选择题

1. 旅游文化包括(　　　　)。

A. 旅游主体文化　B. 旅游客体文化　C. 旅游媒介文化　D. 宗教文化

2. 旅游产业的文化属性主要体现在(　　　　)。

A. 文化是旅游产业发展的灵魂　B. 文化资源是旅游的核心资源

C. 文化环境是旅游的基础条件　D. 文化需求是旅游需求的根本动因

四、简述题

1. 解释旅游文化的概念及功能。

2. 简述旅游与文化的关系。

3. 简述旅游文化对旅游产业发展的重要意义。

4. 简述旅游文化整合和创新的原则与途径。

实训项目

分组讨论：结合当地旅游业发展，讨论“文化是旅游的灵魂，旅游是文化的载体”。

讨论目的：了解旅游与文化的深度融合，是转变旅游发展方式的必然要求和根本途径。

讨论要求：提前做好准备，分组讨论，并以小组为单位形成一份 2 000 字左右的小结。

第十一章　旅游组织

学习目标

知识目标

- 掌握旅游组织的含义；
- 掌握国际旅游组织的设置状况；
- 掌握我国旅游组织的设置状况。

能力目标

- 熟悉政府间旅游组织和非政府间旅游组织的差别。

第十一章素养目标

【关键概念】

旅游组织　世界旅游组织　世界旅游业理事会

太平洋亚洲旅游协会　国际航空运输协会

中国文化和旅游部　中国旅游协会

思维导图

- 旅游组织
  - 第一节　旅游组织及分类
    - 一、按照旅游组织的范围分类
    - 二、按照旅游组织的成员分类
    - 三、按照旅游组织的权力分类
  - 第二节　国际旅游组织及其职能
    - 一、全球性旅游组织
    - 二、区域性国际旅游组织
  - 第三节　我国的旅游组织及其职能
    - 一、旅游行政管理组织
    - 二、旅游行业管理组织

旅游业已成为当今世界最大的产业，世界上大多数国家都将旅游业的发展摆在重要位置，因此必须有强有力的旅游组织来领导，以有效地组织旅游政策的实施。

第一节　旅游组织及其分类

旅游组织是指为了加强对旅游行业的引导和管理，适应旅游业的健康、稳定、迅速、持续发展而建立起来的具有行政管理职能或协调发展职能的专门机构。由于旅游活动是一种内容丰富、涉及面广的具有综合性质的社会文化和经济现象，因此构成国际旅游组织和我国旅游组织的机构也广泛、多样和复杂。

通常可以对旅游组织进行以下分类。

一、按照旅游组织的范围分类

按照旅游组织所覆盖的地域范围划分，一般可以划分为全球性旅游组织、区域性旅游组织、国家旅游组织和地方旅游组织。

（一）全球性旅游组织

全球性旅游组织是指构成该组织的成员来自世界各个国家或地区，并主要为全球旅游业发展而工作和服务的综合性或专业性国际旅游组织机构，如世界旅游组织、国际旅游联盟、世界旅行社协会、国际饭店与餐馆协会、国际航空运输协会等。

（二）区域性旅游组织

区域性旅游组织是指按大洲或一定的地域范围划分的旅游组织，其成员来自区域内的各个国家或地区，主要目的是为促进本区域旅游发展而工作和服务的国际性旅游组织，如欧洲旅游委员会、太平洋亚洲旅游协会、美洲旅行代表大会、加勒比海旅游组织等。

（三）国家旅游组织

国家旅游组织是指一个国家中为国家政府所承认，负责全国旅游管理的最高组织机构，这个组织可能是政府官方机构，如菲律宾旅游部、意大利旅游与娱乐部、中国文化和旅游部；也可能是半官方或非官方组织，如全国旅游委员会、全国旅游协会等。

（四）地方旅游组织

地方旅游组织是指在一个国家内的某个地区设立的，负责管理该地区旅游事务并促进地区旅游发展的政府机构或组织，它一般与国家旅游组织配合，共同为促进当地旅游业发展而进行组织、协调和管理。如江苏省文化和旅游厅、无锡市文化和旅游局等。

二、按照旅游组织的成员分类

按照旅游组织成员构成性质划分，一般可以划分为政府间旅游组织、非政府间旅游组织以及以个人、企业和团体组织为成员的旅游组织。

（一）政府间旅游组织

政府间旅游组织一般是指按照国际上有关国家之间旅游服务贸易往来的规定和相关的要求，由各国通过相互签订条约或协议而共同组成的国际性旅游组织，如世界旅游组织就是目前唯一的世界各国政府间的国际旅游组织。此外，与旅游相关的政府间国际组织还有国际民航组织、世界卫生组织、国际劳工组织等。

（二）非政府间旅游组织

非政府间旅游组织不是由国家之间签订条约来组成，而是由不同国家的旅游组织、旅游企业、旅游团体和个人，根据共同的兴趣和利益而自愿组成的国际旅游组织，如国际旅游联盟、世界旅行社协会、国际饭店与餐馆协会、国际大会及会议协会等。

（三）以个人、企业和团体组织为成员的旅游组织

以个人为成员的旅游组织，大多数是由个人所组成的有关旅游研究、培训方面的旅游组织，如旅游科学专家国际联合会、国际旅游学会、国际旅游职业培训学会等。以企业为成员的旅游组织一般是由旅游行业内各种类型的旅游企业组成的国际旅游组织，如世界旅行社协会、世界一流饭店组织、国际航空运输协会等。以团体组织为成员的旅游组织，其成员包括旅游企业和各类非实体性的旅游机构，如国际旅游协会、太平洋亚洲旅游协会等。

三、按照旅游组织的权力分类

按照旅游组织所拥有的权力划分，一般可以划分为官方旅游组织、半官方旅游组织和非官方旅游组织。

（一）官方旅游组织

官方旅游组织是由各国政府直接设立并作为政府的一个部门或机构，负责有关全国旅游发展的规划、决策和行政管理的旅游组织，如各国的旅游部和旅游局等。而国际官方旅游组织，主要是指联合国下属的世界旅游组织。官方旅游组织作为国际或国家政府的专门部门或机构，其人员和经费都纳入相应的官方组织系列中，并将日常工作经费列入相应的预算中。

（二）半官方旅游组织

半官方旅游组织是指经国家政府承认并代表国家负责日常全国旅游行政事务管理的机构和组织。通常负责日常旅游行政事务的半官方旅游组织，一般不属于国家政府机构，但为了完成国家政府授权的行政管理事务，国家政府一般都划拨部分工作经费。

（三）非官方旅游组织

非官方旅游组织是指完全由民间自发组成的各种旅游组织和机构，如各种国家性、全国性、地区性旅游协会，各种类型的旅游俱乐部，以及各种各样的旅游研究、咨询和培训组织与机构。

第二节　国际旅游组织及其职能

国际旅游组织是指在一定的地域或行业范围内，对各种旅游活动进行计划、组织、实施、协调等管理活动的一切国际性官方和非官方机构的统称。国际旅游组织通常分为全球性旅游组织和区域性旅游组织。

一、全球性旅游组织

（一）世界旅游组织（WTO）

世界旅游组织的英文全称是 World Tourism Organization，简称 WTO。由于世界贸易组织（World Trade Organization）的英文简称同样也是 WTO，所以，为了避免理解上的混淆，人们常将“UNWTO”用作世界旅游组织的英文简称，以便区别于作为联合国特别代理机构的世界贸易组织。

世界旅游组织是世界上唯一全面涉及国际旅游事务的全球性政府间机构，同时也是当今旅游领域中最具有知名度并且最具有影响力的国际性组织。主要负责收集和分析旅游数据，定期向成员国提供统计资料、研究报告，制定国际性旅游公约、宣言、规则、范本，研究全球旅游政策。它的前身是国际官方旅游宣传组织联盟，1975 年改为现名，总部设在西班牙首都马德里。

世界旅游组织成员分为正式成员（主权国家政府旅游部门）、联系成员（无外交实权的领地）和附属成员（直接从事旅游业或与旅游业有关的组织、企业和机构）。联系成员和附属成员对世界旅游组织事务无决策权。截至目前，世界旅游组织有正式成员 154 个。

世界旅游组织确定每年的 9 月 27 日为世界旅游日。为了不断地向全世界普及旅游理念，形成良好的旅游发展环境，促进世界旅游业的不断发展，该组织每年都推出一个世界旅游日的主题口号。如图 11-1 所示为联合国世界旅游组织第 22 届全体大会。

图 11-1　联合国世界旅游组织（UNWTO）第 22 届全体大会会场

【拓展阅读 11-1】

联合国世界旅游组织执委会第 109 次会议举行

10 月 31 日，联合国世界旅游组织执委会第 109 次会议在巴林首都麦纳麦举行，来自 35 个国家的执委会成员代表出席会议。文化和旅游部相关领导率团出席会议并发言。

本次会议就联合国世界旅游组织项目和预算情况、组织发展和运作、2019 年执委会副主席选举等议题进行了讨论。会上，联合国世界旅游组织秘书长祖拉布·波洛利卡什维利高度赞赏中国政府对旅游业发展的重视和支持，积极肯定中国旅游业对全球旅游业发展做出的突出贡献。文旅部相关负责人介绍了中国旅游业发展的总体情况以及中国文化和旅游部组建以来在加强文旅融合方面的创新举措，对联合国世界旅游组织在促进全球旅游业发展中发挥的积极作用给予充分肯定，表示中国愿继续深化与联合国世界旅游组织及各成员国间的交流与合作，积极参与全球旅游治理体系改革和建设，分享中国旅游业发展机遇，贡献中国经验和方案。

（资料来源：根据网络资料整理）

（二）国际旅游联盟（AIT）

国际旅游联盟是一个旅游协会的联合组织，是一个非官方的国际性旅游俱乐部和汽车协会的联合组织，于 1898 年由欧美地区的 17 家俱乐部发起并在卢森堡成立，总部设在瑞士的日内瓦。参加该联盟的成员有 140 个协会，总人数达 6 500 万人，会员遍及 90 个国家和地区。

该联盟的宗旨是：积极鼓励和协助发展前往世界各国进行的各种国际旅游、汽车旅游和特种旅游；维护该组织成员在国际旅游和汽车旅游方面的一切利益；协调各国成员组织为该成员在国外旅行时提供所需的相互服务；研究国际旅游中出现的一切问题，提出建设性的改革意见，扶持旅游业的发展，保护旅游业的利益。

（三）国际民用航空组织（ICAO）

国际民用航空组织（其标志见图 11-2）成立于 1947 年 4 月 4 日，同年 5 月，成为联合国的一个专门机构。总部设在加拿大的蒙特利尔。该组织以 1944 年 12 月的《国际民用航空公约》为准绳，其宗旨是：发展安全而有效的国际航空运输事业，使之用于和平目的；制定国际空中航行原则，促进各国民航事业的安全化、正规化和高效化；鼓励民航业的发展，满足世界人民对空中运输的要求；保证缔约国的权利充分受到尊重，使各缔约国享有经营国际航线的均等机会。

该组织现有会员国 152 个。中国于 1974 年 2 月 15 日正式加入。该组织出版发行《国际民用航空组织公报》月刊和《国际民用航空组织备忘录》。

图 11-2　国际民航组织标志

【拓展阅读 11-2】

国际民用航空组织召开第 39 届大会

国际民航组织第 39 届大会气候变化谈判取得积极成果，于加拿大蒙特利尔当地时间 10 月 6 日通过了《国际民航组织关于环境保护的持续政策和做法的综合声明——气候变化》和《国际民航组织关于环境保护的持续政策和做法的综合声明——全球市场措施机制》两份重要文件，形成了第一个全球性行业减排市场机制。中国民用航空局有关负责人表示，该决议基本照顾到了各方的核心关切，是一份相对包容的文件，成果来之不易。这既是国际航空减排谈判的重要阶段性成果，也是推动国际航空运输绿色发展方面做出的积极尝试。中国为推动构建包容、公平、合理、可行的全球国际航空减排框架做出了重要贡献。

据悉，大会通过的市场机制决议旨在通过碳抵消机制控制国际航空温室气体排放增长，将从 2021 年至 2035 年分三阶段实施，包括试验期（2021—2023 年）、第一阶段（2024—2026 年）及第二阶段（2027—2035 年）。其中试验期和第一阶段各国自愿参与，发达国家率先参与；第二阶段为国际航空活动全球占比高于 0.5%以上的国家或国际航空活动全球累计占比 90%以上的国家参与。根据行业平均增速分担抵消责任，2030 年后适当增加根据个体增速分担责任的比例，总体上体现了发达国家与发展中国家共同但有区别的责任。决议还强调要为各国特别是发展中国家参与该机制提供援助，并就该机制实施情况和影响每三年开展一次审评。

中国民用航空局相关负责人介绍，国际民航组织气候变化谈判始于 2007 年，核心议题包括减排目标、责任区分、市场机制、对发展中国家援助等。自 2014 年以来，国际民航组织在气候变化问题上全力推进机制方案设计，中方坚持一贯立场，努力维护发展中国家发展权益，敦促发达国家承担其历史责任。中美元首 2016 年两次会晤成果为国际民航组织有关谈判提供了重要的政治推动力。同时，中方建议国际民航组织及有关各方借鉴《巴黎协定》成功经验，将 2020 年后全球气候治理核心理念融入国际航空市场措施谈判，以务实的态度解决各方关切，争取达成协商一致的积极成果。中方的倡议得到绝大多数国家支持，为各方寻找共识点提供了可行的路径。

国际民航组织第 39 届大会召开期间，为推动大会取得成功，中国民航代表团与大会主席、理事会主席及有关国家进行了密集磋商，积极寻求照顾各方关切的解决方案。中方所做积极贡献和展示的巨大诚意，得到国际民航组织理事会主席、大会主席和与会各方的赞赏。

中国民用航空局有关负责人还表示，中国愿意承担与本国发展阶段和能力相符的责任，并一直在积极控制和减少自身航空能耗与排放，积极参与相关国际合作。2011-2015 年，中国民航在全行业推动实施了八大类 1 200 多个节能减排项目，总投资额近 135 亿元人民币（不含新飞机购置）。2015 年，中国民航吨公里油耗 0.294 千克，较 2005 年下降 13.5%。中国在今年 5 月正式向国际民航组织秘书处提交了新版国家行动计划，向国际社会宣示了中国在绿色民航发展方面的决心和努力。目前，中国民航已将绿色发展融入行业发展中长期规划，通过行政、技术、市场等多种手段，积极采取行动不断推进节能减排工作，努力构建安全、效益、服务、环保四位一体的环境友好型、资源节约型现代化民航。

（资料来源：中国民航局官网，2016 年 10 月 7 日）

（四）国际航空运输协会（IATA）

国际航空运输协会是一个包括全世界各大航空公司的国际性组织，于 1945 年 4 月在古巴哈瓦那成立。该协会现有会员达 188 家国际航空公司。1993 年 8 月，中国成为该会的正式会员。

该协会的宗旨是：促进安全、正规和经济的航空运输；促进航空商业，并研究与此有关的问题；促进与联合国国际民用航空组织的合作。该协会的主要任务是：提出客货运率、服务条款和安全标准等，并逐步使全球的空运业务制度趋于统一；处理和协调航空公司与旅行社之间的关系。确定票价是该协会最主要的任务之一。该协会最高权力机构为大会，大会每年召开一次。该协会出版发行《国际航空运输协会评论》（季刊）和《年会备忘录》年刊。

（五）世界旅行社协会（WATA）

世界旅行社协会是一个国际性的旅游组织，创建于 1949 年。该协会由 237 家旅行社组成，其中半数以上为私营企业，分布在 86 个国家的 208 个城市中。世界旅行社协会设有一个执行委员会，有 9 名委员。总部设在瑞士的日内瓦，并设常务秘书处，管理协会的行政事务。协会每两年举行一次大会。协会把世界分成 15 个区，各区每年举行一次会员社会议，研究本区旅游业务中的问题。世界旅行社协会旨在推动旅游业的发展，收集和传播信息，参与有关发展旅游业的商业和财务工作。

（六）国际铁路联盟（IUR）

国际铁路联盟于 1922 年 12 月 1 日在巴黎成立，总部设在巴黎。该组织是以欧洲铁路为主体的非政府性国际铁路组织，是联合国经济及社会理事会的咨询机构。联盟的宗旨是：统一和完善铁路运营条件和技术设备并使之标准化；保证铁路联运；协调各成员组织的铁路工作。联盟的最高权力机构是全体大会，每年召开一次大会。其管理机构是管理委员会，由该联盟主席和 21 个成员组成，负责管理工作，处理与该联盟有关的带有普遍性的重大问题。该联盟出版发行《国际铁路》刊物。

中国是国际铁路联盟创始成员之一，在 1979 年 6 月的国际铁路联盟第 37 届全体大会一致同意中华人民共和国的铁路组织——“中国铁路”是唯一代表中国的全国铁路组织。

（七）国际汽车联合会（FIA）

国际汽车联合会前身为“国际著名汽车俱乐部协会”，1904 年 6 月 20 日在德国汉堡成立，1946 年改为现名。该联合会宗旨是：发展并在各国组织汽车游览；帮助汽车驾驶人员解决有关日常的交通问题；组织并促进世界汽车运动；研究与汽车有关的交通、旅游和技术问题；保护汽车用户的利益。

国际汽车联合会的成员有 90 多个国家和地区的汽车协会的汽车俱乐部。中国于 1983 年参加该组织。该联合会的最高权力机构是全体大会，每两年举行一次，并设有委员会，由秘书长负责日常工作。联合会出版发行《国际汽车联合会体育公报》月刊、《国际汽车联合会情况公报》与《汽车和流动杂志》等刊物。

（八）旅游科学专家国际联合会（IASET）

旅游科学专家国际联合会于1951年5月31日在罗马成立，会址在瑞士伯尔尼。协会的宗旨是：加强成员间的友好联系，鼓励成员间的学术活动，特别是促进个人接触，交流经验；支持具有学术性质的旅游研究机构以及其他有关旅游研究与教育的组织的活动。该协会是由国际上致力于旅游研究和旅游教学的专家组成的学术团体，在45个国家中有330多名会员。该协会的最高权力机构为大会，每年举行一次，并设有委员会秘书处。

（九）国际饭店与餐馆协会（IHA）

国际饭店与餐馆协会是旅馆和饭店业的国际性组织，于1947年在法国巴黎成立。国际饭店与餐馆协会的宗旨是：联络各国旅馆协会，并研究国际旅馆业和国际旅游者交往的有关问题；促进会员间的交流和技术合作；协调旅馆业和有关行业的关系；维护本行业的利益。

该协会的会员分为正式会员和联系会员。正式会员是世界各国的全国性的旅馆协会或类似组织，联系会员是各国旅馆业的其他组织、旅馆院校、国际饭店集团、餐馆、饭店和个人。该协会现有正式会员80多个，联系会员4 000多个。该协会每两年举行一次会员大会，商讨旅游业发展中的重大问题，修改和制定有关的政策与法规。

二、区域性国际旅游组织

（一）太平洋亚洲旅游协会（PATA）

太平洋亚洲旅游协会1951年成立于夏威夷檀香山，协会总部设在美国旧金山。太平洋亚洲旅游协会是一个具有广泛代表性和影响力的民间国际旅游组织，在整个亚太地区以至世界的旅游开发、宣传、培训与合作等多方面发挥着重要作用。协会的宗旨是促进亚太地区及亚太地区内部旅游和旅游业的发展，因此受到亚太地区各国旅游业界的普遍重视。

该协会的章程规定，任何全部和部分位于西经110°至东经75°地理区域内所有纬度的任何国家、地区或政治区域均有权成为该协会会员。该协会成员广泛，不仅包括亚太地区，而且包括如欧洲各重要客源国在内的政府旅游部门和空运、海运、陆运、旅行社、饭店、餐饮等与旅游有关的企业。目前，协会有37名正式官方会员，44名联系官方会员，60名航空公司会员以及2 100多名财团、企业等会员。

【拓展阅读11-3】

“大图们倡议”第七届东北亚旅游论坛在珲春市开幕

2018年8月3日，“大图们倡议”第七届东北亚旅游论坛在珲春市举行。来自中国、俄罗斯、韩国、蒙古国等东北亚各国的专家学者围绕“对接一带一路，构建东北亚多目的地旅游共同体”为主题，共同探讨和展望东北亚发展多目的地旅游现状和前景。

自2012年“大图们倡议”第一届东北亚旅游论坛发起以来已连续举办了七届，规模日渐扩大、成果日益丰硕、影响日趋提升，现已成为东北亚各国深化旅游合作、密切友好交流的重要平台。本届论坛再次彰显了团结互信、平等互利、合作共赢的发展理念，与会专家学者就“一带一路”背景下的东北亚跨国旅游产品对接、东北亚环海跨国线路的培育与开发，以及东北亚旅游论坛学术成果的有效转化与落实等议题进行深层次研讨，为进一步汇集各方力量和智慧，共同推进东北亚地区旅游合作深入发展注入新的动力和活力。

“旅游业作为东北亚区域交流合作的重要载体与突破口，作为推进区域经济繁荣，实现区域共同繁盛的强大引擎，已经得到越来越广泛的关注与重视。”相关负责人在致辞中表示，近年来，吉林省全面贯彻落实习近平主席生态文明思想，牢固树立“绿水青山就是金山银山”“冰天雪地也是金山银山”的绿色展理念，充分发挥得天独厚的自然资源和生态环境优势，坚持立足全国、放眼世界，推动吉林旅游业迅猛发展，为东北亚区域旅游经济发展作出了重要贡献。

该负责人强调，吉林省将以此次论坛为契机，未来几年将开发更多更好的旅游产品，促进冬季冰雪旅游、夏季避暑休闲和边境风情旅游齐头并进，让“冷”资源“热”起来、“凉”资源“火”起来、“静”资源“动”起来，全面展示吉林旅游产业发展成果，把吉林旅游推向全国、推向世界；全面提升吉林旅游发展层次和水平，打造更加宜游、更加宜居、更加宜养的旅游目的地；全面加强与国内外旅游组织和企业的务实合作，共同推动吉林旅游产业发展，实现更高水平的互利共赢。

据了解，延边州地理位置优越，是中国东北地区通达国际的重要通道和连接欧亚大陆的重要枢纽。在“大图们倡议”东北亚旅游论坛落户延边的七年时间里，延边朝鲜族自治州按照合作、共融、共享的发展理念，依托优越的地理区域优势、丰富的自然资源和人文资源，以旅游业为突破口，大力发展国际旅游合作，先后开通多条跨国旅游线路和国际航线，为东北亚各国旅游交流合作奠定了坚实的基础。

作为中国长吉图战略的桥头堡、“一带一路”和中蒙俄经济走廊向北开放的新起点，珲春市全面落实“旅游兴州”战略部署，积极构建以市区为核心、南线跨境游、边境游为重点、东线生态游和北线红色游为支撑的“一核三线”全域旅游新格局，先后开发了中俄朝环形跨国游、中俄韩陆海跨国游等八大旅游产品 10 条旅游线路，旅游业基础设施建设和服务水平不断完善，生态游、乡村游、田园游产品更加丰富，全市接待国内外游客人数和旅游总收入年均增幅达 20% 以上，旅游业正在成为珲春富民强市的支柱产业。

（资料来源：文化和旅游部官网）

（二）欧洲旅游委员会（ETC）

欧洲旅游委员会成立于 1948 年 6 月，总部最初在爱尔兰的都柏林，后迁往法国巴黎。该委员会的成员由欧洲 23 个国家的主管旅游部门组成。该委员会的宗旨是：在对市场进行调查研究的基础上，组织成员国联合开发潜在的目标市场，提高世界其他地区来欧洲旅游委员会成员国旅游的水平，尤其是吸引美国、加拿大和日本的旅游者；加强彼此间的合作，交流信息，共同进行理论研究。

（三）美洲旅行代表大会（IATA）

美洲旅行代表大会是美洲地区官方的区域性国际旅游组织，于 1936 年在美国华盛顿成立。其成员主要是美洲国家旅游组织机构，目前拥有 25 个国家或地区的成员单位，每 3 年举行一次代表大会会议。

美洲旅行代表大会的宗旨是：协助参加美洲国家组织的国家发展旅游业，积极组织成员国之间的旅游交流与合作；为成员国提供有关国际和区域的旅游信息资料。

（四）加勒比旅游组织（CTO）

加勒比旅游组织于 1989 年 1 月 11 日在巴巴多斯首都布里奇顿成立，目前拥有 30 多个国家的 100 多名成员。

该组织的宗旨是：积极讨论和研究该地区旅游基础设施与接待设施的建设和发展，以促进该地区旅游业的发展。加强与世界其他旅游组织的联系和发展，吸引国际资金对该地区旅游业的投入。促进加勒比旅游组织成员国之间的旅游合作，努力发展独具特点的加勒比旅游。如图 11-3 所示为加勒比旅游组织中文官方网站。

图 11-3 加勒比旅游组织中文官方网站（局部截图）

（五）非洲旅游协会（ATA）

非洲旅游协会成立于 1975 年，是为了促进非洲旅游的快速发展，加快非洲旅游协会、企业和个人与其他洲的旅游交流及合作，满足欧美国家及其他地区大量旅游者前往非洲旅游的需求而成立的。其成员包括非洲各国的国家旅游组织、旅游行业协会、旅游公司和研究机构等。总部设在美国的纽约。

【拓展阅读 11-4】

第八届二十国集团旅游部长会议在阿根廷举办

2018 年 4 月 17 日，第八届二十国集团旅游部长会议在阿根廷布宜诺斯艾利斯举办。阿根廷总统毛里西奥·马克里会见了各国代表团团长。中国文化和旅游部相关领导出席会议并致辞。

文旅部相关领导在致辞中介绍了中国组建文化和旅游部的重大意义和进展情况，介绍了 2017 年中国旅游业发展所取得的成就，呼吁二十国集团经济体在分享旅游业发展经验、推进旅行便利化、完善旅游突发事件应急处理机制等方面加强合作，共同推动二十国集团及全球旅游业繁荣发展。

会议期间，文旅部相关领导与联合国世界旅游组织秘书长祖拉布·波洛利卡什维利以及阿根廷、巴西、保加利亚、新加坡等国旅游部门代表进行了交流。与会代表对中国组建文化和旅游部表示祝贺，期待能与中国进一步挖掘合作潜力，拓宽合作领域，深化务实合作。

本次会议以“旅游业：促进就业的推动力”为主题，讨论通过了《第八届二十国集团旅游部长会议宣言》。二十国集团经济体、联合国世界旅游组织、世界旅游业理事会、国际劳工组织等派代表出席了会议。

（资料来源：文化和旅游部官网）

第三节　我国的旅游组织及其职能

我国的旅游组织主要分为旅游行政管理机构和旅游行业组织两大类。旅游行政管理机构主要是指国家和地方旅游行政管理机构，负责管理全国旅游工作。旅游行业组织主要负责加强行业间的协作与行业间的经营管理研究，为旅游业发展献计献策。

一、旅游行政管理组织

中华人民共和国文化和旅游部（简称文旅部）是我国主管旅游工作的旅游行政管理机构。县级以上地方政府设立文化和旅游行政部门主管本地区旅游工作。

文化和旅游部的主要职责如下。

（1）贯彻落实党的文化工作方针政策，研究拟订文化和旅游政策措施，起草文化和旅游法律法规草案。

（2）统筹规划文化事业、文化产业和旅游业发展，拟订发展规划并组织实施，推进文化和旅游融合发展，推进文化和旅游体制机制改革。

（3）管理全国性重大文化活动，指导国家重点文化设施建设，组织国家旅游整体形象推广，促进文化产业和旅游产业对外合作和国际市场推广，制定旅游市场开发战略并组织实施，指导、推进全域旅游。

（4）指导、管理文艺事业，指导艺术创作生产，扶持体现社会主义核心价值观、具有导向性代表性示范性的文艺作品，推动各门类艺术、各艺术品种发展。

（5）负责公共文化事业发展，推进国家公共文化服务体系建设和旅游公共服务建设，深入实施文化惠民工程，统筹推进基本公共文化服务标准化、均等化。

（6）指导、推进文化和旅游科技创新发展，推进文化和旅游行业信息化、标准化建设。

（7）负责非物质文化遗产保护，推动非物质文化遗产的保护、传承、普及、弘扬和振兴。

（8）统筹规划文化产业和旅游产业，组织实施文化和旅游资源普查、挖掘、保护和利用工作，促进文化产业和旅游产业发展。

(9) 指导文化和旅游市场发展，对文化和旅游市场经营进行行业监管，推进文化和旅游行业信用体系建设，依法规范文化和旅游市场。

(10) 指导全国文化市场综合执法，组织查处全国性、跨区域文化、文物、出版、广播电视、电影、旅游等市场的违法行为，督查督办大案要案，维护市场秩序。

(11) 指导、管理文化和旅游对外及对港澳台交流、合作和宣传、推广工作，指导驻外及驻港澳台文化和旅游机构工作，代表国家签订中外文化和旅游合作协定，组织大型文化和旅游对外及对港澳台交流活动，推动中华文化走出去。

(12) 管理国家文物局。

(13) 完成党中央、国务院交办的其他任务。

二、旅游行业管理组织

(一) 中国旅游协会

中国旅游协会是由中国旅游行业的有关社团组织和企事业单位在平等自愿基础上组成的全国综合性旅游行业协会，具有独立的社团法人资格。它是1986年1月30日经国务院批准正式宣布成立的第一个旅游全行业组织。协会接受文化和旅游部的领导、民政部的业务指导和监督管理。

中国旅游协会遵照国家的宪法、法律、法规和有关政策，代表和维护全行业的共同利益与会员的合法权益，开展活动，为会员服务，为行业服务，为政府服务，在政府和会员之间发挥桥梁纽带作用，促进我国旅游业的持续、快速、健康发展。

中国旅游协会现有理事238名，各省、自治区、直辖市和计划单列市、重点旅游城市的旅游管理部门、全国性旅游专业协会、大型旅游企业集团、旅游景区(点)、旅游院校、旅游科研与新闻出版单位以及与旅游业紧密相关的行业社团都推选了理事。协会的组成具有广泛的代表性。

中国旅游协会根据工作需要设立了8个分会和专业委员会，分别进行有关的专业活动。即旅游城市分会、旅游教育分会、妇女旅游委员会、温泉分会、休闲农业与乡村旅游分会、民航旅游专业委员会、休闲度假分会和旅游商品与装备分会。

【拓展阅读11-5】

中国旅游协会旅游营销分会成立，搭建旅游营销合作新平台

由中景信旅游投资开发集团牵头发起，品橙旅游、中青旅联科、世纪大象群联合发起，共66家初始会员单位共同参与的中国旅游协会旅游营销分会于2018年12月20日在江西省铜鼓县正式成立。

中国旅游协会旅游营销分会会长刘志江在讲话中提出，分会将致力于打造在中国特色旅游业发展背景下服务于政府机关、旅游城市、旅游企业、旅游学者和旅游民众的行业信息交流平台、高端合作平台和旅游营销资讯平台。副会长兼秘书长张树民表示，旅游营销分会今后将不断总结行业规律，促进专业提升，为会员乃至全行业提供与旅游营销相关的综合服务。成立大会期间，同时举办了“2018首届中国旅游营销高端峰会”。江西省文化和旅游厅副厅长丁新权、中国旅游研究院院长戴斌、祥源凤凰旅游发展有限公司董事长叶文智等出席峰会，分享了他们在旅游营销领域的思考，为旅游营销的未来发展提供了强大的智力支持。

（资料来源：文化和旅游部官网）

（二）中国旅行社协会（CATS）

中国旅行社协会成立于 1997 年 10 月，是由中国境内的旅行社、各地区性旅行社协会等单位，按照平等自愿的原则结成的全国旅行社行业的专业性协会，是在国家民政部门登记注册的全国性社团组织。具有独立的社团法人资格。代表和维护旅行社行业的共同利益与会员的合法权益，努力为会员服务，为行业服务，在政府和会员之间发挥桥梁和纽带作用。

协会的最高权力机构是会员代表大会，每 4 年举行一次。协会设立理事会和常务理事会，理事会对会员代表大会负责，是会员代表大会的执行机构，在会员代表大会闭会期间领导协会开展日常工作。常务理事会对理事会负责，在理事会闭会期间，行使其职权。截至目前会员单位有 1 270 家，其中会员单位 840 家，理事单位 305 家，常务理事单位 102 家，会长、副会长单位 23 家。图 11-4 为 2018 中国旅行社行业发展论坛。

图 11-4　2018 中国旅行社行业发展论坛

【知识链接】

中国旅行社协会会员的权利义务摘要

一、会员权利摘要

（一）中国旅行社协会的选举权、被选举权和表决权。

（二）参加中国旅行社所组织的研讨会、踩点考察活动等。

（三）每月免费获取协会的内刊《旅行业》杂志，每年 3 份行业报告《旅行社行业年度发展报告》《入境旅游报告》《出境旅游报告》。

（四）享有使用本会标志的权利。

（五）对本会的工作和负责人提出建议、质询、批评和监督。

（六）当遇到重大困难或合法权益受到侵害时，有请求提供帮助（如涉及调解、诉讼等）的权利。

（七）入会自愿，退会自由。

二、会员义务摘要

（一）遵守本会章程，执行本会决议，维护本会的声誉和本会的合法权益。

（二）完成本会交办的工作，积极参加并支持本会组织的活动。

（三）按规定缴纳会费。

（四）接受本会的评议和调解。

（五）向本会反映情况，提供信息和有关资料。

（资料来源：百度百科——中国旅行社协会）

（三）中国旅游饭店业协会（CTHA）

中国旅游饭店业协会成立于1986年2月，经中华人民共和国民政部登记注册，具有独立法人资格，其主管单位为中华人民共和国文化和旅游部。中国旅游饭店业协会是中国境内的饭店和地方饭店协会、饭店管理公司、旅游院校、饭店用品供应厂商等相关的单位，按照平等自愿的原则结成的全国性的行业协会。

协会的宗旨是：遵守国家法律法规，遵守社会道德风尚，代表中国旅游饭店业的共同利益，维护会员的合法权益，倡导诚信经营，引导行业自律，规范市场秩序。在主管单位的指导下，为会员服务，为行业服务，在政府与企业之间发挥桥梁和纽带作用，为促进中国旅游饭店业的健康发展作出积极的贡献。

目前，中国旅游饭店业协会共有会员2 669家、理事单位333家，其中常务理事单位123家。

（四）中国旅游车船协会（CTACA）

中国旅游车船协会是由中国旅游车船运营企业、旅游车船及零部件生产企业、旅游车船租赁企业、旅游车船俱乐部企业、地方旅游车船协会、与旅游车船业务有关的其他组织以及旅游车船行业资深管理人员和知名研究人员自愿结成的行业性、全国性、非营利性的社会组织，具有独立的社团法人资格。

1991年经批准正式成立，接受中华人民共和国民政部和业务主管单位文旅部的业务指导与监督管理。协会的宗旨是：遵守国家的宪法、法律、法规和有关政策，遵守社会道德风尚，广泛团结和联系旅游车船业界人士，代表并维护中国旅游车船行业的共同利益与会员的合法权益，在业务主管单位的指导下，努力为会员服务，为行业服务，为政府服务，在政府和会员之间发挥桥梁与纽带作用。

（五）中国旅游景区协会

中国旅游景区协会是由全国旅游景区行业和与景区相关的企事业单位在平等自愿的基础上组成的全国旅游景区行业协会，具有独立的社团法人资格。协会接受文旅部的领导、民政部的业务指导和监督管理。

协会遵照国家的宪法、法律、法规和有关政策，代表和维护景区行业的共同利益与会员的合法权益，按照协会章程的有关规定，积极开展调查研究、沟通协调、业务交流、岗位职务培训和市场开拓等活动，积极推进行业自律，努力提高景区行业服务水平和核心竞争力，竭诚为会员服务，为行业服务，为政府服务，在政府和会员之间发挥桥梁与纽带作用。

【案例链接】

黄山成为中国旅游景区协会首批培训示范基地

黄山风景区与华侨城股份有限公司两家景区被确定为中国旅游景区协会首批培训示范基地。中国旅游景区协会培训示范基地是由中国旅游景区协会对国内各景区的品牌价值、经济实力、社会影响等方面进行综合评定，最终选出黄山等两家景区作为首批培训示范基地。基地建成后，将围绕《国务院关于加快发展旅游业的意见》和《中国旅游业"十二五"人才发展规划》，探索并建立适合旅游景区管理人员人才队伍建设实际需求的培训模式，从理论知识和实际工作能力两个方面入手，开展旅游景区高级管理人员岗位职务培训，进一步提升旅游景区高层管理人员的综合素质。

培训对象为中国旅游协会会员单位新任职的景区高级管理人员和确定为重点培养对象的中层管理人员，培训内容有理论性课程、知识性课程、实践性课程等，文化和旅游部、相关协会及基地所在景区的领导、专家将悉数授课。2013 年 10 月，两个基地将开办实践班，探索培训模式和办班规程。

（资料来源：黄山风景区管委会官网）

本 章 小 结

旅游业已成为当今世界最大的产业，必须有强有力的旅游组织来领导，以有效地组织旅游政策的实施。旅游活动是内容丰富、涉及面广的具有综合性质的社会文化和经济现象，构成旅游组织的机构也广泛、多样和复杂。不同的旅游组织其覆盖的地域范围、成员构成性质、权力和职能均有差异。

同 步 练 习

一、填空题

1. 世界旅游组织英文简称为________。

2. 与旅游相关的政府间国际组织还有________、世界卫生组织、国际劳工组织等。

二、单项选择题

1. 按照旅游组织所覆盖的地域范围划分，太平洋亚洲旅游协会属于(　　)。

A. 全球性旅游组织　　B. 区域性旅游组织　　C. 国家旅游组织　　D. 地方旅游组织

2. 世界旅游组织总部设在(　　)。

A. 瑞士的日内瓦　　B. 菲律宾的马尼拉　　C. 中国的香港　　D. 西班牙的马德里

三、多项选择题

1. 按照旅游组织所拥有的权力划分，一般可以划分为(　　　)。

A. 官方旅游组织　　B. 半官方旅游组织　　C. 非官方旅游组织　　D. 民间旅游组织

2. 按照旅游组织成员构成性质划分，一般可以划分为(　　　)。

A. 政府间旅游组织

B. 非政府间旅游组织

C. 以个人为成员的旅游组织

D. 以企业和团体组织为成员的旅游组织

四、简述题

1. 简述旅游组织的含义和分类。

2. 试比较政府间旅游组织和非政府间旅游组织的差别。

3. 简述世界旅游组织的宗旨和职责。

4. 试比较中国文化和旅游部和中国旅游协会的差别。

实训项目

结合本章学习内容,讨论旅游组织和旅游发展的关系。

讨论目的:了解旅游组织如何对旅游行业进行引导和管理,并掌握其对旅游业健康、稳定、迅速、持续发展的促进作用。

讨论要求:提前做好准备,分组讨论,并以小组为单位形成一份 2 000 字左右的小结。

第十二章　旅游新业态

学习目标

知识目标

- 掌握旅游业发展趋势。
- 掌握智慧旅游的内涵。
- 掌握全域旅游的概念、特征和类型。
- 掌握生态旅游的内涵、特征。

能力目标

- 能分析当前旅游业发展新趋势。
- 能分析智慧旅游的特征。
- 能阐述全域旅游的模式。
- 能进行生态旅游资源分类。

第十二章素养目标

旅游业发展趋势　智慧旅游　全域旅游
生态旅游　生态旅游特性　生态旅游类型

思维导图

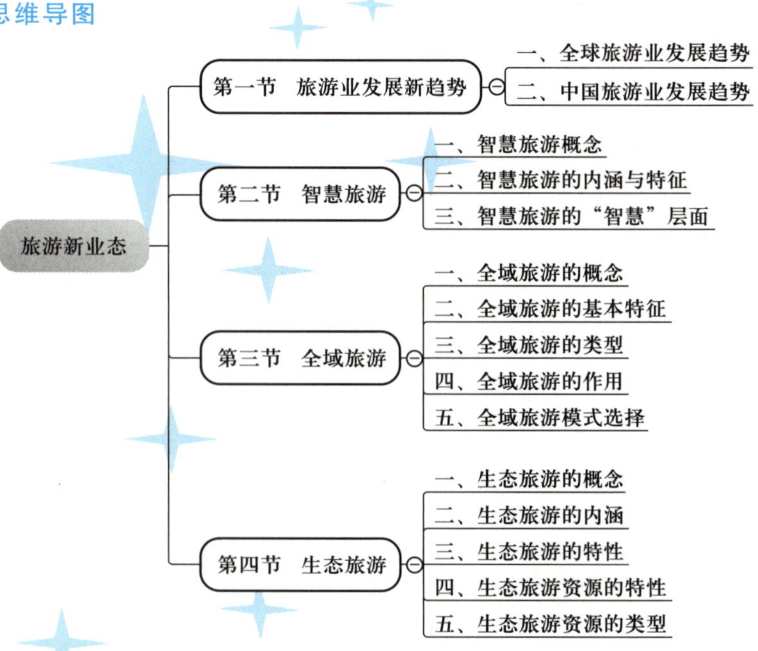

世界旅游业发展日新月异，受到各国和地区高度重视，成为旅游消费新主体的“80 后”“90 后”催化了旅游的新需求、新模式，其中智慧旅游、全域旅游和生态旅游正在加速发展。

第一节　旅游业发展新趋势

一、全球旅游业发展趋势

（一）全球旅游业增长再创新高

自 2010 年以来，全球旅游经济持续保持增长，表现出良好的产业韧性，以比全球 GDP 更快的增长速度，在全球经济复苏过程中做出了重要的贡献。2017 年全球国际游客数量增长了 7%，为 2010 年以来最大增幅，国际游客总数达到 13.23 亿人次，比上一年增加了约 8 400 万人次，这已是连续 8 年保持数量增长。与此同时，2017 年全球国际旅游收入增长了 5%。

（二）旅游发展日益国家战略化

当前世界各国都在对经济结构进行调整优化，控制污染产业、重型产业，注重发展服务业是发展大趋势。在服务业中，旅游是具有牵引性、带动性的产业，受到各国和地区更多的重视。

（三）一带一路、新兴经济体旅游强劲发展

目前“一带一路”沿线国家的国际旅游规模占到全球旅游的 70%左右。仅中国与丝路沿线国家双向旅游交流的规模就超过 2 500 万人次。预计中国“十三五”规划这五年期间，中国将吸引“一带一路”沿线国家 8 500 万人来华旅游，拉动消费约 1 100 亿美元。同时，新兴国家旅游迅速崛起，在全球旅游版图中占有越来越重要的地位。

（四）消费新群体催化旅游新需求、新模式

当前“80 后”“90 后”已成为旅游消费新主体，“00 后”也将逐步走向舞台中央，他们的消费特征更多地体现为生活式激发、多元式决策、智能式前行、分享式评价。

二、中国旅游业发展趋势

新时代中国旅游业将继续以人民的美好生活需求为出发点和落脚点，按照全域旅游的要求，加强与文化、创意、科技的融合，加强与三次产业以及城乡建设的融合，实现更平衡、更充分、更优质的发展。2017 年中国国内旅游人数超过 50 亿人次，预计 2022 年将达到 80 亿人次。2017 年入境旅游人数 1.39 亿人次，预计 2022 年将达到 1.5 亿人次，稳居世界前列。旅游对国民经济和社会就业的综合贡献均超过 10%，旅游业作为国民经济的战略性支柱产业地位更加巩固。

（一）发展全域旅游

将一定区域作为完整旅游目的地，以旅游业为优势产业，统一规划布局、优化公共服务、推进产业融合、加强综合管理、实施系统营销，不断提升旅游业现代化、集约化、品质化、国际化水平，更好地满足旅游消费需求。

（二）优质旅游深入推进

2018 年 1 月，中央提出“坚持以习近平新时代中国特色社会主义思想为指导，奋力迈向我国优质旅游发展新时代”，中国经济正由高速增长阶段转向高质量发展阶段。旅游业作为中国国民经济战略性支柱产业，也到了从高速旅游增长阶段转向优质旅游发展阶段的关键时期。

（三）文化和旅游加快深度融合

2018 年组建的文化和旅游部，这是中央站在新的更高起点谋划和推进文化和旅游改革发展作出的重大决策部署。旅游与文化从来就是相生相伴、相互交融。先进文化、优秀文化注入旅游，可以使旅游发展方向正确、品位提升、内容丰富、亮点更多、商机更旺；大众旅游、优质旅游承载文化，可以使文化的载体更多、市场更大、传播更广、传承更久。

（四）旅游科技创新引领未来发展

通过成立旅游数据中心，构建全国旅游产业运行监测平台，接入全国 1 806 个景区 7 535 路视频图像（5A 级旅游景区全覆盖），完成与四川、山东等 20 个省（区、市）12 301个基地对接，逐步构建以产业平台为主要应用的大数据体系。通过完善运营商数据分析功能，实现国内旅游人数每天统计。通过接入互联网游客评价数据，实现景区网络点评实时分析。

（五）旅游对外开放步伐进一步加大

中国已与 69 个沿线国家和国际组织签署共建“一带一路”合作协议，其中旅游是重点合作领域之一。中国出入境旅游保持有序发展，便利化程度不断提升。截至 2017 年底，中国已面向 127 个国家和地区正式开展中国公民团队出境旅游业务，已与 134 个国家缔结涵盖不同种类护照的互免签证协定，与 41 个国家签订 70 份简化签证手续协定或安排。在新疆、甘肃、湖南、宁夏、河南等 5 省（区）开展境外旅客购物离境退税业务，上海、广东、天津、福建自贸试验区涉旅政策先行先试，国务院批准设立内蒙古满洲里和广西防城港边境旅游试验区，中越德天—板约瀑布跨境旅游合作区建设扎实推进。

（六）旅游扶贫为世界贡献中国实践

旅游减贫已经成为全球减贫的关键领域。在很多发展中国家和地区，旅游业成为当地居民脱贫致富的一条重要途径。旅游扶贫是充分运用市场机制的扶贫，效率高、成本低；是造血式扶贫，可以由脱贫直接跃升到致富；是广泛受益的扶贫，带动性强、覆盖面宽；是物质和精神“双扶贫”，持续性强、返贫率低；是富有尊严的扶贫，利于相互尊重、平等交流；是促进和谐的扶贫，利于社会稳定、生态文明；是促进国际交流的扶贫，利于增进国人与世界人民的了解。

第二节　智慧旅游

一、智慧旅游概念

智慧旅游是在智慧地球和智慧城市基础上提出的全新概念，随着智慧地球理念在世界各地深入推广，智慧旅游发展已经引起了各国政府和产业界的广泛重视与热烈响应。而我国更是将智慧旅游提升到了国家战略的高度，随着智慧旅游城市试点和智慧旅游景区试点的规划与建设，我国的智慧旅游发展实践已经取得了一定的成就。党的二十大报告对数字中国建设作出新部署、提出新要求，这为智慧旅游指明了发展方向。

智慧旅游，就是利用云计算、物联网等新技术，通过互联网/移动互联网，借助便携的终端上网设备，主动感知旅游资源、旅游经济、旅游活动、旅游者等方面的信息，及时发布，让人们能够及时了解这些信息，及时安排和调整工作与旅游计划，从而达到对各类旅游信息的智能感知、方便利用的效果。

智慧旅游的意义，就在于提高旅游业技术含量，加大旅游产品的增值服务能力，从提升行业人才结构，增强游客旅游体验等方面更好地体现现代服务业的优势，从而达到建设人民群众更加满意的现代服务业的要求。

首先，通过智慧旅游建设，将旅游带动地区经济发展所涵盖的六大元素（行、食、住、游、娱、购）进行有序的整合，为游客提供便捷的服务，使旅游经济效应最大化。其次，通过智慧旅游建设，提高旅游生态环境检测和保护的能力，提高对游客及工作人员的安全检测和保护能力，提高对街区综合管理监控能力，提高旅游业务的营销和服务能力。最后，通过智慧旅游建设，使街区商家经营与旅游内容更有效地进行结合，拓展街区商家的营销宣传渠道，为其发展创造更多机遇。

二、智慧旅游的内涵与特征

智慧旅游的本质是要为旅游者进行旅游活动的全过程提供个性化、泛在化的旅游信息服务，从而为旅游者创造便利化、个性化、智慧化的旅游体验。而为了达到这一目的，就要求旅游经营者和旅游管理者依托云计算、物联网和移动互联网等信息通信技术，实现旅游信息组织方式、旅游管理方式、旅游营销方式、旅游服务方式的智慧化运作与管理。智慧旅游发展涉及旅游业各个部门，必将推动旅游业的全面转型升级。

（一）智慧旅游的内涵

智慧旅游的内涵主要体现于以下五个方面。

1. 智慧旅游根本目的是提升旅游者体验质量

首先，智慧旅游是为个体而非群体提供的旅游信息服务，传统的旅游信息服务是面向所有旅游者和潜在旅游者的非定制化服务，如通过电视、广播、互联网、印刷品、群发短信等为旅游者提供各种旅游信息服务，这些旅游信息服务需要旅游者自己进行判别和选择，才能被旅游者利用起来；而智慧旅游则通过利用各种平台和系统使旅游信息的采集、共享与调用过程更加方便，降低旅游信息服务成本，提高旅游信息服务效率，形式更加灵活多样，最大限度地满足了旅游者的个性化、定制化需求。其次，由于移动智能终端的应用与普及，使得旅游者能够借助智慧旅游手段在任何时间、任何地点享受旅游信息服务，促使旅游信息走向泛在化，极大地方便了旅游者出游，提升了旅游体验。

2. 智慧旅游的主要表现形式有智慧旅游服务、智慧旅游管理、智慧旅游营销

智慧旅游服务是指通过信息通信技术的应用，使得游客在旅游信息获取、旅游计划决策、旅游产品预订支付、旅游目的地游览过程及回顾旅游评价等各个旅游活动环节中享受到智慧旅游带来的全新旅游体验。智慧旅游管理是指通过信息通信技术的应用，实现旅游景区内部管理部门与服务部门之间及旅游景区与交通、卫生、质检、公安、工商、金融等外部部门之间全面信息共享与协作联动，提高旅游服务效率，提升旅游者体验质量。智慧旅游营销是指通过信息通信技术的应用，构建智慧旅游平台，借助物联网、移动互联网技术实现旅游信息快速、有效传输与共享，为旅游者提供导航、导游、导览、导购等基本服务。

3. 智慧旅游要面向四大应用对象

智慧旅游不仅能够向旅游者提供便捷的旅游信息服务，还能够向政府、旅游企业、旅游目的地居民提供大量的旅游信息服务，有助于实现旅游经营部门、旅游管理部门以及旅游目的地整体之间融合发展，促使旅游者和旅游目的地居民之间关系更加和谐，提升旅游业发展的经济效益、社会效益和环境效益。同时，由于智慧旅游发展涉及众多社会部门之间的协调与联动，智慧旅游的发展也不能单纯依赖旅游经营者和旅游管理部门的努力，还需要依赖整个社会信息化水平的提高。

4. 新一代信息通信技术是智慧旅游发展的技术支撑

智慧旅游的发展必须依赖云计算、大数据、移动互联网和物联网等新一代信息通信技术才能实现。首先运用云计算、大数据、物联网等技术采集、转换、处理旅游信息，然后将其转换为视频、图片、文字、声音、动画等形式，最后通过移动互联网和互联网技术将其传输给持有移动智能终端的旅游者，从而实现向旅游者提供个性化、泛在化旅游信息服务的目的，这也说明智慧旅游是社会经济发展到一定阶段的产物，是旅游信息化发展的高级阶段。

5. 智慧旅游可以激励产业模式创新，驱动旅游业转型升级

随着经济新常态宏观发展背景的形成，旅游业迫切需要实现从传统的粗放式发展方式向集约式发展方式转变，需要实现从传统的要素驱动向创新驱动转变。智慧旅游通过网络使政府、旅游企业、旅游目的地居民、旅游者紧密地联结在一起，融合了智慧旅游发展理念和新一代信息通信技术，新的技术手段、新的营销方式、新的管理方式、新的服务方式和产业发展模式将会激励旅游企业和管理部门创新发展。

（二）智慧旅游的特征

智慧旅游区别于传统旅游模式的基本特征主要表现在以下方面。

1. 基础设施的现代化

智慧旅游的基础设施既包括基于旅游目的地层面的智慧旅游综合管理平台、智慧

旅游公共服务平台、旅游信息数据库、旅游信息安全体系等,又包括基于旅游企业层面通过物联网感知网络的各种视频监控设备、环境监控设备、电子门票与刷录设备、无线网络设备等,同时还包括旅游者携带的智能移动终端设备等。通过这些现代化的基础设施才能实现旅游信息的快速、准确采集及共享、交换、更新等,保障智慧化旅游服务、智慧化旅游管理、智慧化旅游营销的有效运作。

2. 信息服务的泛在化

智慧旅游借助物联网技术,通过各种平台和系统的感知体系获取食、住、行、游、购、娱等方面的旅游信息,综合运用旅游咨询网站、旅游目的地门户网站、电话咨询、短信推荐等渠道,使游客能够在任何时间、任何地点通过移动智能终端及时且准确地获取各种旅游信息,使游客获得智慧化的旅游体验,为游客进行自助游、自导游、导航、导购、电子支付等提供方便。

3. 游客体验的互动化

游客体验的互动化体现在两个方面:一是智慧旅游通过旅游信息服务的个性化定制功能,主动或被动地感知游客的需求特征,有选择地为游客提供各种信息服务,实现游客与旅游信息服务设施之间的智能互动;二是智慧旅游可以为游客、旅游目的地政府管理部门和旅游企业之间的互动与交流提供便捷的交互平台,及时将旅游者的需求、意见和建议反馈给管理部门和旅游企业,帮助管理部门和旅游企业及时改善旅游产品和旅游服务。

4. 经营管理的协同化

智慧旅游需要旅游企业内部各部门及旅游企业与交通、气象、卫生、安全、环境等外部部门之间通过智慧旅游平台和系统进行协同与配合,整合利用各种社会资源,及时共享与交换各种信息,为游客提供更全面、更贴心、更及时的旅游服务;通过信息共享与应用协同,有效配置资源,提高快速响应与应急管理能力。旅游经营管理的协同化可以推动旅游企业与旅游目的地之间的融合发展、协同运作,使旅游经营与旅游管理更加科学、有效。

5. 产业发展的集约化

智慧旅游将借助信息技术对传统旅游产业进行改进和创新,全面整合旅游资源和旅游产业链条,创造产业发展的新模式和新形态;推动传统旅游营销向现代旅游营销模式转变,实现精准有效的网络营销;提高旅游产业链条的运作效率,促进旅游产业结构优化;推动旅游业实现由传统服务业向现代服务业转变,实现旅游业由粗放式发展向集约型发展转变。

【知识链接】

"大数据"智慧旅游解决案例

以大数据理念重新审视公共 WiFi:可以获取游客的手机号码,可以针对游客进行线上市场调研问卷,可以推送旅游 App 资讯。免费 WiFi 服务不再只是一个营销卖点。

以大数据理念重新审视一卡通:可以将旅游一卡通服务看作最直接获得旅游消费清单的工具,一种便捷的游客旅游消费轨迹数据采集方式,而不只是促销手段。

以大数据理念重新审视旅游手机应用：它是游客信息关注行为、游客旅行轨迹数据采集平台和进行游客满意度调研与促进反馈的途径之一，而不仅仅是传统智慧旅游倡导的为游客导游、导览、导购、导航服务的移动终端。

以大数据理念重新审视旅游资讯网：它是高效的消费者旅游信息关注数据采集工具、高效的旅游网络营销效果评估工具、智慧化的旅游信息服务提供平台。而传统意义上的旅游资讯网是旅游目的地品牌形象、旅游信息服务平台，只能宣传推广旅游目的地。

以大数据理念重新审视旅游呼叫中心：它是高效的游客需求数据采集工具、高效的旅游 CRM 维护平台、高效的旅游新产品调研工具。传统旅游呼叫中心只是负责处理投诉、事故预警、应急处置。

以大数据智慧旅游视角重新审视目的地旅游信息服务，免费 WiFi 是高性价比的游客信息采集渠道，一卡通是最佳游客行为数据采集措施，手机应用是高性价比的游客行为采集渠道，呼叫中心是采集高价值游客信息的渠道，行程监控是采集团客旅游行为数据的渠道，旅游资讯网是采集潜在消费者信息的渠道。

（资料来源：根据网络资料整理）

三、智慧旅游的“智慧”层面

对比传统旅游，智慧旅游有着鲜明特色，主要体现在智慧旅游管理、智慧旅游服务、智慧旅游营销三个层面。智慧旅游发展应紧紧围绕这三个层面，让智慧旅游更加“智慧”。

1. 以大数据技术实现智慧旅游管理

智慧旅游管理通过现代化技术，准确获取旅游活动信息和旅游景区经营信息，完成对旅游行业的实时监管。通过主动获取游客信息，智慧旅游管理的质量和效率得以提升，形成全面的数据分析，有助于实现旅游活动的科学管理。同时，智慧旅游管理还能够帮助旅游景区改善经营，提升旅游景区竞争力，提高游客满意度。利用大数据技术，管理者能够收集和整理旅游相关信息，对旅游者和旅游景区进行精准分析，不断促进旅游管理优化，推动旅游产业整体发展。

旅游管理朝着更加智慧的方向发展，主要体现在以下几个方面：第一，满足不同主体利益诉求。通过大数据技术，能够有效获取多元主体信息，了解不同主体的利益诉求，从而确保旅游景区能够满足旅游者需求、旅游行业主管单位能够满足旅游景区需求。当不同的利益诉求得到满足时，旅游行业就会朝着积极的方向发展。第二，减少过度行政干预。在旅游产业发展过程中，政府及相关部门具有监管义务，但不应过度干涉。利用大数据技术收集和分析数据，能够有效减少政府及相关部门的主观干涉，让政府及相关部门仅仅扮演监管者角色，让旅游产业发展更多依赖于市场化运行机制。第三，设置科学、合理的评分细则。智慧旅游管理应从主观判断向客观量化考核转变，通过设置考核指标，对旅游景区进行严格的考核监督，以评分和排名的方式对旅游景区进行区分，优先推荐达标景区。例如，北京市在开展智慧旅游管理时出台了《北京智慧景区建设规范》，其中制定了共 1 000 分的评分细则，内容涉及综合管理、游客服务、互动体验等 8 个主要方面，包括 200 余个指标。通过这些量化的指标，实现对旅游景区的智慧管理，确保景区能够符合游客需求，让游客满意。

2. 以专业人才培养提升智慧旅游服务

在智慧旅游服务过程中，人才是提高服务质量的关键，高校和旅游景区都应做好人才培养工作，确保旅游服务人员具有专业性，能够满足游客的服务需求。值得注意的是，在智慧旅游时代，旅游服务人员不仅要对景区有充分的了解，能够灵活掌握各类景区知识，更要熟悉电子设备的应用，帮助游客提升智慧旅游体验。专业人才培养是智慧旅游服务的关键，随着旅游从业人员素质和能力不断提高，智慧旅游服务水平也会不断提升。

专业人才的培养可以通过以下几个渠道。

第一，建立旅游专业信息化实验室。旅游专业人才培养应与时俱进，借助信息化实验室提高人才培养的专业度。高校应提高旅游教学质量，转变旅游教学方向，既要学习相应的理论知识，又要培养旅游人才的信息化能力。信息化实验室能够让学生模拟智慧旅游、智慧酒店、智慧门禁、智慧饮食等多方面内容，让学生仿佛置身于工作岗位，提升信息化能力。

第二，为高校与旅游景区搭建桥梁。高校应完成与旅游景区的对接，根据旅游景区人才需求开展培训活动，并签订相应的人才供给合作，实现人才培养直接输送景区，既满足旅游景区人才需求，又提高高校就业率。同时，当高校完成对人才的基础培养后，旅游景区也可以为人才提供实践基地，让高校学生在理论和实践方面得到双重提升。

第三，丰富旅游课程。一直以来，高校对旅游专业人才的培养以传统旅游教材为主，主要内容也是以理论知识讲解为主，使得学生无法适应岗位的最新要求。高校应丰富旅游课程，对专业旅游课程加以补充，可以通过互联网、旅游平台等获取关于旅游实践的知识内容，将这些内容纳入日常的教学体系，补充原有的理论教材，让学生更加适应旅游市场发展的需求。同时，提升师资力量，聘请具有社会实践经验的从业人员开展授课，提高课程的实践效果。以安徽智慧旅游人才培训计划为例，安徽智慧旅游人才培训推出“现代学徒制”，聘请资深旅游行业专家入驻校园，为旅游专业学生授课，不仅有效提升了学生的理论基础，还让学生了解到丰富的旅游从业知识，培训效果明显提升。

3. 以互联网平台促进智慧旅游营销

智慧旅游营销主要是通过平台数据分析，了解和挖掘旅游者兴趣点，引导和帮助企业制定符合市场需求的旅游项目，并借助网络平台开展旅游产品市场营销，提高旅游产品的营销效果。传统的旅游营销主要是由景区与旅行社达成营销合作项目，由旅行社负责推广旅游项目，并从中抽取提成。这种营销方式导致景区营销成本提高，并且将营销的主动权交给他人，缺点较为明显。在智慧旅游时代，景区应更多依赖自身开展市场营销活动，借助网络平台提高营销效率、降低营销成本，确保景区能够持续性发展。

互联网平台将是未来智慧旅游营销的最主要渠道，具有广泛的影响范围、大规模的受众群体。利用互联网平台促进智慧旅游营销可从以下几个方面入手。

第一,以互联网市场营销准确定位受众群体。随着旅游产业的不断发展,越来越多的“80 后”“90 后”成为旅游市场的最主要消费群体。“80 后”“90 后”的年轻群体伴随着互联网成长,智慧旅游营销应以互联网为主要渠道,向青年旅游群体进行宣传,帮助其选择参与景区旅游活动。

第二,与互联网平台开展市场营销合作。随着“去哪儿网”“驴妈妈旅游网”“途牛网”等一批旅游网络平台崛起,这些网络平台承担了从机票购买、门票购买,到酒店安排、餐饮服务的工作,形成了完善的“一条龙”服务。智慧旅游营销应选择与这些网络平台进行合作,以此提高宣传效果,也有利于减少自建网络平台产生的高额费用。同时,微博、微信也是开展网络旅游营销的主要阵地,景区应积极建立官方微博、官方微信,通过这些渠道宣传旅游景区亮点,并及时与旅游者进行沟通,开展互动式营销。

第三,基于游客需求调整旅游营销活动。旅游景区每天都有着大量游客涌入,要对这些游客做好信息收集工作。可以通过建立 QQ 群、微信群等方式,定期对游客进行回访,了解游客对景区的评价,这样既能够拉近景区与游客的距离,又能够获取相关的数据信息。当旅游景区充分了解游客的需求以后,就可以根据游客意见进行旅游营销方案修正,甚至基于游客需求重新设置营销方案,以此提升客户满意度。同时,在充分获取游客信息之后,也应当基于游客的需求选择,定期向游客发送宣传信息,鼓励游客再次消费,提高企业的市场营销效率。例如,故宫博物院通过官方微博对馆内藏品进行展示,不仅为旅游者提供了丰富的视觉体验,也带动了旅游者亲身走进故宫博物院的热情,借助官方微博的市场营销,故宫博物院游客数量大大增加。

【案例链接 12-1】

专家齐聚无锡畅谈“智慧旅游”发展:基础性工作还要扎实推进

不用排队购票,“刷脸”入园;到达景点,手机可以自动用语音介绍相关典故;遇到危险,手机可以开启应急装置……这些场景,是“智慧旅游”想要构建的蓝图。

由中国旅游研究院、江苏省文化和旅游厅、无锡市人民政府主办的智慧旅游发展峰会在无锡举行。作为 2018 世界物联网博览会的系列活动之一,本次智慧旅游发展峰会邀请行业内外专家学者,聚焦智慧旅游新技术、新领域、新应用,探索智慧旅游的健康可持续发展。

“智慧旅游”是一个全新的命题,是一种以物联网、云计算、下一代通信网络、高性能信息处理、智能数据挖掘等技术在旅游体验、产业发展、行政管理等方面的应用。智慧旅游的建设与发展最终将体现在旅游管理、旅游服务和旅游营销三个层面。比如,以微信、抖音等代表的新技术在不断重塑旅游景区、旅游目的地发展的新面貌。通过获取客源地构成情况、游客指向及发展趋势,旅游公司开发出适销对路的旅游产品。中国旅游研究院副院长李仲广在峰会上表示,当前智慧旅游已经将旅游发展推向了一个新的阶段,并且成为旅游行业发展的新动能。北京第二外国语学院旅游发展研究中心主任、教授张凌云现场进一步明确运用“智慧”因素在旅游产业方面的紧迫性和必要性。他表示,当前国内旅游产业还存在旅游产品同质化严重、文化内涵不突出、旺季客流空间流的预测预警与管理调控缺乏、公共服务和管理不够精细、旅游营销资源整合不够等问题。而以人工智能、导航系统、云计算、大数据等为代表的数字化、智慧化建设将增强旅游气象指数、避暑指数、舒适指数、体验指数、满意度指数等数据的可视化和指数化，在此基础上建立的目的地营销、舆情调查与分析、满意度调查和投诉成因分析、客流空间流动预测与预警，以及服务质量标准评价等将有效实现旅游的良性可持续发展。

与会嘉宾也表示，与其他国家相比，我国在线旅游的市场渗透率实际上并不高。因此，国内智慧旅游有很多基础性的工作要扎实推进。江苏路通物联总经理赖一松表示，很多景区的数字化普及度还较为落后，因此当前应该首先把基础建设做好。在这次峰会上，无锡市还发布了智慧旅游创客基金，它是全国首家围绕智慧旅游数字新经济的创新基金。该基金规模10亿元，期望经过3~5年左右的发展，围绕无锡的全域智能旅游示范区建设，围绕文化旅游数字经济，打造一个千亿元规模的智慧旅游产业集群。

（资料来源：根据网络资料整理）

第三节　全域旅游

2017年政府工作报告中明确提出："完善旅游设施和服务，大力发展乡村、休闲、全域旅游。"将"全域旅游"写入政府工作报告，是对我国旅游业未来发展方向的重要引导。转变旅游发展思路，变革旅游发展模式，推动我国旅游从"景点旅游"向"全域旅游"转变，表明旅游发展进入了全域旅游时代。2018年3月，国务院办公厅印发《关于促进全域旅游发展的指导意见》，就加快推动旅游业转型升级、提质增效，全面优化旅游发展环境，走全域旅游发展的新路子作出部署。此次指导意见的发布，标志着全域旅游正式上升为国家战略。截至2018年10月，全国全域旅游示范区创建单位已达505家，其中包括7家省级单位。海南、浙江、山东、青海、河北5省已完成省级全域旅游规划，地市级全域旅游规划已普遍开展。

全域旅游是一种全新的发展业态，要打造"旅游+"新业态品牌，需要各行各业融入其中，齐抓共管，全民参与，加快旅游业转型升级、提质增效，将旅游新业态、多产业落地生根，最大限度地满足游客的全方位体验需求。

一、全域旅游的概念

中国社科院旅游研究中心副主任戴学锋说，全域旅游首先是一种理念，是一种发展模式，是融合发展，是全产品的开发，是全面的体制机制创新，也是公共服务的发展，这才是全域旅游的概念。北京大学吴必虎教授认为，全域旅游是一种发展的哲学，是一种政策导向，并不是学术概念，其实际意义是无景区化的旅游目的地。在全域旅游中，钱和人不能成为考量指标，其最终目的是打造旅游供应链条，即向旅游者提供的用以满足其旅游活动需求的全部服务。其中，如在线旅游等技术，会对旅游供应链产生影响。同时，政府部门要针对全域旅游及时出台相关政策，个别部门要抛开门户之见，在政策方面支持全域旅游发展,而各项政策也会对旅游供应链产生影响。旅游供应链所有环节都需要沟通交流,同时旅游也需要多方面协调。媒体是旅游供应链中的重要一环,是旅游目的地营销重要的、有效的组织者和引导者,而且媒体的传播力非常快、广,对旅游目的地营销和旅游品牌建设、科学框架设置都十分重要。

全域旅游是指在一定区域内,以旅游业为优势产业,通过对区域内经济社会资源尤其是旅游资源、相关产业、生态环境、公共服务、体制机制、政策法规、文明素质等进行全方位、系统化的优化提升,实现区域资源有机整合、产业融合发展、社会共建共享,以旅游业带动和促进经济社会协调发展的一种新的区域协调发展理念和模式。这一概念,是在与传统意义上的"景点旅游"深入对比得出的。之前发展旅游,大多是建设景区景点,建餐饮住宿场所,然而现在,旅游业已经发展到了全民旅游和个人游、自驾游为主流的全新阶段,旅游在经济社会发展中的影响和发挥的作用更加广泛,旅游业肩负的时代责任也空前增大。传统意义上的景点旅游模式已经不能满足现代大旅游发展的需要。客观发展趋势迫使我们必须改变三十多年来坚持的景点旅游模式,转而发展全域旅游模式,对旅游发展战略进行再一次科学定位。

二、全域旅游的基本特征

(一) 全域配置资源

全域旅游不能仅限于景区、饭店的配置,而是更加注重全社会各类发展资源以及公共服务的高效配置,既宜游又宜居,"处处是风景,处处可旅游"。比如,植树造林不仅要满足水土保持、荒山绿化功能,还要有休闲度假功能和审美游憩价值。

(二) 全域统筹规划

发展全域旅游,就是要使景点景区内外协调一致,以游客的体验为重心,以让游客满意,按照全区域景区化的建设和服务标准,从整体上优化环境和景观,优化旅游服务全过程,不能出现景区内外"两重天"的现象。

(三) 全域协调管理

按照综合执法和综合产业发展需求,创新全域治理体系,提高治理能力,实现全域综合管理。围绕旅游形成发展合力,实施综合改革,让资源要素分属多头的管理瓶颈和制约旅游发展的体制障碍得以破除,充分发挥政府引领作用,充分发挥市场配置资源的决定性功能。

(四) 全域开展"旅游 +"融合发展

促进旅游和相关产业的深度融合,催生新的生产力和竞争力。利用旅游业的拉动力、融合力强的特性,为相关产业的发展提供平台,产生新的业态,提升其综合价值和发展水平。

(五) 全域共享共建

全域旅游的理念,是要让全区域的居民都成为主人和服务者,成为受益者和参与者。全域旅游既能够让建设方、管理方参与决策,还能让游客和居民共同参与共建,使居民树立人人都代表旅游形象,自觉把自己作为旅游环境建设一分子,树立主人翁意识,提升整体旅游意识和文明素质。

【案例链接 12-2】

湖北启动全域旅游惠民大行动，将发出 35 万张惠民券

记者从湖北省文化和旅游厅获悉，湖北省在麻城启动“花点时间惠游湖北”2019全省全域旅游惠民大行动，进一步促进旅游消费，壮大旅游市场，促进旅游惠民，推动全域旅游发展，努力谱写优质旅游新篇章。

启动仪式上将发布十大赏花旅游经典线路，包括梅花寻春之旅、樱花烂漫之旅、油菜花田园之旅、桃花定情之旅、杜鹃红火之旅、荷花怡性之旅、玫瑰相约之旅、紫薇悦兮之旅、桂花休闲之旅、百花争艳之旅。

活动共遴选出 125 家优质旅游景区参加惠民大行动，其中 5A 级旅游景区 11 家 13 个景点，4A 级旅游景区 70 家，3A 级及以下旅游景区 42 家。从活动启动开始至 6 月 30 日，共提供旅游惠民券约 35 万张。

（资料来源：楚天都市报，2019 年 4 月 24 日）

三、全域旅游的类型

全域旅游目的地类型划分需重点把握以下两点：其一，全域旅游的推进应与旅游目的地发展的阶段与水平相结合。不同发展阶段的旅游目的地，全域旅游目的地的类型及其模式也存在较大差异。其二，全域旅游目的地的划分可以用旅游吸引物和旅游市场两个维度来度量。其中，旅游吸引物的品级是推行全域旅游的前提和基础，旅游市场的规模则是推行全域旅游的保障和关键。基于此，可将全域旅游目的地划分为以下几类。

（一）全域大景区型

此类旅游目的地具有以下特征：具有核心旅游吸引物、客源市场庞大且稳定、旅游在当地经济中占主导地位、基础设施完善、旅游发展深入人心。大多数发展较为成熟的旅游景区景点所在地属于此种类型，升级到全域旅游目的地成本低、速度快，应作为全域旅游推进的重点和先行示范区。

（二）全域旅游服务聚集型

此类全域旅游目的地典型的特征是坐拥庞大的市场但缺乏旅游产品。一般而言，此类旅游目的地毗邻经济发达地区，不愁客源。此类型全域旅游目的地的发展方向应以市场为引导，主抓旅游服务水平的提升，构建全域旅游服务聚集地。邻近长三角、珠三角的大部分地区属此种类型。

（三）全域“+旅游”型

此类型旅游目的地的典型特征是具有强烈的全域旅游发展的愿望，但旅游资源等级低，旅游吸引力弱，旅游市场发育程度低，旅游发展尚处探索阶段。此类型全域旅游目的地应该更多地考虑“+旅游”而不是“旅游+”，以新型城镇化发展和美丽乡村建设为依托，构建全域旅游发展的大格局是其发展方向。旅游资源零散的大多数地区属此种类型。

四、全域旅游的作用

发展全域旅游有助于全面提升我国旅游业的国际竞争力。旅游业对世界经济的贡献度超过了10%,早已成为世界重要产业。当今世界,美国、西班牙、德国、英国、俄罗斯、日本、韩国、巴西、印度、南非等众多国家纷纷实施旅游国家战略。发展全域旅游是顺应旅游业发展新趋势的重要途径,有助于全面提升我国旅游业的国际竞争力。

(一)发展全域旅游是旅游业贯彻落实新发展理念的重要体现

创新发展方面,全域旅游是发展理念和发展模式的创新,也是旅游业转型升级的方向。发展全域旅游,就是要提升旅游业发展能力,拓展区域旅游发展空间,培育区域旅游增长极,构建旅游产业新体系,培育旅游市场新主体和消费新热点。协调发展方面,发展全域旅游有利于统筹实施供给侧结构性改革,促进供需协调;有利于推动区域特色化发展,促进景点景区内外协调;有利于推进乡村旅游提质增效,促进城乡协调;有利于完善产业配套要素,促进软硬件协调;有利于提升整体服务水平,促进规模质量协调。绿色发展方面,发展全域旅游能把生态和旅游结合起来,把资源和产品对接起来,把保护和发展统一起来,将生态环境优势转化为旅游发展优势,将绿水青山变成金山银山,创造更多的绿色财富和生态福利。开放发展方面,全域旅游更加注重拓展开放发展空间,打破地域分割、行政分割,打破各种制约,走全方位开放之路,形成开放发展的大格局。共享发展方面,实施全域旅游、促进城乡旅游互动和城乡发展一体化,不仅能带动广大乡村的基础设施投资,提高农业人口的福祉;还能提升城市人口的生活质量,形成统一高效、平等有序的城乡旅游大市场。这是全面建成小康社会的重要内容和重要标志。

(二)发展全域旅游是促进旅游业转型升级和可持续发展的必然选择

2015年,我国国内游达40亿人次,人均出游接近3次,旅游已成为居民日常生活的必要组成部分。出游方式上,自助游超过85%,自驾游超过60%。一个区域的旅游质量,不单单取决于旅行社、酒店、景区的服务质量,还由整个区域的综合环境所决定。这就要求我们从全域整体优化旅游环境和旅游全过程,配套旅游基础设施、公共服务体系和旅游服务要素。当前,一些地方旅游市场秩序混乱与使人民群众"更加满意"的目标不相适应,旅游产品和以厕所为代表的公共服务及交通等基础设施供给与爆发式、井喷式增长的旅游市场需求不相适应,企业对门票经济的过度依赖与广大游客的承受能力和期待不相适应等问题,都需要通过发展全域旅游来解决。

(三)发展全域旅游是推进我国新型城镇化和新农村建设的有效载体

发展全域旅游可以加快城镇化建设,有效改善城镇和农村基础设施,促进大城市人口向星罗棋布的特色旅游小城镇有序转移;可以聚集人气商机,带动现代生态农业和农副产业加工、商贸物流、交通运输、餐饮酒店等行业联动发展,为城镇化提供有力的产业支撑;可以改善农村生态环境,建设美丽乡村,实现城市文明和农村文明的直接相融,促进农民开阔视野,提升文明素质。加快推进全域旅游要因地制宜、突出特色,不可简单复制、粗暴克隆。全域旅游不可无序而为、一哄而起,要通过重点创建全域旅游示范县(市、区)、全域旅游示范市(州)、全域旅游示范省(区、市)进行示范引导。

（四）发展全域旅游，提升目的地生活品质

在全域旅游目的地统筹建设中，自然资源和人文资源将得到充分的运用，城景交相辉映，旅游整体形象更为彰显。公共基础设施的投入将大幅度增加，利民、便民的交通体系将逐步趋于完善。

2015 年开始，旅游和相关部门在全国范围内掀起了一场“厕所革命”，这一行动在国内外引起普遍关注和积极反响，对各地公共服务水平提高起到了很大的促进作用。随着全域旅游各种有利措施的持续开展，城市的休闲舒适度会大大提高，将打造出大批宜居、宜游的休憩型旅游目的地。

（五）发展全域旅游，推动相关产业发展

全域旅游中的“域”不单指空间范围上的地域，也指与旅游相关的其他行业领域，旅游与农业、林业、工商、商贸、金融、文化、体育、医疗等行业的融协力度在加强，产业资源进一步得到挖掘，“旅游+”将成为产业的增长点。全域旅游模式将带动消费升级，拉动生产创新。

（六）发展全域旅游，改善人居生态环境

全域旅游指导着旅游目的地的可持续发展，通过对城市环境进行专项治理，对景区的管理加强引导，让城镇的生态环境受到保护，以“环境变革”为驱动因素提升城市品质。通过绿化工程、治理工程和搬迁工程进行大规模的城市改造与建设，完善城市功能，提升城市环境质量，使景区自然资源的完整性得到保护。旅游促进了环境的整体优化，使旅游目的地“山长青、水长流、空气鲜、环境美”成为人们享受绿色生活中的常态。

【拓展阅读】

全域旅游的误区

推进全域旅游并不是到处建景点景区，到处建宾馆酒店。恰恰相反，全域旅游更加关注景点景区、宾馆酒店等建设的系统性和规划布局的合理性。景点景区、宾馆酒店建设和管理仍然是必要的，而且要提高质量、层次，但这不是工作的全部。在全域旅游格局中，到处都是风景而非到处都是景点景区，到处都有接待服务而非到处都是宾馆饭店。千万不能把增加景点景区和宾馆饭店数量、扩大规模等同于发展全域旅游。要防止出现景点景区、宾馆饭店“遍地开花”，四处泛滥。

推进全域旅游，并不是到处进行旅游开发。全域旅游是一种积极有效的开发性保护模式。全域旅游强调的是旅游发展与资源环境承载能力相适应，要通过全面优化旅游资源、基础设施、旅游功能、旅游要素和产业布局，更好地疏解和减轻核心景点景区的承载压力，更好地保护核心资源和生态环境，实现设施、要素、功能在空间上的合理布局和优化配置。

（资料来源：根据网络资料整理）

五、全域旅游模式选择

传统以抓点方式为特征的景点旅游模式已不能满足现代大旅游发展需要，必须从

景点开发模式转变为全域旅游模式，进行旅游发展战略的再定位。

（一）“精品+景区 DNA 复制”是实现该目标的模式选择

对原有旅游精品景区和线路进行外延和内涵提升，充分挖掘具有代表性的自然文化景观符号，将景、城、村、人和交通线路五大要素融为一体，对全域进行景观符号装点，以景建城，以景绕村，以景绘线，实现旅游要素和服务的全域覆盖，形成处处是旅游环境，人人是旅游形象的旅游大格局。以供给侧改革思维为指导，狠抓旅游中心工作，循序渐进，重点构建高效、完善的旅游公共服务体系，实现全域旅游的扩容和品质提升，统筹建设全域大景区旅游目的地；以技术为支撑，推进旅游信息化建设，以游客的作息习惯为立足点打造精细化的旅游产品和服务，让区域内旅游产品贴近生活又异于生活，提高游客满意度；构建点、线、面三位一体的旅游空间架构，由点串线，以线带面，全面铺开；着力推进智慧城市、智慧乡村的一体化，夯实智慧旅游的基础，为游客提供快捷、便利和享受的旅游即时服务，走智慧旅游之路。

（二）“旅游公园”发展模式是全域旅游服务聚集型目的地发展的最佳选择

“旅游公园”是指结合市场高消费的特征，开发诸如体育旅游公园、休闲度假旅游公园、养生度假旅游公园等一系列提升目标市场旅游满意度的旅游产品，以实现全域旅游的发展。该类型旅游目的地顶层设计至关重要，理念要先进，产品要高端，服务要创新，保障要完善。应聚焦客源市场，以服务型全域旅游示范区为发展目标，推进全域旅游的实现。结合现代化移动终端设备做好全方位的市场营销工作，实现旅游与市场的全方位对接，走市场促旅游、旅游带动区域建设、区域建设服务旅游的全域旅游循环发展新道路。

（三）全域“+旅游”型目的地的长远选择是采取“N+旅游”的开发模式

从短期来看，N 可以是新型城镇化也可以是美丽乡村；从长期考虑，N 是环境，全域“+旅游”型目的地应着重保护环境，有好环境才能做好全域旅游的文章，做好基础设施规划，完善公共服务产品，夯实全域旅游公共服务体系。走三阶段融合发展道路：第一阶段注重环境保护和基础设施建设；第二阶段从农业、工业或第三产业其他行业出发寻求发展特色；第三阶段结合特色走“N+旅游”的融合发展之路，N 可以是现代农业、特色工业或其他。

第四节　生态旅游

视频：生态旅游

当今生态旅游已成为世界旅游业的热点和一种旅游时尚。20 世纪末，随着世界经济的发展，人类生存环境逐渐恶化，人类面临着生存环境危机，全球兴起了保护自己生存环境的绿色浪潮。旅游者渴望有一个绿色的旅游环境。在世界各国绿色浪潮的推动下，生态旅游作为“回归大自然”的“绿色旅游”应运而生。

一、生态旅游的概念

国际自然保护联盟(IUCN)特别顾问、墨西哥专家豪·谢贝洛斯·拉斯喀瑞 1983 年首次在文章中使用“生态旅游”这一概念。它不仅被用来表征所有的观光自然景物的旅游,而且强调被观光对象不应受到损害,是在可持续管理的思想指导下开展的旅游活动。随着经济的增长、科学技术的发展和社会的进步,一方面在人们生活水平日益提高的同时,人们的生活环境和生活质量却面临下降的威胁,广大旅游者对回归大自然、欣赏大自然美景、享受原野风光和自然地域文化的需求与日俱增;另一方面,却面临着许多旅游区已不同程度地遭受到污染和破坏的被动局面,有些旅游区的环境和生态污染十分严重,影响了旅游业的进一步发展。因而,如何使旅游业的增长与环境保护协调发展,怎样既发展旅游业又保护好自然生态环境;既开发旅游资源又保证持续利用,诸如此类的问题迫切需要寻求新的解决方法和应对措施。因此,生态旅游这一内涵丰富的概念便应运而生了。

“生态旅游”概念一经提出,世界上很多组织和研究者就从不同的角度对生态旅游进行了界定,但至今尚未有一个统一认可的定义,对生态旅游的内涵也众说纷纭。虽然 2002 年被世界旅游组织定义为生态旅游年,并要求各会员组织相关的生态旅游活动,但是生态旅游只是一个口号,并没有在普通旅游人群中获得认可。

在中国,除了 2004 年由原国家林业局主办的范围相对狭窄的“中国森林生态旅游博览会”让业内过了一把“作秀”生态旅游的瘾,国内各旅游机构并不重视生态旅游的开发。而许多具备丰富的生态旅游资源的地方,当地官员并不重视推介。同时,国内外的主流旅游展会均以“高、大、全”的目标为主,不重视生态旅游展示。另外,各地旅行社在组织线路上只重视热点旅游地区的开发,缺少前瞻性眼光,不看重生态旅游的潜在市场。不过,随着党的十八大把生态文明建设确立为我国社会主义现代化建设“五位一体”总体布局的重要组成部分,生态旅游会越来越成为旅游的重要内容和形式。生态旅游的目标应该是:保护自然资源和生物的多样性,维持资源利用的可持续性,实现旅游业的可持续发展。为了更好地实现这一目标,生态旅游应该促进地方经济的发展,唯有经济发展之后才能切实地重视和保护自然;同时,生态旅游还应该突出对旅游者的环境教育意义,生态旅游的经营管理者也更应该重视和保护自然。在 2002 年召开的世界生态旅游峰会上,世界旅游组织秘书长弗朗加利在致辞中指出:“生态旅游及其可持续发展肩负着三个方面的迫在眉睫的使命:经济方面要刺激经济活力、减少贫困;社会方面要为最弱势人群创造就业岗位;环境方面要为保护自然和文化资源提供必要的财力。生态旅游的所有参与者都必须为这三个重要的目标齐心协力地工作。”

二、生态旅游的内涵

(一)生态旅游的定义

自 1987 年 Ceballos Lascurain 正式提出“生态旅游”这一概念以来,大多数的研究都集中在对这一概念的界定上,但到目前为止还是没有一个统一的定义。

近年来国际生态旅游组织对生态旅游定义表述大概有以下几种。

（1）1993 年 9 月在中国北京召开的第一届东亚国家公园自然保护区域会议对生态旅游定义为：倡导爱护环境的旅游，或者提供相应的设施及环境教育，以便旅游者在不损害生态系统或地域文化的情况下访问、了解、鉴赏、享受自然及文化地域。

（2）国际自然与资源保护联合会（IUCN）对生态旅游的定义：生态旅游是到相对未受干扰的自然区域进行对环境负责任的旅行和游览，目的是享受和欣赏自然。它促进环境保护，旅游者的负面影响小，给当地居民提供社会经济利益。

（3）国际生态旅游协会对生态旅游的定义：生态旅游是具有保护自然环境和维系当地人民生活双重责任的旅游活动。

（4）2002 年 2 月，世界旅游组织在马尔代夫召开了“亚太地区生态旅游可持续性发展部长级会议”，大会一致认为：未来生态旅游是国际可持续发展的主流。

（5）国际生态协会将生态旅游定位为负“责任”的旅游，既要保护环境，又要维系当地人们生活。

目前，对生态旅游的理解虽然有所分歧，但在生态旅游的可持续性和对环境的保护上观点是一致的。本书倾向于将生态旅游定义为：以自然为基础的旅游、可持续性旅游、生态环境保护旅游和造福当地社区旅游的综合体。生态旅游的主要吸引物是基于自然的，生态旅游是“回归大自然”的“绿色旅游”；生态旅游要求保护环境和维系当地人民生活，生态旅游是“保护性旅游”和“可持续旅游”。

（二）生态旅游者

生态旅游者是生态旅游活动的主体，被认为是生态旅游业的核心，所以很多学者非常重视生态旅游者的研究。而什么样的旅游者才是生态旅游者呢？总结国内外相关的论述，可分为广义和狭义两类定义。广义的生态旅游者指的是到生态旅游区的所有游客。这类界定具有统计上的可操作性，但只是对旅游者行为现象的部分概括，并不能真正体现生态旅游的内涵。狭义的生态旅游者，仅指来到生态旅游区的对环保与经济发展负有一定责任的那部分游客。狭义生态旅游者尽管不便于统计分析，但是反映了生态旅游的内涵，同时也涉及了生态旅游者的本质特征。

吴楚材认为生态旅游者至少具备两个特征：第一，生态旅游者的旅游动机是享受自然、认识自然、了解自然、亲近自然；第二，生态旅游者必须负有一定的环境责任。根据陈传康的行为层次理论，生态旅游者的行为可以分为 3 个层次：基本层次是亲近自然，提高层次是学习自然，专门层次是保护自然。

（三）生态旅游资源

“生态旅游资源”一词是随生态旅游活动而出现的概念，它是吸引生态旅游者“回归大自然”的客体，又是生态旅游活动得以实施和生态旅游得以形成和发展的物质基础。杨桂华认为：“生态旅游资源是指以生态美吸引游客前来进行生态旅游活动，为旅游业利用，在保护的前提下，能够产生可持续的生态旅游综合效益的客体。”

郭来喜认为，在我国生态旅游资源的主要载体是自然保护区、森林公园、国家风景名胜区、海洋自然保护区、国家历史文化名城、国家重点文物保护单位、国家旅游度假区以及动物园、植物园、野生动物繁殖中心、野生植物保存基地、生态研究站网体系等。吴楚材从生态旅游资源开发角度将生态旅游资源定义为：“自然界和人类社会，凡能激发旅游者享受自然、认识自然、了解自然和亲近自然的旅游动机并能够为旅游业所利用,产生经济效益、社会效益和生态效益的客观存在。”他还从中国国情出发,强调“在我国开展生态旅游,生态旅游资源应该包括那些保护完好的原生生态环境和人工生态环境,也包括那些已经被破坏但仍然有观赏、学习、教育价值的生态环境,如沙漠”。森林中的空气负离子、森林植物释放出来的植物精气等都是很好的生态旅游资源。

三、生态旅游的特性

(一)生态旅游是一种保护生态环境的旅游

生态旅游强调旅游规模小型化,限定在承受能力范围之内,这样有利于游客的观光质量,又不会对旅游造成大的破坏。生态旅游区的游客量要限定在旅游区生态环境承载力范围内,在旅游旺季要合理控制游客数量,避免给生态环境带来压力;生态旅游区要限制那些可能严重破坏生态环境的活动项目,如大兴土木等,并倡导那些对自然生态环境影响小的旅游项目,如拍照、观鸟、沿着规划好的生态安全通道徒步旅行等;生态旅游地不需要给旅游者提供不必要的舒适和服务,交通以徒步为主,同时应关注对生态旅游者环保意识等的教育和熏陶。

(二)生态旅游需要旅游者的参与与配合

生态旅游需要旅游者的参与与配合。旅游者应该尊重地方文化,不要把不良生活习惯带到你所参观的地方;不要太靠近野生动物,同时不要去喂养它们;不要收集受保护和濒危的动植物和它们的样品;不要购买受保护和濒危的动植物或它们的制品;应将所有废物丢入垃圾桶,不要污染水和土壤。生态旅游可以让旅游者参与其中,在实际体验中领会生态旅游的奥秘,从而更加热爱自然,这也有利于自然与文化资源的保护。“除了照片什么也不带走,除了脚印什么也不留下”是生态旅游的基本准则。

(三)生态旅游是一种负责任的旅游

生态旅游是一种负责任的旅游。生态旅游需要对当地的环境负责任,要求在旅游过程中不破坏当地的自然生态环境系统;生态旅游需要对旅游的可持续发展负责任,在旅游发展过程中不能破坏或过度消耗旅游资源;生态旅游要对当地居民负责任,通过发展生态旅游,当地居民能从中获益,并且能主动参与到生态旅游中去。

(四)生态旅游目的地是一些保护完整的自然和文化生态系统

生态旅游的目的地是一些保护完整的自然和文化生态系统,亲近大自然、绿色环保、原生态是生态旅游的重要标签。在生态旅游地,游客往往可以观赏到原始的自然生态群落、珍稀的野生动植物,呼吸到新鲜的空气,空气中高浓度的负离子可以有效缓解游客的亚健康身体状况。在生态旅游地,游客参与生态旅游能够获得与众不同的经历,这种经历具有原始性、独特性的特点。

四、生态旅游资源的特性

(一)并非所有的自然旅游资源,如森林、草地、湿地和海滨等都是生态旅游资源

生态旅游资源与一般自然旅游资源的本质区别在于其环境质量较好。一些林木

分泌不利于人类健康的物质，一些谷地、林地小气候恶劣，一些洞穴、湖泊、湿地有毒气，一些自然生态系统有致病的生物和微生物。所以，并非所有的生态系统、所有的生物群落都适宜开发生态旅游。应当指出，某些典型的生态环境退化地，也可作为生态旅游资源，如某些水土流失地等，对游客具有反面的教育意义。

（二）生态旅游资源不是旅游资源单体，而是旅游资源的集合体

环境容量较大的生态系统，生态旅游资源必须占有一定的空间，环境容量足以支持比较全面的生态旅游活动。生态旅游的游客要体验到优质环境，要开展人与环境和谐的活动，一些自然旅游资源单体是不足以满足这些旅游需求的。所以生态旅游资源不是旅游资源单体，而是旅游资源的集合体，是大大小小的生态系统，如一座山林、一片湿地等。

（三）生态旅游资源转化为生态旅游产品不宜过多地人为加工

如前文所述，生态旅游资源转化为生态旅游产品不宜过多地人为加工。人为加工多了，就会破坏生态环境，降低环境质量，削弱旅游资源的生态功能。如果某处生物群落可进入性极差，如果某处生态环境较好但区位环境偏僻，如果某处生态系统比较脆弱，如果某地的自然灾害频繁，如果某处生态系统是其他生态系统保持生态平衡的保障（如自然保护区核心区等），则这些地方的自然资源至少现在还不能成为生态旅游资源。

五、生态旅游资源的类型

（一）从空间分布角度分类

1. 山岳生态旅游资源

山岳由于人口和聚落稀少，生态旅游资源比较丰富。由于山体的高度和隔离作用，可作为生态旅游资源组成部分的植物、动物也比较多。山岳居民的生产、生活方式保留有不少与自然环境和谐之处，也是生态旅游资源的组成部分。山岳生态旅游资源呈垂直分布，而且具有多样性。我国山区面积占国土面积的大部分，山岳生态旅游空间十分广阔，生态旅游资源丰富而多样。图 12-1 为我国各类地形面积比例示意图。

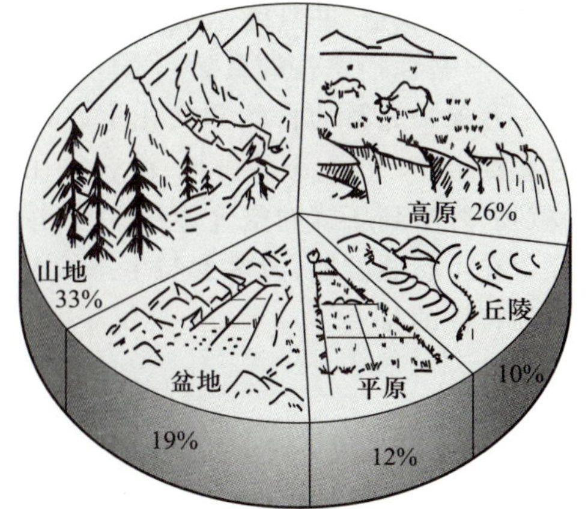

图 12-1 我国各类地形面积比例示意图

2. 河湖生态旅游资源

环境质量较高的河湖水域构成河湖生态旅游资源，其特点与滨海生态旅游资源类似。我国河川、湖泊众多，河湖生态旅游资源开发较多，应提高开发的深度和广度。

3. 滨海生态旅游资源

滨海生态旅游资源分布在海陆交界地带。由于海陆之间空气和水的往复运动，使海洋巨大的环境净化作用延伸到沿海陆上，虽然存在较密集的人群和聚落的影响，滨海地带仍具有较高的生态质量。规模不大的海湾、海岛、半岛，海滩、岩岸、滨海林地、田野湿地以及近岸水域等都是滨海生态旅游资源。滨海地带水中、陆上、空中多种多样的生物，大多数是生态旅游资源的组成部分。由于有海水作为生态旅游的活动载体，并且人类有天生的亲水习性，滨海生态旅游资源有较高的开发价值。我国是个海陆兼备、季风性气候的大国，海岸线漫长而曲折，滨海生态旅游资源开发前景较好。

4. 湿地生态旅游资源

湿地作为生态旅游资源，在我国是近年的事。例如，东北地区湿地生态旅游资源经评价，其价值不亚于森林生态旅游资源。我国湿地破坏严重，必须树立湿地生态环境保护意识。种类繁多的湿地生物是湿地生态旅游资源的组成部分。

5. 冰雪地带生态旅游资源

冰雪地带生态旅游资源除了山区、滨海、河湖、湿地、草原等地的冰雪覆盖地带之外，苔原、冰原地带的冰雪覆盖空间中也存在冰雪生态旅游资源。苔原、冰原地带的生态旅游资源具有远景开发价值。这种生态旅游资源环境脆弱，特别易受污染。

6. 绿洲生态旅游资源

荒漠并非毫无生机，平原和高原上的荒漠中也有绿洲生态旅游资源。我国荒漠面积较大，其中的绿洲生态旅游开发利用还很少，荒漠环境十分脆弱。

（二）从旅游产品开发角度分类

1. 生态观光旅游资源

这类旅游资源不但具有较高的生态质量，而且具有较高的景观观赏价值，同时具有多种感官吸引力。优质生态环境中的构景地貌、构景水体、构景生物群落、构景天象气象、突变遗迹及人为生态恢复景观等，均属生态观光旅游资源。这类旅游资源对可进入性要求不高，如封山育林也可，远望景观也可。有不少景观不美的生态旅游资源不宜开发观光旅游，少数可在生态环境许可的前提下做一些景观更新。野生或放养动物和珍稀植物是这类旅游资源的重要组成部分。

2. 生态休闲旅游资源

这类旅游资源注重生态质量、环境容量、环境多样性，对运动场地、景观审美要求不高。主要开发老少咸宜的休闲活动旅游产品，巧妙地将各种休闲活动，游艺竞赛与生态环境背景相结合，使游客体验到在异常环境下同类休闲活动所没有的乐趣。能与游客亲善的一些小动物，也是这类旅游资源的组成部分。

3. 生态度假旅游资源

这类旅游资源要求高质量的生态环境、较大的环境容量和聚落空间以及优越的区位。开发度假产品不宜在主要构景地区、核心保护地区，可以依托已有小规模聚落。所处的地形部位、风向和水流位置都要有利于小气候、排污。位置最好接近风景名胜区。空间要能容纳较大的团队或会议。合格的生态度假旅游资源较少，不要忽视季节性的生态度假旅游资源，要充分利用纬度、海拔高度的差异。

4. 生态科考旅游资源

这类旅游资源也叫生态教育（修学）旅游资源。科学考察性质和游客性质，取决于生态性质和空间容量。生态修复工程、绿化种苗场、保护生物培育放养基地、环境质量监测处等均可作为生态科考旅游资源。这类资源一般包括游客参与生态建设的场所，如采集、植树、研究等场所。典型的生态退化景观也具有生态教育和生态科考的旅游价值。

5. 生态探险旅游资源

这类旅游资源必须具备风险性。复杂险峻的地形，茂密的森林，神秘的河谷、洞穴，浩瀚的荒漠、冰雪、海洋、湖沼，自然灾害频发地区等，生态质量好，可构成生态探险旅游资源。

本章小结

本章阐述了旅游业发展新趋势，以智慧旅游、全域旅游和生态旅游为典型阐述了旅游新业态的主要知识内容。从智慧旅游的概念、内涵与特征及“智慧”层面阐述智慧旅游的发展。从全域旅游的概念、基本特征、类型、作用和模式选择阐述全域旅游。从生态旅游的概念、内涵、特性，生态旅游资源的特性、类型阐述生态旅游。

同步练习

一、填空题

1. 智慧旅游的本质是要为________进行旅游活动的全过程提供个性化、泛在化的旅游信息服务，从而为旅游者创造__________、__________、__________的旅游体验。

2. __________年__________首次使用生态旅游这一概念；________年被世界旅游组织定义为生态旅游年。

二、单项选择题

生态旅游的最核心的理念是（　　）

A. 体验和了解大自然　　B. 猎奇和探险

C. 发展经济　　D. 陶冶身心

三、多项选择题

1. 智慧旅游的主要表现形式有（　　　）。

A. 智慧旅游服务　　B. 智慧旅游管理

C. 智慧旅游营销　　D. 智慧旅游导览

2. 全域旅游的基本特征是（　　　）。

A. 全域配置资源　　B. 全域统筹规划

C. 全域协调管理　　D. 全域开展“旅游+”

E. 全域共享共建

3. 关于生态旅游，正确的表述有（　　　）。

A. 是一种实现可持续发展的方式　　B. 不是一般意义上的自然旅游

C. 是遵循可持续发展原则的自然旅游　　D. 不是可持续旅游发展原则，而是一种形式

四、简述题

1. 简述旅游业发展新趋势。

2. 简述智慧旅游的概念及特征。

3. 简述全域旅游的概念和特征。

4. 简述全域旅游的类型和模式。

5. 简述生态旅游的概念和特征。

实 训 项 目

实训内容:开展××市全域旅游发展状况的调研。

实训目的:深入体会全域旅游发展的特点和意义。

实训形式:分小组进行。

实训报告:以小组为单位形成一份实训报告,介绍××市全域旅游开展的现状和体会。

主要参考文献

[1] 王洪滨.旅游学概论[M].北京:中国旅游出版社,2001.

[2] 何光伟.新世纪·新产业·新增长[M].北京:中国旅游出版社,1999.

[3] 王德刚.领导干部旅游知识读本[M].青岛:青岛出版社,2001.

[4] 陶汉军.新编旅游学概论[M].北京:旅游教育出版社,2001.

[5] 谢彦君.旅游学概论[M].大连:东北财经大学出版社,1999.

[6] 李天元,王连义.旅游学概论[M].天津:南开大学出版社,1999.

[7] 申葆嘉,刘住.旅游学原理[M].上海:学林出版社,1999.

[8] 王大悟,魏小安.新编旅游经济学[M].上海:上海人民出版社,1998.

[9] 保继刚,楚义芳,彭华.旅游地理学[M].北京:高等教育出版社,1993.

[10] 张广瑞.旅游绿皮书——2001—2003年中国旅游发展:分析与预测[M].北京:社会科学文献出版社,2002.

[11] 魏小安.旅游热点问题实说[M].北京:中国旅游出版社,2001.

[12] 谷慧敏,秦宁.世界著名饭店集团管理精要[M].沈阳:辽宁科学技术出版社,2001.

[13] 克莱尔·麦卡锡,等.弯路的代价——世界旅游业回眸[M].北京:中国社会科学出版社,2003.

[14] 马勇,毕斗斗.旅游市场营销[M].汕头:汕头大学出版社,2003.

[15] 维克多·密德尔敦.旅游营销学[M].北京:中国旅游出版社,2001.

[16] 林南枝,李天元.旅游市场学[M].天津:南开大学出版社,1997.

[17] 喻学才.中国旅游文化传统[M].南京:东南大学出版社,1995.

[18] 胡虎林.WTO法律知识读本[M].北京:工商出版社,2001.

[19] 刘伟.旅游概论[M].北京:高等教育出版社,2008.

[20] 罗明义.国际旅游发展导论[M].天津:南开大学出版社,2002.

[21] 何丽芳.旅游学概论[M].北京:清华大学出版社,2006.

[22] 苟胜东.旅游学概论[M].北京:中国发展出版社,2009.

[23] 李肇荣,曹华盛.旅游学概论[M].北京:清华大学出版社,2006.

[24] 张吉献.旅游学概论[M].北京:机械工业出版社,2011.

[25] 杨桂华.生态旅游[M].北京:高等教育出版社,2000.

[26] 钟林生.生态旅游规划原理与方法[M].北京:化学工业出版社,2003.

[27] 李天元.中国旅游可持续发展研究[M].天津:南开大学出版社,2004.

[28] 任黎秀.旅游规划[M].北京:中国林业出版社,2004.

[29] 张金霞.旅游学导论[M].北京:北京大学出版社,2012.

[30] 谢春山.旅游学[M].北京:北京理工大学出版社,2017.

[31] 席婷婷.国内外旅游业发展现状和前景分析[J].市场论坛,2017(10):69-72.

[32] 黄建男,沈尧."互联网+"时代我国农业旅游产业融合发展研究[J].改革与战略,2018(3):70-72+83.

[33] 兰卉.产业融合背景下农业旅游发展新模式探究[J].南方农业,2017(33):83-84.

[34] 孟铁鑫.旅游业与农业的融合模式与发展对策研究[J].商业经济,2018(5):48-50.

[35] 周昌芹.产业融合背景下农业旅游的开发模式研究——以浙江省为例[D].重庆:重庆师范大学,2012:1-52.

[36] 袁净.基于产业融合的"步步升"旅游发展模式研究[D]武汉:华中师范大学,2011:1-64.

[37] 王国华. 论推进工业旅游产业发展的理念、路径与措施[J].北京联合大学学报(人文社会科学版),2019(1):47-54.

[38] 张友江.做好工业旅游不"误"正业[N].中国商报,2017.

[39] 薛婧,王恒.体旅融合发展的路径选择[J].旅游纵览,2019(1):47-48.

[40] 雷铭.医疗旅游研究现状及启示[J].中国卫生政策研究,2017(7):65-70.

[41] 郭又荣.智慧旅游何以更加"智慧"[J].人民论坛,2019(8):76-77.

读者意见反馈

为收集对教材的意见建议，进一步完善教材编写并做好服务工作，读者可将对本教材的意见建议通过如下渠道反馈至我社。

咨询电话　400-810-0598

反馈邮箱　gjdzfwb@ pub.hep.cn

通信地址　北京市朝阳区惠新东街 4 号富盛大厦 1 座

　　　　　高等教育出版社总编辑办公室

邮政编码　100029

责任编辑：　张卫

高等教育出版社　高等职业教育出版事业部　综合分社

地　　址：北京市朝阳区惠新东街 4 号富盛大厦 1 座 19 层

邮　　编：100029

联系电话：(010)58582742

E-mail：zhangwei6@ hep.com.cn

QQ：285674764

（申请配套教学资源请联系责任编辑）

免费教学支持说明

为帮助广大院校教师不断提升教学质量和水平，我们将向采用本教材的教师免费提供教学课件。

为尊重课件作者的知识产权，确保本资源仅为教学所用，请填写如下证明，盖章后发送至本书责任编辑（拍照或扫描后传真、邮寄、发邮件、发 QQ 等均可），我们收到后将立即免费赠送本书配套教学课件。

证　　明

兹证明________________学院________________系/院第______学年（□上/□下学期）开设的________________课程，采用高教社的____________/__________（书名/作者）为教材。

任课教师为__________，职称：__________，授课年限：______年，学生______个班，共________人。

电话（手机）：________________ E－mail：______________

地址：____________________邮编：________

系/院主任：__________（签字）

（系/院办公室章）

年　月　日

责任编辑：张卫

高等教育出版社　高等职业教育出版事业部　综合分社

地　　址：北京朝阳区惠新东街 4 号富盛大厦 1 座 19 层

邮　　编：100029

联系电话：010－58582742　　传真：010－58556017

E－mail：zhangwei6@hep.com.cn　　QQ：285674764

旅游专业 QQ 群：612412804

旅游专业 QQ 群

扫一扫
下载电子表格

教师使用教材意见反馈表

高等教育出版社　高等职业教育出版事业部　综合分社以“铸传世精品、育天下英才”为目标。为不断锤炼精品，我们期待您使用教材的宝贵意见和建议。您可以填写本教材使用意见反馈表，并发送至本书责任编辑。

一、您的基本情况

您现正使用的教材：______________________/__________（书名/作者）

姓名：________，职称：______，授课年限：______年，班级：____个，学生数：____人

您的电话（手机）：____________________ E－mail：________________

地址：______________________ 邮编：______________

二、问题反馈（请举例说明，如不够可以另附页）

1. 教材中是否有格式、文字、科学等方面的错误？（□是/□否____________________）

2. 教材的编排设计是否科学合理？（□是/□否____________________）

3. 教材的内容与课程的理念及要求是否相符合？（□是/□否____________________）

4. 教材内容是否体现产教融合，贴近最新的应用实际？（□是/□否____________________）

5. 教材配套的教学和学习资源制作水平和质量如何？是否够用？（□是/□否____________________）

6. 教材的表达方式和呈现方式等是否有不合适的地方？（□是/□否____________________）

7. 您在使用教材时遇到的最大问题是什么？您是怎样解决的？

____

8. 与同类教材相比，您有何建议与意见？您觉得在哪些方面还可以有所创新？

____